Friedrich Nietzsche, geboren am 15. Oktober 1844 in Röcken bei Lützen, ist am 25. August 1900 in Weimar gestorben.

Friedrich Nietzsche gilt als einer der großen Frauenhasser und -verächter innerhalb der europäischen Kulturgeschichte. In seinen Schriften werden uns die Formen weiblicher Existenz auf eine skandalös eingeschränkte Weise vor Augen geführt: Die Frau erscheint als williges, unterwürfiges Werkzeug des Mannes, stets dienstbar, also als Hausmütterchen; oder aber als triebhaft-bedrohliches Geschlechtstier, unberechenbar und angsterzeugend, als Hetäre. Im vorliegenden Band sind Nietzsches Frauen-Texte versammelt – von den Jugend-Aufzeichnungen über die Aphorismen-Bücher und die Zarathustra-Phantasien bis zu den letzten Notizen aus der Zeit des beginnenden Wahnsinns. Ein Kommentar soll verdeutlichen, welche psychische Konstitution, welche biographischen Fakten dazu geführt haben, daß der subtile Seelenforscher und scharfsinnige Kulturkritiker Nietzsche, der sich stets unerbittlich, ja fast selbstzerstörerisch um Aufrichtigkeit und intellektuelle Redlichkeit bemüht, in seinen Frauenbildern auf erschreckende Weise bestimmt ist von primitiven Vorurteilen und unreflektierten Festlegungen – vor allem aber von der Vorstellung, die Beziehung zwischen Frau und Mann sei ein ewiges, naturgegebenes Kampf- und Unterwerfungsverhältnis, bei dem es letztlich um die Vernichtung des Weibes und der Weiblichkeit geht.

insel taschenbuch 1335
Nietzsche
Über die Frauen

FRIEDRICH NIETZSCHE
ÜBER DIE FRAUEN

Herausgegeben und kommentiert
von Klaus Goch

Insel Verlag

Umschlagabbildung: Lou von Salomé, Paul Rée und
Friedrich Nietzsche, 1882.
Fotografie aus dem Besitz von Dorothee Pfeiffer,
Göttingen.

insel taschenbuch 1335
Erste Auflage 1992
Originalausgabe

Textnachweise am Schluß des Bandes
Vertrieb durch den Suhrkamp Taschenbuch Verlag
Umschlag nach Entwürfen von Willy Fleckhaus
Satz: LibroSatz, Kriftel
Druck: Nomos Verlagsgesellschaft, Baden-Baden
Printed in Germany

4 5 6 7 8 – 05

FRIEDRICH NIETZSCHE ÜBER DIE FRAUEN

»Meine liebe Lou, Ihr Gedanke einer Reduktion der philosophischen Systeme auf Personal-Acten ihrer Urheber ist recht ein Gedanke aus dem ›Geschwistergehirn‹: ich selber habe in Basel in *diesem* Sinne Geschichte der alten Philosophie erzählt und sagte gern meinen Zuhörern: ›dies System ist widerlegt und todt – aber die *Person* dahinter ist unwiderlegbar, die Person ist gar nicht todt zu machen‹ – zum Beispiel Plato.« *Friedrich Nietzsche an Lou von Salomé, vermutlich 16. September 1882*

»Er war ja so nervös . . Er wollte ja nichts mit Frauen zu tun haben.« *Erinnerungen der Frau Hahnemann, 1882 Nietzsches Wirtin in Tautenburg, mitgeteilt im Jahre 1939*

»Ich habe eine Menge böser Gefühle in mir, und diese ganze Fassade – seid nett zueinander – das ist lauter Theater. Wie sehr ich meine Mutter hasse! Ich hasse sie für alles, was sie mir angetan hat, für ihre Eigensucht und dafür, daß alles nach ihrer Nase tanzen mußte. Ich könnte heulen, ich fühle mich scheußlich, der Hass wird stärker und immer stärker, wenn ich daran denke, was mir alles passiert ist, und ich spüre es – ich will sie schon lange umbringen.« *Charles Socarides, Der offen Homosexuelle, Patientenprotokoll*

»Gieb Dich nur nicht wieder so kummervollen Gedanken hin, Du hast es ja schwer, ja unendlich schwer, alles allein durchzukämpfen, ich denke mir aber, daß dies das Los aller Philosophen ist, denke an Schopenhauer. Auch sie werden mannigmal wenig Frucht ihrer Arbeit gesehen haben, und entmutigt gewesen sein, denn ›welches Huhn gackelt umsonst‹ man muß aber jedes Ding von der richtigen Seite ansehen, so kommt man auch zum richtigen Schluß. Man kann sonst leicht zu des armen Halleschen Lieschen Knieling Auffassung kommen die da glaubt ›Gott lasse ihr *nichts* gelingen und setze ihr *nur*

Hindernisse in den Weg‹ so daß sie aus der Nervenanstalt in das Irrenhaus hat überführt werden müssen.« *Franziska Nietzsche an ihren Sohn Friedrich, März 1888*

KLEINER PROLOG

Wer Nietzsche liest, gerät nur allzu leicht in Stimmung und in Stimmungen. Es ist nicht schwer, sich mitreißen zu lassen von den glänzenden Sprachschöpfungen, der beißenden Ironie, dem hohen Propheten-Ton dieses Dichterphilosophen – oder aber Anstoß zu nehmen an seinen Widersprüchen, Unklarheiten, Dogmatismen. Faszinierend ist die Weite des Denkens; kaum ein Bereich menschlicher Existenz, der nicht mit Aphorismen und Sentenzen ausgeleuchtet und zumeist erschreckend boshaft kommentiert würde: Alltagsleben, Kunst, Wissenschaft, Religion, Moral – und

Endlich: Das *Weib! die Eine Hälfte der Menschheit* ist schwach, typisch-krank, wechselnd, unbeständig – das Weib braucht die Stärke, um sich an sie zu klammern, – und eine Religion der Schwäche, welche es als göttlich verherrlicht, *schwach* ⟨zu⟩ sein, zu lieben, demüthig zu sein ... oder, besser, es macht die Starken schwach, – es *herrscht*, wenn es gelingt, die Starken zu überwältigen ... das Weib hat immer mit den Typen der décadence, den Priestern zusammen conspirirt gegen die »Mächtigen«, die »Starken«, die *Männer* – [...] [1]

In seiner zeitweiligen oder gar lebenslangen Verzweiflung am anderen Geschlecht mag ein Mann durch solche Worte etwas Trost, Bestätigung und Entlastung finden, auch wenn er sonst dem philosophischen Geschäft entschieden fernsteht. Man beobachte das einverständig-lüsterne Grinsen, sobald am bürgerlichen Stammtisch, zwischen schwülem Witz und deftiger Zote, der Name Nietzsches erklingt! Ein harmloser Mißbrauch; folgenreicher und gefährlicher waren allerdings, wie ein Blick in die jüngere Geschichte zeigt, jene feinsinnig-intellektuellen Herrenrunden, die sich in konservativ-revolutionärer Stimmung die »Waffen vom Schatten Nietzsches« borgten und in seinem Namen eine »neue Männlichkeit« zu propagieren beliebten. Deren Hauptbeschäftigung: »Gesetze schaffen statt Gesetze zu erforschen, Macht wollen statt Beglückung und Erhaltung, Krieg führen gegen Schicksal und Natur, gegen das Ewig-Weibliche.« (THI, 5) Der feministischen Gestimmtheit heutiger Zeit fällt es nicht schwer, die Texte Nietzsches und die martialischen Konstruktionen seiner Adepten als End- und Höhepunkte einer philosophischen Tradition zu interpretieren, in der sich Frauenfeindlichkeit und Gegenaufklärung eng miteinander verknüpfen. Der von Demokratie, Emanzipation und sozialer Teilhabe geprägte Zeitgeist muß tatsächlich in Nietzsche seinen entschiedenen Gegner erblicken, wenn er unterstellt, dessen Thesen über die Natur und den Charakter der Frau, ihren Platz in der Gesellschaft, ihre Sexualität seien mit dem Anspruch »objektiver« Erkenntnis und verbindlicher »Wahrheit« formuliert. Nietzsche aber weist mit großem Nachdruck darauf hin, daß der Prozeß und das Ergebnis seines Denkens stark von subjektiven Faktoren bestimmt, also »einmalig« sind – folglich auch ungeeignet zur Konstituierung einer Weltanschauung oder Ideologie:

Das Lernen verwandelt uns, es thut Das, was alle Ernährung thut, die auch nicht bloß »erhält« –: wie der Physiologe weiss. Aber im Grunde von uns, ganz »da unten«, giebt es freilich etwas Unbelehrbares, einen Granit von geistigem Fatum, von vorherbestimmter Entscheidung und Antwort auf vorherbestimmte ausgelesene Fragen. Bei jedem kardinalen Probleme redet ein unwandelbares »das bin ich«; über Mann und Weib zum Beispiel kann ein Denker nicht umlernen, sondern nur auslernen, – nur zu Ende entdecken, was darüber bei ihm »feststeht«. Man findet bei Zeiten gewisse Lösungen von Problemen, die gerade *uns* starken Glauben machen; vielleicht nennt man sie fürderhin seine »Überzeugungen«. Später – sieht man in ihnen nur Fusstapfen zur Selbsterkenntnis, Wegweiser zum Probleme, das wir *sind*, – richtiger, zur grossen Dummheit, die wir sind, zu unserem geistigen Fatum, zum *Unbelehrbaren* ganz »da unten«. – Auf diese reichliche Artigkeit hin, wie ich sie eben gegen mich selbst begangen habe, wird es mir vielleicht eher schon gestattet sein, über das »Weib an sich« einige Wahrheiten herauszusagen: gesetzt, dass man es von vornherein nunmehr weiss, wie sehr es eben nur – *meine* Wahrheiten sind. – [2]

Verrät ein Mann seine »eigene Wahrheit« über die Frau, so gibt er stets auch etwas preis von seinem Vorbewußten, das jenseits aller Rationalität und kritischen (Selbst-)Reflexion die Vorstellungen, Wertungen und Phantasien bestimmt. Er läßt, wie Hedwig Dohm scharfsinnig-klug bemerkt, einen Blick zu in seine »Gespensterkammer« (DOH, 534), die sich ganz früh, in der Kindheit, mit Leben erfüllt, denn die Frauenbilder des Mannes kommen

Von der Mutter her. – Jedermann trägt ein Bild des Weibes von der Mutter her in sich: davon wird er bestimmt, die Weiber überhaupt zu verehren oder sie geringzuschätzen oder gegen sie im Allgemeinen gleichgültig zu sein. [3]

Nietzsches Frauentexte dokumentieren auf eindringliche Weise seine Geringschätzung alles Weiblichen – aber vielleicht sind sie dann besser zu verstehen und gerechter zu bewerten, wenn sie mit Hilfe jener Darstellungsmethode vorgeführt werden, die der Philosoph selbst nahelegt: Werden biographische Zusammenhänge hergestellt, lebensgeschichtlich entscheidende Brüche und Wendungen, frühe Erfahrungen und seelische Verletzungen deutlich markiert, tritt schließlich die Gestalt der Mutter klarer hervor, so fällt ein wenig Licht in die Gespensterkammer, in die Kellerhöhle des »da unten«, in der Nietzsches von Haß und Wut geprägte Frauenbilder entstanden sind. Es mag so auch etwas sichtbar werden von den Gefährdungen einer männlichen Existenz, die jede Unmittelbarkeit des Gefühls, jede Äußerung des Eros und der Sexualität zwanghaft dem Prüfstand des zergliedernden Intellekts ausliefern muß:

Ich habe immer die Analyse geliebt, und wenn ich ernstlich verliebt war, zerlegte ich meine Liebe Stück für Stück. [4]

Eine solche Liebe schafft Distanz zur Welt; sie führt in eine gnadenlose Isolation, denn sie ist gegründet auf Verzicht und Abwehr der natürlichen Begierde, deren Objekt dem Bewußtsein endlich nur noch negativ, verzerrt erscheint. Der Weg in die lebenszerstörende Einsamkeit ist damit vorgezeichnet. Nietzsche bekennt, kurz bevor der Wahnsinn ihn erreicht:

Ein Thier verkriecht sich in seine Höhle, wenn es krank ist; so thut es auch la bête philosophe. Es kommt so selten noch eine freundschaftliche Stimme zu mir. Ich bin jetzt allein, absurd allein; und in meinem unerbittlichen und unterirdischen Kampfe gegen Alles, was bisher von den Menschen verehrt und geliebt worden ist (– meine Formel dafür ist »Umwerthung aller Werthe«) ist unvermerkt aus mir selber etwas wie eine Höhle geworden – etwas Verborgenes, das man nicht mehr findet, selbst wenn man ausginge, es zu suchen. *Aber man geht nicht darauf aus* [. . .] Und Jahre lang kein Labsal, kein Tropfen Menschlichkeit, nicht ein Hauch von Liebe – [5]

I. KINDHEIT UNTER FRAUEN

Ein junger Mann, im Begriff, die Universität zu beziehen und die Heimat zu verlassen, hält Rückschau auf sein bisheriges Leben; Friedrich Nietzsche, geboren am 15. Oktober 1844, Sohn des verstorbenen Pfarrers Carl Ludwig Nietzsche und der Franziska, geborene Oehler, zuerst wohnhaft im Dorfe Röcken, dann in Naumburg, Schüler am Domgymnasium, später im berühmten Internat Schulpforta:

Von Wendepunkten, die bis jetzt mein Leben in Theile zerlegen, nenne ich vornehmlich zwei: den Tod meines Vaters, des Landgeistlichen zu Röcken bei Lützen, und den dadurch veranlaßten Umzug unsrer Familie nach Naumburg; ein Ereigniß, das meine ersten fünf Lebensjahre abschließt. Sodann meinen Uebergang vom Naumburger Gymnasium nach Pforte, der in mein vierzehntes Jahr fällt. Von der frühsten Periode meiner Kindheit weiß ich wenig; was mir davon erzählt worden ist, erzähle ich nicht gern wieder. Sicherlich hatte ich vortreffliche Eltern; und ich bin überzeugt, daß gerade der Tod eines so ausgezeichneten Vaters, wie er mir einerseits väterliche Hülfe und Leitung für ein späteres Leben entzog, andrerseits die Keime des Ernsten, Betrachtenden in meine Seele legte.

Vielleicht war es nun ein Uebelstand, daß meine ganze Entwicklung von da an von keinem männlichen Auge beaufsichtigt wurde, sondern daß Neubegier, vielleicht auch Wissensdrang mir die mannigfaltigsten Bildungsstoffe in größter Unordnung zuführte, wie sie wohl geeignet waren, einen jungen kaum dem heimatlichen Nest entschloffenen Geist zu verwirren und vor allem die Grundlagen für ein gründliches Wissen zu gefährden. [6]

Der Tod des Vaters – das Schlüsselerlebnis des Kindes, traumatisierend und in der Seele nie recht verarbeitet; entscheidend nicht nur dadurch, daß die väterliche Hilfe bei der Organisierung eines Bildungsganges fehlt – viel wichtiger in dem, was der Jüngling hier verschweigen will: Der Vater ist, in den ersten Jahren, einziger Lebensmittelpunkt; er bestimmt die Erziehung, indem er die Mutter verdrängt und sich zu einer Art von Gott macht, den der Sohn (entgegen dem, was er von Gott und Göttlichkeit schon weiß) als elend sterblich erfährt, dessen Gestalt in Nachtphantasien und Alpträumen jedoch beängstigend gegenwärtig ist. Die Verwirrung des Geistes durch den Tod des Vaters betrifft nicht nur den Intellekt, die Tätigkeiten des Verstandes; sie formt die ganze Persönlichkeit und schafft, wie der Achtzehnjährige in einer Selbstbeschreibung erkennt, einen problematisch-dunklen Charakter:

Wie sehr auf mich das Leben meiner ersten Jahre in einem stillen Pfarrhaus, der Wechsel großen Glückes mit großem Unglück, das Verlassen des heimatlich⟨en⟩ Dorfes und die mannigfaltig⟨en⟩ Ereign⟨i⟩sse des Stadtlebens einwirkten, glaube ich noch täglich an mir wahrzunehmen. Ernst, leicht Extremen zuneigend, ich möchte sagen, leidenschaftlich ernst, in der Vielseitigkeit der Verhältnisse, in Trauer und Freude, selbst im Spiel, [7]

Glück ist die frühe Zeit im Dorf, die Vaterwelt; der junge Nietzsche konstruiert sich eine Utopie der seligen ersten Kinderjahre, gegen die das spätere Leben – ohne den Vater – mit dem Signum des Unglücks behaftet scheint. Ein tiefer Ernst, eine ständig wahrnehmbare Bedrückung ist nun das Leitmotiv der Existenz, ein Lebensleiden, das auch Distanz zu jenen schafft, die ihn behüten und seine physische und psychische Entwicklung ängstlich bewachen. Diese sorgende Sphäre der nahen Angehörigen ist gänzlich weiblich geprägt: Da residiert im größten Zimmer der sonst allzu engen Behausung die Großmutter Erdmuthe, stets dunkel gekleidet, mit einem Spitzenhäubchen auf dem Kopf, Respekt und Ehrerbietung erwartend, immer darauf bedacht, daß die häuslichen Regeln, die sie setzt, als letztgültig und bestimmend angesehen werden. Da sind die beiden unverheirateten Tanten – die eine, Auguste, ständig krank, grämlich, verschüchtert; daß sie im Haushalt etwas Betätigung findet, gibt ihrem Leben einen kleinen Trost. Die andere, Rosalie, ist nervös und fahrig, des öfteren geplagt von neurotischen Zuständen, hektisch aktiv in der kirchlichen Diakonie, in Bibelstunden und Missionskränzchen. Da ist, als wichtigste Person, Franziska, die Mutter – abhängig von den anderen Frauen, deren heimlicher Verdacht es ist, daß sie als allzu junge, lebensunerfahrene und ungebildete Witwe die schwierige Erziehungsarbeit an der kleinen Tochter, besonders aber an dem hochbegabten, sensiblen Sohn nur mangelhaft zu leisten vermag. Um so eifriger ist sie bestrebt, die von der Umgebung vorgegebenen Regeln christlicher Pädagogik an ihren Kindern zu exekutieren. Gerade der Sohn, den der zu Gott gegangene Ehemann als irdisches Vermächtnis hinterlassen hat, wird zum sinnstiftenden Element ihres Lebens: Vermag es ihre Erziehungskunst, ihn zu einem im christlichen Sinne tüchtigen Menschen heranwachsen zu lassen, also zu einem Individuum, das sich den Glaubensdogmen und den vorgegebenen Regeln der Gesellschaft ohne Protest unterwirft – dann gewinnt ihre durch den Tod des Mannes sinnlos gewordene Existenz eine eigene Würde zurück; dann ist sie gerechtfertigt vor ihren Verwandten, vor ihrem Gatten im Jenseits, letztlich vor Gott. Dieser Rechtfertigungskomplex, diese metaphysische Rückkopplung des Erziehungsprozesses, läßt sie im Umgang mit dem Sohne hart, streng und fordernd werden. Sie umgibt ihn mit einem Netz von Befehlen und »Verhaltungsregeln« (KGB I/1, 322). Sie glaubt, in einem Akt der Selbstverleugnung ihre Mutterliebe vor dem Sohn verbergen und unterdrücken zu müssen, damit das große Erziehungsziel nicht durch Weichheit und Nachgiebigkeit gefährdet wird. Ein folgenreiches Paradox: Der Sohn erfährt die ganz durch und für ihn lebende Mutter als (väterliche) Straf- und Kontrollinstanz gegen sich, fordernd, richtend, all sein Bedürfnis nach Gefühls- und Körpernähe strikt abweisend – so ist ein Gedicht, das der elfjährige Sohn zu ihrem dreißigsten Geburtstag verfaßt, nicht nur rührender Ausdruck kindlicher Liebe, sondern auch ein Hilferuf, eine Bitte um Zärtlichkeit und Geborgenheit:

Ich bringe dir eine kleine Gabe.
Viel ist's ni⟨c⟩ht. Doch nimm's nur an
Weißt ja das ich nicht viel hab⟨e⟩,
Darum ich nicht viel geben kann.

Ich wünsche dir das beste Leben
Gesundheit, Freude, doch ich bin
Zwar zu gering dir's selbst zu geben
Doch nimms vom lieben Gotte hin.

So sei an dein Geburtstage recht heiter
Und wie dus heute bist, so geh es weiter.
Du wirst mich doch auch lieben immer mehr
Denn ich bleib gegen dich von Liebe gar nicht leer.

Ich liebe dich so sehr, daß i⟨c⟩h dich möcht erdrücken
Doch thu ichs lieber nicht; es möcht dich nicht beglücken.
Und etwas noch möcht ich dir geben
Wie du wirst aus den letzten Verse sehn.

Du möchtest gern nun wissen
Was ich noch wollt von dir.
Ich möchte dich denn küssen
So küss ich Dich gleich hier. [8]

Hinter aller Unbeholfenheit, hinter den noch ungeschickten sprachlichen Wendungen wird etwas spürbar von dem spannungsvollen Verhältnis zwischen Franziska und ihrem so vielversprechenden, dichtenden Sohn: Dieser Junge wagt nur ganz vorsichtig, in fast ängstlicher Haltung, seine große Liebe zu gestehen und seine spontanen Gefühle zu zeigen – wohl auch nur dann, wenn er gleichzeitig eine Gabe, eine Leistung vorweisen kann. Er möchte sich ganz unmittelbar, körperlich äußern und fürchtet sich sofort vor einer Ablehnung, einer zurückstoßenden Reaktion.

Ist schon die liebevolle Hinwendung mit dem Gefühl der Angst behaftet, so ist die Furcht, im Streit und in der Auseinandersetzung die abweisende Härte der Mutter zu erfahren, für die Persönlichkeit des Kindes um so schmerzlicher – schon früh entwickelt der junge Nietzsche ein System von Flucht- und Ausweichmanövern; er zieht sich, wenn er nach einer kleinen häuslichen Regelverletzung, nach einer Widersetzlichkeit zur Rede gestellt wird, »in irgendwelche Einsamkeit zurück«. (FNB/I, 28) Er praktiziert eine Art von Spaltung der Persönlichkeit: Nach außen stellt er sich dar als folgsames und angepaßtes Kind, das der mütterlichen Autorität gehorsam unterworfen ist – nach innen aber schafft er sich eine sorgsam gehütete, gerade auch vor der Mutter ängstlich verborgene kleine Privatwelt, in der er alle Kritik, allen Zorn, alle Unlust in einem Akt der Kommunikation mit sich selbst zu verarbeiten sucht. Je mehr allerdings seine intellektuelle Entwicklung voranschreitet, je stärker ihm Welterfahrung und Menschenkenntnis zuwachsen, desto unabweislicher und bedrängender entsteht in diesem geheimen inneren Kosmos ein starkes Potential des Protests gegen jenen christlich-protestantischen Tugend- und Erziehungskomplex, der von der Mutter und den anderen Frauen im Haus repräsentiert wird – den die fromme Tante auf prägnante Weise formuliert, wenn sie dem Neffen schreibt: »Dein Wille wird sich gehorsam beugen müssen in menschliche und göttliche Ordnung [. . .] und die Macht der Sinnlichkeit sollst du durch die Macht des Geistes und ein frommes Gott *ergebenes Herz* überwinden! [. . .] wenn Dir *Arbeit, Beugen* und *Überwinden* gelingt, mögest Du dann gewiß sagen, daß Dein treuer Gott und Herr dir beigestanden, Dir geholfen hat!« (KGB I/1, 406 f.)

Der zweite »Wendepunkt«, den der junge Nietzsche in seiner Lebensbeschreibung erwähnt, ist der »Übergang . . . nach Pforte« – bedeutsam deshalb, weil nun die in seiner verborgenen Innenwelt schon angelegte Fundamental-Kritik an der dumpf-evangelischen Naumburger Frauen- und Muttersphäre von außen entscheidend befördert wird. Die Hohe Landesschule zur Pforte ist ein Elite-Institut, gegründet mit dem Ziel, dem Staat eine umfassend gebildete, leistungsfähige Beamten- und Pastorenschaft zur Verfügung zu stellen. Sie gleicht einer Kadettenanstalt, in der strenge Zucht und ein strikt geregelter Tagesablauf das Leben der Schüler bestimmen. Der Lehrstoff allerdings ist humanistisch ausgerichtet; das Studium der klassischen Sprachen steht im Mittelpunkt des Unterrichts. Da mögen wohl manche Texte, die dem christlich-protestantischen Sittenkodex allzusehr entgegenstehen, von den Herren Professoren auf den Index gesetzt werden – ein wendiger Geist wie der des jungen Nietzsche kann dennoch einen anregend-aufregenden Blick werfen auf die freie antike Welt, in der die Sinnlichkeit nicht überwunden, sondern ausgelebt wird; wo Eros und Liebe nicht unter den Verdacht der Erbsünde geraten; wo nicht Arbeit und Beugen im Lebenszentrum stehen, sondern Schönheit und Kultivierung der Triebe; wo Sexualität sich nicht auf den verborgenen und zu verbergenden Fortpflanzungsakt beschränkt, sondern Entfaltung und Bereicherung der Existenz, aber auch Rausch und Ekstase ist. Das erwachte sexuelle Interesse des jungen Nietzsche, in der Naumburger Mutterwelt verschwiegen und verdrängt, sucht sich – zitierend, übersetzend, paraphrasierend – aus den »mannigfaltigsten Bildungsstoffen« zielstrebig jene aus, die den eigenen Verwirrungen einen literarischen Ausdruck verleihen:

SAPPHO:
[. . .]
2. Schilderung ihrer Leidenschaft.
[. . .] – Der Anblick ihrer Geliebten erschüttert ihr das Herz, raubt ihr die Stimme, ein feines Feuer läuft unter der Haut hin, mit den Augen sieht sie nicht, ein Sausen füllt die Ohren, Schweiß ergießt sich, Zittern faßt sie, sie wird blässer als Gras [. . .] [9]

An die Andromeda
[. . .]
»Wem soll ich dich, o lieber Bräutigam, schön vergleichen?
Dem schlanken Schößling vergleiche ich dich am Schönsten.«
Es ist mir ein schönes Mädchen, durch goldne Blüten
ausgezeichnete Gestalt habend, die reizende Klais,
für die ich nicht das ganze Lydien, noch das anmuthige (Lesbos haben möchte?)
Die Quellen tanzen nun so wohlklingend mit den zarten Füßen
um den lieblichen Altar (der Aphrodit⟨e⟩?)
suchend die zarte weiche Blume des Grases.
Eros erschüttert mir wieder den Sinn,
ein Sturm im Gebirge in die Eichen fallend. [. . .] [10]

ANAKREON:
[. . .]
2. Auf Dionysos

»O Herrscher, mit dem der Bändiger Eros
Und die blauäugigen Nymphen
Und die purpurne Aphrodite
Spielen; wende dich wiederum
Von den Gipfeln der hohen Berge
Ich flehe dich an; komme du
Uns wohlgesinnt, gewillt
Die Bitte zu hören.
Dem Kleoboulos werde ein guter
Berather: meine Liebe,
O Dionysos, anzunehmen« [. . .]

Den Kleobulos liebe ich
Für Kleobulos rase ich,
Nach Kleobulos spähe ich.

»O Kleobulos, jungfräulich blickend,
Ich suche dich, du aber kommst nicht
Nicht wissend, daß du meiner
Seele Zügel führst.« [. . .]

Wieder mich mit purpurnen Balle werfend
Hieß mich der goldhaarige Eros
Mit der buntschuhigen Jungfrau
zu scherzen.

Sie aber, – sie ist von dem wohlgegründet⟨en⟩ Lesbos –
Wirft mir mein Haar vor – denn
es ist weiß – nach andern aber
schmachtet sie.« – [. . .]

Ich fliege auf zum Olymp mit leichten Schwingen
durch den Eros; denn nicht will mir der Knabe
scherzen [. . .]
Mich mögen der Reden wegen die Knaben lieben:
Denn Gefälliges singe ich, Gefälliges weiß ich zu sagen.
Wieder schlug mich Eros wie ein Schmied mit einem
großen Beile, im winterlichen Waldstrom wusch
er mich. – [. . .] [11]

Von Sappho und Anakreon wird frei und schamlos behandelt, was ihn gleichermaßen beglückt und quält: die erotische Ambivalenz, die Unentschiedenheit darüber, welche Objekte, welche Opfer der beunruhigende, unabweisbare Trieb denn wählen darf – nur das weibliche, das angsterzeugende Geschlecht der Mutter? Oder darf sich dieses schrecklich-schöne Gefühl auch auf den Freund, den Mitschüler richten, von dessen Schönheit und Anmut man berührt ist? Oder ist Eros freischwebend, souverän – unbekümmert um das Geschlecht der begehrten Person? Da ist Anakreon, der ungeniert das Lob der Knabenliebe singt; da ist Sappho, die sich nach Männern und nach Mädchen sehnt – der irritierte Jüngling Nietzsche ahnt, daß für das, was ihn umtreibt und bewegt, in der südlich-heiteren Griechenwelt eher Lösungsmuster bereitliegen als in der nordischen Naumburger Christenwelt mit ihren trauernden Frauen. Er schließt seine Notate ab mit einem eigenen literarischen Versuch; es ist ein Liebesgedicht, dem ein Sappho-Vers voransteht. Unklar bleibt, ob die angeredete Person ein Geliebter oder eine Geliebte ist:

SAPPHO:
Eros erschüttert wieder mir den Sinn,
Ein Sturm im Gebirg auf Eiche⟨n⟩ fallend.

Noch ferne zwar, doch fühl ich schon
Wie deines Geistes kühn⟨e⟩ Kraft
Wie deine Rede, rasch entflohn,
Mich wie im Sturm⟨e⟩ fortgerafft.
Sie fiel in meines Herzens See
Und regte immer weitre Kreise,
Daß unter zauberhafte⟨m⟩ Weh
Mein ganzes Wesen zittert leise.

Und doch – des Irdische⟨n⟩ soviel
Und wenig schon erschlossn⟨e⟩ Schwingen,
Die dich empor in Ernst und Spiel
Wie leuchtende Gedanken, bringen.
Und doch – des Schönen auch so viel
Doch unerkannt – so reich entquollen –
Und nirgends Halt – und nirgends Ziel
Das Müssen siegt und nie das Wollen.

Ein neckische⟨r⟩ Gedanke fällt
In dein Gemüth, das unverklärte,
Das nie nach einer höhern Welt
Und nach dem Schön⟨en⟩ selbst begehrte.
Du denkst an mich und fragest leis:
Was mag dir seine Gunst wohl nützen?
Du denkst und lächelst eigner Weis'

Was soll ich schweigen wenn ich dich
Und deiner Augen Tiefe schau
Und wenn dein Lächeln über mich
Sich breitet gleich dem Morgenthau!
Still ist mein Mund, doch flattern schnell
Die Blitzgedanken hin zu dir
Und spiegeln in dem Auge hell
Noch schöner als im Herzen mir.

Du stehst, gebogen leis zurück,
Gerüstet, wenn die Stürm⟨e⟩ komme⟨n⟩,
Du siehst sie an mit scharfe⟨m⟩ Blick –
Die Flamme steigt und ist verglomm⟨en⟩.
Nicht flüchtig hebst du Hand und Fuß,
Du suchst dir festen Grund – und Spur;
So leicht und reizend ist dein Gruß,
Als schwebtest du vorüber nur.

O dürfte doch des Himmel⟨s⟩ Glanz
Sich einzig über dich ergießen,
Daß wie im schönsten Lenzestanz
Stets neue Blumen dir entspri⟨e⟩ßen!
O dürft ich diese Blumen sehn,
Erblühten sie in mein⟨er⟩ Hut –
Dann würde Friede mich durchwehn
Und stille sein des Herzens Gluth! [12]

Eine unerfüllte Liebe schafft sich hier dichterischen Ausdruck; sie stürzt den, der als Werbender auftritt, in einen höchst beunruhigenden Konflikt: Das »Müssen« (die vorgefundene Konvention, der in der Mutter repräsentierte Naumburger Moralkodex, die »Pflicht«) steht dem entgegen, was als »Wollen« (d. h. als »Wollust«, Trieb, »Neigung«) aus innerster Seele mit beängstigender Energie in die Sphäre des bewußten Lebens tritt. Der Widerstreit zwischen dem unerbittlichen moralischen Imperativ und der gleichermaßen unabweisbaren Kraft des Begehrens erzeugt ein unglückliches Bewußtsein, das sich – im ständigen Reflexionszwang – als disharmonisch zur Welt erfährt und Zuflucht sucht in einer Pose des permanenten Leidens. Der »Friede«, der des »Herzens Gluth« zu löschen vermag, also die Lösung der inneren Spannung, scheint nicht erreichbar zu sein: das entlastende Sich-Mitteilen, die Offenlegung des

Konflikts, könnte Unverständnis, Ablehnung, vielleicht sogar Bestrafung zur Folge haben. Das isolierte, einsam gewordene Ich sucht »Partner«, Geistes- und Seelenverwandte in Kunst und Literatur, forscht beispielsweise nach Dichtern, die in Leben und Werk die eigenen Stimmungen, Nöte und Probleme artikulieren. Der junge Nietzsche entdeckt Lord Byron, der aus dem heuchlerisch-sittenstrengen England in die freien südlichen Gefilde Europas flieht, um schließlich, als begeisterter Teilnehmer am Freiheitskampf der Griechen, in Mesolongion zu sterben:

Der Hauptreiz der Byronschen Dichtungen besteht in dem Bewußtsein, daß in ihnen die eigne Gefühls und Gedankenwelt des Lords uns entgegentritt, nicht in ruhiger, goldklarer Fassung göthischer Poesie, sondern in dem Sturmdrang eines Feuergeistes, eines Vulkanes, der bald glühende Lava verheerend einherwälzt, bald, das Haupt umdüstert von Rauchwirbeln, in dumpfer, unheimlicher Ruhe auf die blühenden Gefilde herniederschaut, die seinen Fuß umkränzen. Die unglückliche Poesie des Weltschmerzes nimmt in Byron ihren Ursprung und ihre genialste Entfaltung; und gerade darin, daß sich uns der Dichter in jedem Charakter, den er zeichnet, selbst vorführt, ohne jedoch in den Fehler grenzenloser Einseitigkeit zu verfallen – denn Byron verstand es alles Hohe und Edle, die zartesten und erhabensten Gefühle, in der großartigen Universalität seines Geistes zu erfassen – gerade darin ruht der Zauber, der uns eine begeisterte Hinneigung zu ihm und seinen Dichtungen fühlen läßt. Wenn nun vornehmlich in Ritter Harolds Pilgerfahrt und in dem grenzenlos genialen Don Juan uns des Dichters eigenstes Wesen entgegentritt, besonders in dem letzteren Werk, das, wie Göthe sagt, menschenfeindlich bis zur herbsten Grausamkeit, menschenfreundlich, in die Tiefen süßester Neigung sich versenkend, wir dankbar genießen müssen, wie es uns Byron mit übermäßiger Freiheit, ja mit Frechheit vorzuführen wagt, so sind doch auch seine übrigen kleineren, epischen Dichtungen herrliche Perlen der Poesie überhaupt, in dem wundervollsten Farbenglanz strahlend [. . .] Das erste seiner Trauerspiele ist der in der Schweiz und am Rhein begonnene Manfred, in dramatischer Beziehung ein Ungethüm, man möchte sagen, der Monolog eines Sterbenden, in den tiefsten Fragen und Problemen wühlend, erschütternd durch die furch⟨t⟩bare Erhabenheit dieses geisterbeherrschenden Uebermenschen, entzückend durch die prachtvolle, wunderbar schöne Diktion, aber undramatisch im höchsten Grad. Seine Mußezeit in Ravenna im Januar 1820 benutzte Byron zur Produktion seines Marino Faliero, den er am 4 April begann und am 16 Juli beendigte. Der Einfluß dieses Jahres, des glücklichsten seines Lebens, das er mit der Gräfin Therese von Gamba verlebte, läßt sich deutlich an dieser Dichtung erkennen, besonders in den bezaubernden Schilderungen venetianischer Nächte, in der fein gezeichneten Gestalt der Angiolina, deren Urbild jene schöne geistreiche Gräfin zu sein scheint, dann in dem kühnen, großartigen Charakter des Marino Falieri, wenn auch gerade in diesem des Dichters eigne Persönlichkeit mit ihrer ungestümen Freiheitsliebe, ihrer südländischen Reizbarkeit und Leidenschaft wieder deutlich hervortritt. [. . .]

Byron, nicht ohne Theilnahme für die revolutionären Regungen, die damals Italien durchzuckten, entschloß sich endlich mit der Gräfin nach Ankona zu gehn, während er seine Tochte⟨r⟩ Allegra zur bessren Erziehung in ein Kloster that. Von dort sandte er Ende Mai 1821 sein beendigtes Trauerspiel Sardanapal nach London ab, das dem berühmten Göthe gewidmet war, als Huldigung eines literar⟨i⟩schen Vasallen dem Lehnsherrn dargebracht, dem ersten aller jetzt lebenden Autoren, der die Literatur seines

Vaterlandes geschaffen und die von Europa erleuchtet hat. Auf dieses Produkt, ausgezeichnet durch die herrliche Frauengestalt der Myrrha, der Jonierin folgten endlich die beiden Foskari, [. . .]

Haben wir vorhin gesagt, daß Byron nur seinen eignen Charakter zu zeichnen verstand, so klingt dies paradoxer als es ist. In den vier Charakteren Manfred, Marino Falieri, Jakopo Foskari und Sardanapal tritt uns trotz der scheinbar bedeutenden Verschiedenheit immer derselbe entgegen, nämlich Byron selbst in der Vielseitigkeit seines umfassenden Geistes. Während Manfred seine düstren Grundzüge, seine höhnende Resignation, seine übermenschliche Verzweiflung hervorhebt, während Sardanapal seine sinnliche Natur mit den grellsten Farben ins Licht stellt, lodert uns in Marino Falieri sein glühender Freiheitsstrom entgegen, daneben aber auch die südliche Gluth seiner Affekte; als Jakopo Foskari malt er uns seine Begeisterung für Venedig, seine edelste Vaterlandsliebe. Und sind dies nicht die Grundtöne seines ganzen Wesens, die er uns wie ein Beichtbekenntniß mit höhnender Weltverachtung und göttlichem Selbstbewußtsein entgegenschleudert? Indessen fehlen doch noch zu diesem Bilde einige Züge, seine fast weibliche Zartheit der Empfindung und Feinheit im Erfassen edler weiblicher Charaktere, Gaben, die besonders in den wundervollen Frauengestalten, Myrrha, Angiolina und Marina hervorleuchten. Wenn man bedenkt, daß Byron frei von aller Religiosität, ja überhaupt von allen Gottesglauben ist, unbeständig in der Liebe, sinnliche Genüsse im Übermaße schöpfend, wenn man diese ewigweiblich⟨en⟩ Frauen betrachtet, von seiner Meisterhand mit den feinsten Grenzen umzeichnet, so muß man wahrhaftig die überaus große Genialität seines Geistes anstaunen. [. . .] [13]

Die Schwärmerei des jungen Interpreten ist verräterisch; sie kann als verschleierter Ausdruck der eigenen psychischen Befindlichkeit, der Phantasien und Obsessionen gedeutet werden – die Eloge gilt ja einem Dichter, den rechtgläubig-sittenstrenge Zeitgenossen als verabscheuenswürdiges Individuum »ungesunden Herzens und verderbter Einbildungskraft« beschimpfen, dessen Kunstprodukte »in ihren wollüstigen Teilen den Geist Belials, in den ekelerregenden Bildern der Ungeheuerlichkeiten und Scheußlichkeiten, in denen sie schwelgen, aber den Geist Molochs« atmen (vgl. MUE, 147). Gerade Byrons Meisterwerk, die Verserzählung »Don Juan«, ist für diese Kritiker ein teuflisch-dämonisches Machwerk, inspiriert vom Geiste der Verneinung, geeignet, vor allem die Jugend vom Pfad der frommen Tugend abzubringen. Der junge Nietzsche allerdings nennt diese Dichtung »grenzenlos genial« – die Personen und die Handlung sind nur allzu faszinierend: Byrons Don Juan ist, entgegen der üblichen Darstellungsweise, nicht der strahlend-männliche Verführer, sondern ein eher schüchterner, zarter, bartloser Jüngling, von den Frauen, die ihn in seiner knabenhaften Unschuld reizvoll finden, verführt und in eine passive Rolle gedrängt. Der einengenden, niederdrückenden Sphäre seiner bigottscheinheiligen Mutter eben entkommen, beginnt für Don Juan sogleich der erotische Reigen, in dem die Lockungen des »Ewig-Weiblichen« in den verschiedensten Varianten vorgeführt werden. Den Anfang macht die ehrbare, moralische Hausfrau Donna Julia; gelangweilt und frustriert von ihrem biederen Gatten, verfällt sie dem Liebreiz des unschuldig-vielversprechenden Juan und vergißt ihre hohen sittlichen Prinzipien – sie verführt den etwas verwirrten Knaben nach allen Regeln der Liebeskunst. Auf frischer Tat vom Ehemann im Schlafzimmer ertappt, wird sie für immer in ein Kloster gesteckt. Der junge Liebhaber kann dagegen entfliehen; er gerät nach Sturm und Schiffbruch auf eine griechische Insel – und in die Arme der Piratentochter Haidi. Nun lernt Juan die Liebe einer Kind-Frau kennen, eines Mädchens, das ganz unmittelbar-naiv, ohne von moralischen Skrupeln gehemmt zu sein, ihren Wünschen und Begierden lebt – die ideale Partnerin! Der Lustidylle ist keine Dauer beschieden: Beim Hochzeitsfest wird das Paar vom totgeglaubten Piratenvater überrascht; der fesselt den Bräutigam und wirft ihn ins Meer, Haidi bleibt zurück und stirbt vor Gram. Don Juan dagegen überlebt, er wird von Seeräubern gerettet und auf dem Sklavenmarkt Konstantinopels als attraktive Ware feilgeboten – ein Umstand, der ihn schnell Einblick nehmen läßt in die geheimnisvolle Welt der orientalischen Weiblichkeit: Gulbeya, eine Sultansfrau, entdeckt den Jüngling und will ihn als besonderes Schmuckstück des Harems käuflich erwerben. Juan wird in Frauenkleider gesteckt und in die Gemächer Gulbeyas geschleppt. Aber auch hier entstehen Hindernisse: Der Sultan persönlich erscheint, und der schöne Sklave ist gezwungen, im Bett der reizvollen Haremsdame Dudu eine vorläufige Zuflucht zu suchen. Die Episode im Serail währt nicht sehr lange; Juan kann sich mit Hilfe zweier Mädchen aus den Fängen Gulbeyas und Dudus befreien – er taucht ganz unvermittelt in einer Schlacht auf, die der russische General Suworow gegen das türkische Heer führt. Schon bald ist Don Juan mit einer besonders aufregenden Variante weiblicher Erotik konfrontiert: Als Gesandter nach Sankt Petersburg geschickt, wird er Bettgenosse der machthungrig-liebestollen Zarin Katharina. Dann kommt er nach England; die Reihe der galanten Abenteuer setzt sich fort ad infinitum – für den Pfarrerssohn Nietzsche, erzogen von ältlich-keuschen Jungfern und jenseits aller Geschlechtlichkeit lebenden Witwen, hat das Byronsche Damen-Panoptikum seinen ganz speziellen Reiz; er blickt in eine Welt, die ihm bislang verschlossen war, und die doch, wie er jetzt in Pforta erfährt, machtvoll existent ist und ihm größte Unruhe schafft. Seine Byron-Lektüre fördert die verwirrende Erkenntnis, daß Frauen nicht nur, wie bisher erlebt, geschlechtsneutrale pädagogische Instanzen sind, sondern auch Sexualwesen mit erotischen Interessen und Forderungen, der männlichen Begierde geöffnet und sie lustvoll genießend. Überhaupt entsprechen Byrons große Frauengestalten so ganz und gar nicht dem, was er bislang als Norm weiblichen Verhaltens kennengelernt hat: Sie greifen, wie Angiolina im »Marino Falieri«, selbstbewußt in das öffentlich-politische Geschehen ein, sie sind, wie Myhrra in »Sardanapal«, hingebungsvolle Geliebte und dennoch kämpferisch, mit großen Gefühlen. Der Schüler Nietzsche zeigt sich erstaunt darüber, daß gerade ein gottloser, nach bürgerlich-christlichen Vorstellungen unmoralischer Mann wie Lord Byron solch »edle« Frauencharaktere schaffen kann; er erklärt diese Fähigkeit mit der fast »weiblich« zu nennenden Einfühlungsgabe des Dichters – dessen Persönlichkeit, dessen »wildes Leben« sind für ihn ja mindestens ebenso interessant wie das Werk, in dem sich, wie er ausdrücklich bemerkt, immer nur die Subjektivität des Künstlers widerspiegelt, das deshalb stets auch Konfession und Selbstentblößung ist. Die Vita des Lord Byron liest sich allerdings wie die Geschichte eines höchst spannungsvollen, eines »zerrissenen« Charakters, in dem die verschiedensten Existenz-Formen miteinander im Streite liegen. Versucht er sich manchmal als weltabgewandten, ganz nach innen seinen Genüssen lebenden Ästheten zu stilisieren, so kann er doch gleichzeitig – nach außen – als Kämpfer für Freiheit und politische Gerechtigkeit auftreten. Manchmal ist er ein depressiv gestimmter, vom Dasein gelangweilter Melancholiker, manchmal ein Mann, der sich dem Leben voller Lust auf Abenteuer öffnet. Und mag seine Biographie auch eine Kette amouröser Frauenaffären sein – in den letzten turbulenten Lebenstagen gilt seine ganze Fürsorge dem geliebten »Pagen« Loukas Chalandritsanos.

Dem von Stimmungsschwankungen und diffus-wechselnden erotischen Wünschen heimgesuchten Internatsinsassen Nietzsche muß der englische Lord in der Tat als ideale Identifikationsfigur erscheinen. Der belesene Schüler weiß, daß der große Goethe dem verehrten Dichter im zweiten Teil des »Faust« ein literarisches Denkmal gesetzt hat: Dort erscheint Lord Byron in der Gestalt Euphorions, als Sohn des Faust und der Helena, als Sinnbild also einer Verschmelzung zweier Welten, zweier Prinzipien – des romantisch-dunklen Nordens und des klassisch-hellen, griechischen Südens. Im antiken Mythos ist dieser Knabe ein Kind des Achill und der Helena, geflügelt, mit übernatürlichen Kräften begabt, verfolgt von Zeus, der ihn mit einem Blitzstrahl tötet, weil er die heftige Liebe des Göttervaters nicht erwidern will. Die Nymphen, die ihn bestatten, werden in Frösche verwandelt. Goethes Byron-Euphorion stirbt an sich selbst; der Knabe, im trügerischen Bewußtsein seiner unerschöpflichen Kraft, strebt zu höchsten Zielen, zur Liebe und zum Krieg: »Keine Wälle, keine Mauern,/ Jeder nur sich selbst bewußt!/ Feste Burg, um auszudauern,/ Ist des Mannes eh'rne Brust./ Wollt ihr unerobert wohnen,/ Leicht bewaffnet rasch ins Feld!/ Frauen werden Amazonen/ Und ein jedes Kind ein Held.« (GOE, 284) Der Schwung der Ideale treibt ihn in allzu schwindelnde Höhen, so daß er am Ende stürzt und verbrennt. Aus der Tiefe fleht er zu Helena: »Laß mich im düstern Reich,/ Mutter, mich nicht allein!« (GOE, 286) In einem Trauergesang, der gleichzeitig das Leben Byrons resümiert, ruft der Chor ihm nach: »Ach, zum Erdenglück geboren,/ Hoher Ahnen, großer Kraft,/ Leider früh dir selbst verloren,/ Jugendblüte weggerafft!/ Scharfer Blick, die Welt zu schauen,/ Mitsinn jedem Herzensdrang,/ Liebesglut der besten Frauen/ Und ein eigenster Gesang.// Doch du ranntest unaufhaltsam/ Frei ins willenlose Netz:/ So entzweitest du gewaltsam/ Dich mit Sitte, mit Gesetz;/ Doch zuletzt das höchste Sinnen/ Gab dem reinen Mut Gewicht,/ Wolltest Herrliches gewinnen,/ Aber es gelang dir nicht.« (GOE, 286) – Am 28. Juli 1862 schreibt der junge Nietzsche einen Brief an seinen Mitschüler Raimund Granier; er legt ein »Monstrummanuskript« (KSB1, 217) bei, ein Novellen-Fragment mit dem Titel

EUPHORION: CAP. I

. . . . . Meine Seele durchwogt eine Fluth von weichen, beruhigenden Harmonien – ich weiß nicht was mich so wehmütig stimmt, ich möchte weinen und dann sterben. Es ist nichts mehr! Ich bin sehr matt, meine Hand zittert . . .

Das Frühroth spielt in bunten Farben am Himmel, ein sehr abgebrauchtes Feuerwerk, das mich langweilt. Meine Augen funkeln ganz anders, ich fürchte daß sie Löcher in den Himmel brennen. Ich fühle es, daß ich mich völlig entpuppt habe ich kenne mich durch und durch und möchte nur den Kopf meines Doppelgängers finden, um sein Gehirn zu sezieren oder meinen eignen Kinderkopf mit goldnen Locken . . . ach . . vor zwanzig Jahren . . Kind . . . Kind . . . so fremd klingt mir das Wort. Bin auch ich Kind gewesen, zugedrechselt worden durch den alten abgeleierten Weltmechanismus? Und schleppe jetzt – eine Klapper an der Tretmühle – recht behaglich langsam das Seil, das man Fatum nennt, bis ich verfault bin, der Schinder mich verscharrt, und nur einige Aasfliegen mir noch ein Wenig Unsterblichkeit zusichern?

Ich fühle beinahe bei diesem Gedanken eine Disposition zum Lachen – indessen geniert mich eine andere Idee –

vielleicht entsprießen nämlich meinen Knochen auch Blümlein, vielleicht ein »herzig Veilchen« oder gar – wenn nämlich der Schinder auf meinem Grabe seine Nothdurft verrichtet – ein Vergißmeinnicht. Dann kommen Verliebte .... Widerwärtig! Widerwärtig! Das ist Fäulniß! Indeß ich hier in solchen Zukunftsgedanken schwelge – denn es deucht mir angenehmer in feuchter Erde zu verwesen als unter blauem Himmel zu vegetieren, als fetter Wurm zu krabbeln süßer als Mensch – ein wandelndes Fragezeichen – zu sein – beunruhigt mich immer daß Menschen auf der Straße dahinwandeln, bunte, geputzte, zierliche, lustige Menschen! Was sind sie? Übertünchte Gräber sind sie, wie weiland irgendein Mauschel gesagt hat.

In meiner Stube ist es todtenstill – meine Feder kratzt nur auf dem Papier – denn ich liebe es schreibend zu denken, da die Maschine noch nicht erfunden ist unsre Gedanken auf irgendeinem Stoffe, unausgesprochen, ungeschrieben, abzuprägen. Vor mir ein Tintenfaß, um mein schwarzes Herz drin zu ersäufen, eine Schere um mich an das Halsabschneiden zu gewöhnen, Manuskripte um mich zu wischen und ein Nachttopf.

Mir gegenüber wohnt eine Nonne, die ich mitunter besuche um mich an ihrer Sittsamkeit zu erfreuen. Sie ist mir sehr genau bekannt, vom Kopf bis zur Zehe, genauer als ich mir selber. Früher war sie Nonne, dünn und schmächtig – ich war Arzt und machte daß sie bald dick wurde. Mit ihr wohnt ihr Bruder zusammen in zeitlicher Ehe, der war mir zu fett und blühend, den habe ich mager gemacht – wie eine Leiche. Er wird in diesen Tagen sterben – was mir angenehm – denn ich werde ihn secieren. Zuvor aber will ich meine Lebensgeschichte niederschreiben, denn abgesehn davon daß sie interessant ist, ist sie auch lehrreich, junge Menschen bald alt zu machen ... darin bin ich nämlich Meister. Wer sie lesen soll? Meine Doppelgänger, deren noch viel in diesem Jammerthal wandeln.«

Hier lehnte sich Euphorion ein wenig zurück und stöhnte, denn er litt an der Rückenmarksdarre ..... [14]

Eine seltsame, wenn auch äußerst aufschlußreiche Variante des Euphorion-Stoffes: Hier erhebt sich kein Lichtwesen in den Himmel, um nach höchsten Idealen zu streben; dagegen sieht man eine melancholisch-depressive Gestalt, des Lebens überdrüssig, zerfressen vom Haß auf sich selbst und die ganze übrige Welt. Aus dem strahlenden Sohn des Faust und der Helena ist ein schreibwütig-einsamer Stubenhokker geworden, behaftet mit einem schmutzigen Leiden: Das Mark ist ihm vertrocknet – die schlimme Folge (wie alte medizinische Volksweisheit lehrt) von allzu intensiv und ausdauernd betriebener Masturbation. Die aber hindert ihn nicht an weiteren, erschreckend vielfältigen sexuellen Aktivitäten: Er gönnt sich den besonderen Genuß, eine Nonne zu schwängern. So kann er zeigen, daß ihr Keuschheitsgelübde nichts weiter ist als Maskerade, Täuschung, Heuchelei. Diese Verführung mag wohl leicht gelingen – die fromme Frau ist ja schon vorbelastet; sie kennt nicht nur die reine Himmelsliebe zum Heiland und Erlöser, sondern auch inzestuöse Freuden mit ihrem Bruder. Auf jenen Knaben richtet nun Euphorion sein ganz besonderes Interesse: Er treibt mit ihm homoerotische Spiele bis zur gründlichen Erschöpfung, begierig darauf, ihn nach dem bald zu erwartenden Exitus lustvoll zerlegen zu können. Allerdings erfährt man nicht, wie und unter welchen Umständen der Nietzsche-Euphorion seine schauerlichen Pläne vollzieht. Die Geschichte bleibt Fragment, ihr Autor muß bekennen: »Den Plan zu meiner widerwärtigen Novelle [. . .] habe ich, als ich das erste Kapitel geschrieben hatte, vor Ekel über Bord geworfen.« (KSB 1, 217)

Der junge Nietzsche schaudert vor sich selbst zurück – vor dem, was sich in seinem geheimen Kosmos verbirgt.

Ihm wird bewußt, daß er, der in Pforta leidlich erfolgreich die Rolle des anpassungswilligen und tugendhaften Schülers spielt, in dieser Innenwelt sich schon sehr gründlich entzweit hat mit Sitte und Gesetz. Es geschieht wohl nicht selten, daß ein intelligenter, schreibgewandter junger Mann seine erotischen Träume literarisch fixiert, auch handelt es sich dabei ganz oft um Omnipotenz-Phantasien; was Nietzsches Euphorion-Text jedoch so ungewöhnlich macht, ist die auffällige Verknüpfung des Sexuellen mit Gewalt, Sadismus, Fäkalismus, mit Tod und Verwesung. Sexualität erscheint hier nicht als »positives« Gefühl, als vorwärtstreibende Energie des Lebens, sondern als daseinsvernichtende Kraft der Destruktion, des Untergangs. Sie wird erstaunlich »negativ« besetzt und im tiefsten Grunde abgelehnt – höchstens reizt sie noch zu einem höhnischen Gelächter. Nietzsche-Euphorion strebt nicht nach Leben und Liebe; er wünscht sich vielmehr, noch ehe er den erotischen Himmelsflug begonnen hat, nichts sehnlicher als das Grab und die endgültige Vernichtung. Als »herzig Veilchen« aber, das seinem Skelett entspringt, wird ihm ein letzter Liebesgenuß zuteil; er spielt an auf das allbekannte Goethe-Gedicht vom unscheinbaren Veilchen, das von der jungen Schäferin gepflückt werden will: »Ach! denkt das Veilchen, wär' ich nur/ Die schönste Blume der Natur,/ Ach, nur ein kleines Weilchen,/ Bis mich das Liebchen abgepflückt/ Und an den Busen matt gedrückt!/ Ach nur, ach nur/ Ein Viertelstündchen lang!// Ach! aber ach! das Mädchen kam! Und nicht in acht das Veilchen nahm,/ Ertrat's, das arme Veilchen./ Es sank und starb und freut sich noch:/ Und sterb' ich denn, so sterb' ich doch/ durch sie, durch sie,/ zu ihren Füßen doch.« (GOG, 52)

Die Veilchen-Passage mag erklären, warum der junge Nietzsche die Euphorion-»Herzensergüsse in Tintensaft« (KSB 1, 216), die doch einen allzu offenen und deshalb gefährlichen Einblick in seine Seele gewähren, dem vermutlich etwas irritierten Mitschüler brieflich zukommen läßt, um ihn auf diese Weise »ins Vertrauen« zu ziehen: Ist in ihnen als verschlüsselte Botschaft eine Art von Liebeserklärung enthalten? Will er dem Freund verdeutlichen, daß er sich ihm gegenüber in der Rolle des minderwertigen, häßlichen, verachtenswerten Veilchens fühlt, das mit dem geliebten, angebeteten Idol eins werden möchte – und sei es auch in einem Akt der völligen Zerstörung? Ist Nietzsche-Euphorion als »herzig Veilchen« ein hoffnungslos-unglücklich Liebender, dessen erotische Erfüllung nur einzig noch darin bestehen kann, vom Objekt der Begierde vernichtet zu werden?

Der junge Autor scheint zu fürchten, daß der Novellen-Versuch mit all den halb offenen, halb verdeckten Geständnissen bei seinem Briefpartner einen allzu negativen Eindruck hinterlassen könnte. So legt er ein weiteres literarisches Produkt bei: »[. . .] eine Probe meiner Kirchenlieder, ein Genre, dessen Pflege sie bei mir schwerlich vermuthet [. . .]« (KSB 1, 217). Treibt er wohl oft als diabolischer Euphorion sein grausames Unwesen, so ist er doch auch ein um Erlösung flehender Gottessucher, den seine Sünden schmerzlich drücken:

1. Du hast gerufen:
Herr, ich eile
Und weile
An deines Thrones Stufen.
Von Lieb entglommen
Strahlt mir so herzlich,
Schmerzlich
Dein Blick ins Herz ein: Herr, ich komme

2. Ich war verloren,
Taumeltrunken,
Versunken,
Zu Höll und Qual erkoren.
Du standst von ferne:
Dein Blick unsäglich
Beweglich
Traf mich so oft: nun komm ich gerne.

3. Ich fühl' ein Grauen
Vor der Sünden
Nachtgründen
Und mag nicht rückwärts schauen.
Kann dich nicht lassen.
In Nächten schaurig,
Traurig
Seh ich auf dich und muß dich fassen.

4. Du bist so milde,
Treu und innig,
Herzminnig,
Lieb Sünderheilandsbilde!
Still mein Verlangen,
Mein Sinn'n und Denken
Zu senken
In deine Lieb, an dir zu hangen. – [15]

Kann dieser Glaubensüberschwang, diese fast nonnenhafte Jesus-Minne, dieses Flehen um eine unio mystica mit Gott den nächtlich-schaurigen Euphorion-Sünden dauernd und wirksam Einhalt gebieten? Es wird dem jungen Nietzsche immer deutlicher, daß seine innersten Probleme nicht gelöst werden können durch ein zwanghaftes, gewolltes und deshalb theatralisch wirkendes Festhalten am überkommenen Glauben; dagegen scheint es folgerichtig, daß die erotische Verstörung in die philosophisch-theologische Revolte übergeht und die Lehre der Kindheit – die von der Mutter und den Verwandten vorgelebte und verordnete Christlichkeit mit ihrem harten Tugendsystem – einer ersten, wichtigen Revision unterzogen wird. Wenn dieses Christentum das unabweisbare Sein der sexuellen Wünsche und Begierden stets unter das bedrückende Sollen eines Triebverzichts geraten läßt und auf diese Weise einen dauernden Konflikt im Individuum bewirkt, dann muß sein Anspruch, Frieden und Heil zu bringen, gründlich überprüft werden; dann ist zu fragen, ob die »frohe Botschaft« des Evangeliums mit ihrer emphatischen, aufs Jenseits gerichteten Glücksverheißung nicht notwendig das irdische Unglück des Menschen erzeugt; dann muß geprüft werden, ob nicht diese ganze metaphysische Konstruktion, in der das überirdische »Lieb Sünderheilandsbilde« ja auch als irdisch-angsterzeugende Drohfigur erscheint, letztendlich nur ein fragwürdiges System von unlösbaren Widersprüchen und dumpfen Vorurteilen ist – in dem sich also höchstens die »Unreife« des Menschengeschlechts artikuliert:

Wenn wir mit freiem, unbefangenem Blick die christliche Lehre und Kirchengeschichte anschauen könnten, so würden wir manche den allgemeinen Ideen widerstrebende Ansichten aussprechen müssen. Aber so, von unsern ersten Tagen an eingeengt in das Joch der Gewohnheit und der Vorurtheile, durch die Eindrücke unsrer Kindheit in der natürlichen Entwicklung unsers Geistes gehemmt und in der Bildung unsres Temperaments bestimmt, glauben wir es fast als Vergehn betrachten zu müssen, wenn wir einen freieren Standpunkt wählen, um von da aus ein unparteiisches und der Zeit angemessenes Urtheil über Religion und Christentum fällen zu können.

Ein solcher Versuch ist nicht das Werk einiger Wochen, sondern eines Lebens. [. . .]

Wie oft erschien mir nicht unsre ganze bisherige Philosophie als ein babylonischer Turmbau; in den Himmel hineinzuragen, ist das Ziel aller großen Bestrebungen; das Himmelreich auf Erden heißt fast dasselbe.

Eine unendliche Gedankenverwirrung im Volke ist das trostlose Resultat; es stehen noch große Umwälzungen bevor, wenn die Menge erst begriffen hat, daß das ganze Christenthum sich auf Annahmen gründet; die Existenz Gottes, Unsterblichkeit Bibelautorität, Inspiration und anderes werden immer Probleme bleiben. Ich habe alles zu leugnen versucht: o, niederreißen ist leicht, aber aufbauen! Und selbst niederreißen scheint leichter, als es ist; wir sind durch die Eindrücke unsrer Kindheit, die Einflüsse unsrer Eltern, unsrer Erziehung so in unserm Innersten bestimmt, daß jene tief eingewurzelten Vorurtheile sich nicht so leicht durch Vernunftgründe oder bloßen Willen herausreißen lassen. Die Macht der Gewohnheit, das Bedürfniß nach Höherem, der Bruch mit allem Bestehenden, Auflösung aller Formen der Gesellschaft, der Zweifel, ob nicht zweitausend Jahre schon die Menschheit durch ein Trugbild irre geleitet, das Gefühl der eignen Vermessenheit und Tollkühnheit: das alles kämpft einen unentschiedenen Kampf, bis endlich schmerzliche Erfahrungen, traurige Ereignisse unser Herz wieder zu dem alten Kinderglauben zurückführen. Den Eindruck aber zu beobachten, den solche Zweifel auf das Gemüth machen, das muß einem Jeden ein Beitrag zu seiner eignen Kulturgeschichte sein. Es ist nicht anders denkbar, als daß auch etwas haften bleibt, ein Ergebniß aller jener Spekulation, was nicht immer ein Wissen, sondern auch ein Glaube sein kann, ja was selbst ein moralisches Gefühl bisweilen anregt oder niederdrückt. [. . .] [16]

[...] Es ist nichts als ein Verzagen an eigner Kraft, ein Vorwand der Schwäche, sich mit Entschiedenheit selbst sein Loos zu schaffen. Wenn wir erst erkennen, daß wir nur uns selbst verantwortlich sind, daß ein Vorwurf über verfehlte Lebensbestimmung nur uns, nicht irgend welchen höhern Mächten gelten kann, dann erst werden die Grundideen des Christentums ihr äußeres Gewand ablegen und in Mark und Blut übergehn. Das Christentum ist wesentlich Herzenssache; erst wenn es sich in uns verkörpert hat, wenn es Gemüth selbst in uns geworden ist, ist der Mensch wahrer Christ. Die Hauptlehren des Christentums sprechen nur die Grundwahrheiten des menschlichen Herzens aus; sie sind Symbole, wie das Höchste immer nur ein Symbol des noch Höhern sein muß. Durch den Glauben selig werden heißt nicht⟨s⟩ als die alte Wahrheit, daß nur das Herz, nicht das Wissen, glücklich machen kann. Daß Gott Mensch geworden ist, weist nur darauf hin, daß der Mensch nicht im Unendlichen seine Seligkeit suchen soll, sondern auf der Erde seinen Himmel gründe; der Wahn einer überirdischen Welt hatte die Menschengeister in eine falsche Stellung zu der irdischen Welt gebracht; es war das Erzeugnis einer Kindheit der Völker. Die glühende Jünglingsseele der Menschheit nimmt diese Ideen mit Begeisterung hin und spricht ahnend das Geheimniß aus, das zugleich auf der Vergangenheit in die Zukunft hinein wurzelt, daß Gott Mensch geworden. Unter schweren Zweifeln und Kämpfen wird die Menschheit männlich: sie erkennt in sich »den Anfang, die Mitte, das Ende der Religion«. [17]

Diese Texte sind wohl nicht nur als jünglingshafte, unbeholfene Paraphrase der Feuerbachschen Christentums-Kritik zu lesen – viel eher unternimmt der Schüler Nietzsche hier den ernsten Versuch, die existentielle Lebensproblematik seiner Jugendjahre gedanklich-philosophisch zu bewältigen, indem er der angsterzeugenden, niederdrückenden, »weiblich-mütterlichen« Version des Christentums eine »heroisch-männliche« Welt- und Lebenshaltung entgegensetzt. Die Erziehungspraxis der Mutter macht ja schmerzlich klar, daß die traditionelle christliche Lehre den heranwachsenden Menschen unter das harte Joch der Fremdbestimmung stellt: Der dem Kinde abgeforderte Verhaltens- und Moralkodex wird metaphysisch rückgebunden und auf diese Weise unangreifbar gemacht; jeder Verstoß gegen die »göttlichen« Regeln ist Sünde und Schuld und nur in einem Akt der völligen persönlichen »Zerknirschung« wieder aus der Welt zu schaffen. So wird die Willens- und Entscheidungsfreiheit schon ganz früh gebrochen, so wird die Entwicklung des Menschen zu einem autonomen Individuum verhindert. Wie aber ist dieser Mechanismus, mit dem man, wie es im Euphorion-Fragment heißt, den Kindern die Köpfe »zudrechselt«, endgültig zu beseitigen? Nur dadurch, daß man die zentrale Aussage des Christentums, das Postulat der Menschwerdung Gottes in Jesus Christus, in einem radikalen Sinne ernst nimmt: Wenn Gott ein Mensch geworden ist, so wird der Mensch, im Umkehrschluß, zum göttlichen Wesen, das sich vor keiner überirdischen Instanz mehr rechtfertigen muß. Das Verschwinden des alten, metaphysisch begriffenen Gottes führt das Individuum aus dem Zwangsreich der Heteronomie in die freie, autonome Existenz – von nun an bestimmt der Mensch sein Schicksal selbst; er formuliert seinen Glauben, seine Moral aus eigenem Willen und eigener Verantwortung, er tritt aus der Jünglingswelt ins »männliche« Zeitalter ein. Um dieses hohe Ziel zu erreichen, muß allerdings die weiblich-mütterliche Sphäre – mit ihrer aufs Jenseits fixierten, »abergläubischen« Religionsauffassung – endgültig überwunden werden; ist schließlich so der Kampf um Freiheit und Autonomie nicht auch die große Revolte gegen alles, was »weiblich« ist?

Man könnte diese Gedankenkonstruktion kulturgeschichtlich klassifizieren als eine Variante des alten »aufklärerischen« Zauberflöten-Dualismus: Der männlich-vernünftigen Welt des Tages, der Sonne, wird ein weiblich geprägtes, von Zauberei und Aberglauben beherrschtes Reich der Finsternis schroff gegenübergestellt. Im Kampf zwischen beiden Prinzipien siegt am Ende die Männerwelt der Vernunft; Sarastro vernichtet die Königin der Nacht, die weiblich-dunkle Welt der Unvernunft. Wenn der Schüler Nietzsche ein solchen Schema benutzt, dann allerdings kaum in der Absicht, sich einem interessanten, aber existentiell folgenlosen intellektuellen Spiel hinzugeben – er unternimmt vielmehr den verzweifelten Versuch, der für die Entwicklung seiner Persönlichkeit unabdingbar notwendigen Distanzierung von der weiblich-mütterlichen Welt eine »philosophische« Rechtfertigung zu verschaffen. Aber mögen seine Gedankenkonstruktionen auch hilfreich und nützlich sein im Prozeß der jünglingshaften Selbstfindung – als »Welterklärungsmuster« legen sie dennoch die schwerwiegende Folgerung nahe, daß der Kampf gegen die »Hinterwelt« einer heteronom konstituierten christlichen Religion, daß also das Streben nach intellektueller Redlichkeit und Aufrichtigkeit untrennbar verknüpft sei mit einer gnadenlosen, letztendlich auf Zerstörung bedachten Abwehr alles »Weiblichen«. Ist der höchste Anspruch der Philosophie, Liebe zur Wahrheit zu sein, nur von denen einzulösen, die das »Reich der Frau« einer animalisch-dumpfen (tierisch-unvernünftigen) Daseinsstufe zuordnen? Der Philosoph Nietzsche wird später diese Frage auf die vielfältigste Weise beantworten; dem unglücklichen, nach Autonomie und Identität suchenden Pforta-Zögling scheint es aber nicht zu gelingen, auf der Grundlage seiner neugewonnenen Erkenntnisse eine radikal-befreiende Abgrenzung von der einengenden, bedrückenden Mutterwelt zu erreichen – die theoretische Revolte bleibt lebenspraktisch folgenlos. Es gibt keinen »Aufstand« gegen das Lebensverständnis, den Moralkodex der Mutter; die Christentums-Kritik, erst recht die sittenlos-anarchische Sphäre des Euphorion werden weiter ängstlich verborgen. Zu groß ist die Furcht des Schülers Nietzsche, durch Öffnung und Konfrontation könne das Band zur Mutter auf verhängnisvolle Weise endgültig zerschnitten werden – führt diese Frau ihm doch in ihrer täglichen Erziehungspraxis ständig vor Augen, daß sie ihr eigenes Leben ganz auf ihn bezieht und ihr nur dann noch Daseinssinn und etwas »Glück« zufallen kann, wenn sich der Sohn den Konventionen ihres häuslichen Umkreises bedingungslos und ohne Protest unterordnet. Bringt sie auf diese Weise ihre ganze Existenz dem Sohn als »Opfer« dar, so darf sie um so nachdrücklicher verlangen, daß dieser sich in Wohlverhalten übt, daß er die Aufgaben und Pflichten, die sie für notwendig erachtet, ohne Widerspruch erfüllt, daß er seinen eigenen Lebensentwurf nach ihren Bedürfnissen und Wünschen ausrichtet. Sie vermittelt dem Sohn das schrecklich-lähmende Bewußtsein, jede Revolte, jeder Versuch der Formulierung eines eigenen, alternativen Selbstverständnisses sei ein zutiefst schuldhaftes Verhalten – nicht nur in bezug zur mütterlichen Existenz, sondern auch gegenüber dem bei Gott wohnenden Vater, in dessen Auftrag sie ja ihr pädagogisches Werk zu vollbringen meint. Ihr Verhältnis zum Sohn ist das einer »fressenden Liebe«, die dem Kind die Eigenentfaltung verwehrt. Dessen emotionale Abhängigkeit und Hilflosigkeit wird auf eine folgenschwere Weise immer nur dazu mißbraucht, die eigene schwache, unsichere, hilfsbedürftige Persönlichkeit zu stabilisieren. In einer solchen Konstellation gerät der heranwachsende Sohn unter den Zwang, all jene individuellen Wünsche und Bestrebungen unterdrücken zu müssen, die der mütterlichen Vorstellungswelt zuwiderlaufen. Er muß seine Eigenpersönlichkeit zurücknehmen, er muß stets bemüht sein, Kränkungen der Mutter zu vermeiden, er muß lernen, Dissonanzen und Konflikten durch eine Strategie der Maskierung und des Verschweigens aus dem Wege zu gehen. Das Leben mit der Mutter ist für ihn nie partnerschaftlich und gelöst; es ist vielmehr ein Angst- und Abwehrverhältnis, das auf verhängnisvolle Weise den Eindruck vermittelt, der ganze Bereich des »Weiblichen«, der durch die Mutter repräsentiert wird, sei auf immer untrennbar verbunden mit Unlust und Furcht – bedrohlich für die eigene, männliche Identität und deshalb alle defensiven Kräfte mobilisierend. Wenn sich beim Knaben das Bild der Frau durch die Gestalt und das Wesen der Mutter formt, wenn die Beziehung zur Mutter die psychische Basis für alle späteren Liebesbeziehungen ist, so mag ein Mutter-Sohn-Verhältnis, wie es der junge Nietzsche erfährt, der Ursprung und Ausgangspunkt all seiner späteren »unrealistischen« und verzerrten Haltungen zum weiblichen Geschlecht sein – im Leben und im Werk.

Das »Weibliche« als Droh- und Strafinstanz; selbst da, wo sich die Verletzung der gesellschaftlichen Konvention in der Form eines harmlosen Schülerscherzes äußert, hat der Jüngling Nietzsche mit einer unangemessen harten, seine Persönlichkeit verletzenden Reaktion der Naumburger Frauenwelt zu rechnen – im November 1862 muß er aus Pforta berichten:

Liebe Leute!
Es thut mir leid, daß ich euch gestern nicht in Almrich treffen konnte; ich war aber verhindert, inso fern ich dispensiert war. In Bezug hierauf werde ich euch eine kleine Geschichte erzählen.

Allwöchentlich hat einer der neuen Primaner die Schulhausinspektorenwoche d. h. er hat alles, was eine Reparatur in den Stuben, Schränken, Auditorien usw. nöthig macht, zu verzeichnen und einen Zettel mit all diesen Bemerkungen auf der Inspektionsstube abzugeben. Ich hatte vorige Woche dieses Amt; es fiel mir aber ein, dies etwas langweilige Geschäft durch Humor pikanter zu machen und schrieb einen Zettel, auf dem alle Bemerkungen in das Gewand des Scherzes gekleidet waren. Die gestrengen Herrn Lehrer waren darob sehr erstaunt, wie man in eine so ernsthafte Sache Witze mischen könnte, luden mich Sonnabend vor die Synode und diktierten mir hier als Strafe nicht weniger als drei Stunden Karcer und den Verlust einiger Spaziergänge zu. Wenn ich mir dabei irgendeine andere Schuld als Unvorsichtigkeit zumessen könnte, würde ich mich darüber ärgern; so aber habe ich mich keinen Augenblick drum bekümmert und nehme mir nur daraus die Lehre, andere mal mit Scherzen vorsichtiger zu sein. – . . . [18]

Ein sachlicher Bericht, in dem die realistische Einstellung des Delinquenten zu seiner Untat deutlich hervortritt: Von »Schuld«, von moralischem Versagen kann hier nicht gesprochen werden – höchstens ist bei nächster Gelegenheit die Humorlosigkeit der Herren Professoren stärker in Rechnung zu stellen. Für die Mutter allerdings ist dieses belanglose Vorkommnis der Anlaß zu einer herben Ermahnung, die den um Eigenverantwortung und Selbstbestimmung ringenden Sohn zutiefst verletzen muß: »Gott Lob daß es kein schlechter Streich ist, aber offen gestanden mein lieber Fritz hätte ich Dir mehr Takt zugetraut. Du wirst von Neuen des Fehlers der Eitelkeit angeklagt worden sein, immer etwas anderes zu thun als die Anderen und finde die Strafe ganz gerecht, denn es erscheint als eine furchtbare Anmaßung, den Lehrern gegenüber sich so etwas zu erlauben. Also bitte sei vorsichtiger in Deiner Denkungsweise und Handlungsweise folge stets Deiner innern bessern

Stimme und Du wirst vor aller Unruhe und Kämpfen die jetzt mehre in Dir und an Dir bemerkt habe, bewahrt bleiben. Schreibe mir bald mein theurer Sohn, aber nicht mit der Anrede ›lieben Leute‹ Du wirst selbst fühlen, daß das sich nicht an die Mutter schickt. [. . .]« (KGB I/1, 388)

Franziska Nietzsche deutet das Vergehen des Sohnes als Ausdruck einer negativen Charaktereigenschaft, die mit Hilfe eines ominösen besseren Ichs zu unterdrücken ist. Ihre Intervention ist aber nicht so sehr der Versuch, in mütterlicher Fürsorge Schaden von dem Kinde abzuwenden – viel eher ist sie Ausdruck einer »egozentrischen«, auf eigene Interessen gegründeten Angst, durch seine »eitle« Persönlichkeit könne der Sohn »anders als die anderen« werden und auf diese Weise das Bild, das sie von ihm entworfen hat, ernsthaft gefährden. Aus dieser Perspektive sieht sie auch das, was sie als »inneren Kampf« des Sohnes klassifiziert: Sie weiß, daß sich der junge Mann in einer Pubertätskrise befindet; sie glaubt jedoch, daß dieser für sie peinliche, fast skandalöse Zustand, den sie auf äußerst verletzende Art als moralischen Defekt interpretiert, durch eine um so stärkere Anpassungsleistung des Sohnes aus der Welt zu schaffen sei. Ihr Ziel ist nicht das lösende, befreiende Gespräch – vielmehr verfolgt sie eine verhängnisvolle Strategie der »Ent-Erotisierung«, die beim Sohn nur Haß und Wut erzeugen kann, vor allem aber den Eindruck, ein wichtiger Bereich seines Daseins werde verdammt und mißachtet. Die notwendig folgende Aggressions-Energie kann der Jüngling Nietzsche aber nicht nach außen, gegen die Mutter richten, sondern nur nach innen, gegen sich selbst – so daß am Ende seine ganze Existenz umschattet ist von Selbst- und Lebenshaß, dem destruktiven Gefühl der eigenen Nichtswürdigkeit. Nur als einsamer, tintenklecksender Euphorion kann er mit kratzender Feder seinen ganzen Weltschmerz, seine Melancholie »künstlerisch«-schreibend artikulieren:

Die Vergangenheit ist mir lieber als die Gegenwart; aber ich glaube an eine bessere Zukunft.

Entflohn die holden Träume,
Entflohn Vergangenheit,
Die Gegenwart ist schaurig,
Die Zukunft trüb und weit.

Ich habe nie empfunden
Des Lebens Lust und Glück
Auf Zeiten längst verschwunden
Schau traurig ich zurück.

Ich weiß nicht, was ich liebe,
Ich hab nicht Fried, nicht Ruh
Ich weiß nicht, was ich glaube,
Was leb ich noch, wozu?

Ich möchte sterben, sterben
Schlummern auf grüner Haid'
Über mir ziehen die Wolken,
Um mich Waldeinsamkeit.

Des Weltalls ewge Räder
Rollen im kreisenden Lauf
Des Erdballs rostge Feder
Zieht stets sich von selber auf.

Wie schön, so 'rumzufliegen
als Luft um den kreisenden Ball
In alle Winkel zu kriechen,
Versiegen im schwebenden All!

Wie schön, die Welt zu verschlingen
In universellem Drang.
Und dann eine Zeitschrift schreiben
Über den Weltumfang.

In meines Magens Schlünde
Zwängt sich Unendlichkeit
Bewies dann durch tausend Gründe,
Endlich sei Welt und Zeit.

Der Mensch ist nicht der Gottheit
Würdiges Ebenbild

Von Tag zu Tag vertrackter
. . . .

Nach meinem Urcharakter
Gestalt' ich mir auch Gott

Ich wacht von schweren Träumen
Durch dumpfes Läuten auf [19]

Der Schüler Nietzsche nimmt in lyrischer Form eine geistige Bestandsaufnahme vor – ein wenig der Osternacht-Verzweiflung des Goetheschen Faust nachempfunden. Glaubens- und Liebeszweifel, beide eng miteinander verknüpft, bewirken trübe, pessimistische Stimmungen bis hin zur Lebensverneinung. Wichtig bleibt die erotische Irritation; die Frage »Was soll ich lieben?« könnte auch lauten: »Wen soll ich lieben?« Richtet sich üblicherweise die männliche Begierde auf das andere, das weibliche Geschlecht, so scheint dem jungen Nietzsche diese Möglichkeit der Spannungslösung schon verschlossen zu sein – durch die Mutter, die »erste Frau« seines Lebens, ist das Bild des Weiblichen zu düster, zu bedrohlich eingefärbt. Nicht nur Erfüllung und Erlösung ist mit der Sphäre der Frau verbunden, sondern vor allem auch Herrschaft und Überwältigung – ein ständiger Versuch, das männliche Ich zu zerstören!

Das »doppelte Gesicht« alles Weiblichen wird dem Philosophen Nietzsche Anlaß geben zu mancherlei fragwürdigen Spekulationen; aber schon der jugendliche Aufsatzschreiber beschäftigt sich mit diesem Problem in seinem »Versuch einer Charakterschilderung der Kriemhild nach den Nibelungen«:

Großes und Erhabenes ist stets das Erzeugniß eines tiefen, vollen Herzens; die kleinen schwächlichen Naturen, die einer großartigen Entwicklung von Kraft nicht fähig in ihren Handlungen nur die eigne Beschränktheit wiederspiegeln, pflegen über die lebensvolle Gluth in leidenschaftlichen Charakteren zu spotten oder zu moralisieren; mitunter auch zu erschrecken, wenn sie etwas von der dämonischen Gewalt ahnen, die durch Himmel und Hölle, durch die Abgründe von Liebe und Hass fortreißt und in grellen Gegensätzen hinstürmend bald das Erhabenste zertrümmert, bald das Kühnste verwirklicht.

Wenige Menschen, voller Glück und innerer Zufriedenheit zusammenlebend, werden plötzlich in den Strudel der Verwirrungen hineingezogen; sie erkennen schaudernd eine schwere, waltende und hemmende Schuld an, die in ihrer Selbstvermessenheit, ihrer Götterverachtung wurzelnd allmählich so entsetzliche Früchte getragen hat.

Und wenn ihnen ihre Trostlosigkeit, ihre Verzweiflung die Augen verschließt, daß sie sich von den rollenden Rädern eines ewigen Schicksals fortgerissen wähnen: immer werden Augenblicke kommen, wo der Mensch die Götter in heiterer, ewig gleicher Größe fern von Neid und Zerstörungslust auf ihren Stühlen sitzend und sich selbst an seine Schuld gefesselt und von Reue zerfleischt erblickt.

Auch in den Nibelungen liegt eine solche Anschauung in seltner Tiefe und Erhabenheit zu Grunde; es ist der lügnerische Schein in dem Verhältnisse Gunthers und Siegfrieds den beiden Frauen gegenüber, der die Fäden des Verderbens um ein ganzes Geschlecht schlingt, und selbst in einer in Liebe versunkenen Natur wie die Kriemhildens ist, unermeßliches Haß- und Rachegefühl anschüren kann.

Es kann allerdings nichts mehr befremden, als ein Vergleich *der* Kriemhild, um die Siegfried wirbt mit der, die ihren Bruder und ihren Sohn mordet, um ihrem entsetzlichen Haß volles Genüge zuthun. Hier die träumerische, schüchtern⟨e⟩, ahnungsvolle Jungfrau, die vor der Mannesliebe zurückbebt, bis sie Siegfried gesehn, dann aber auch in dieser Liebe völlig aufgeht und in ihrer stillen Seligkeit aller weiteren Wünsche und Hoffnungen bar ist; dort ihren sechsundzwanzigjährigen Rachedu⟨r⟩st in vollen Zügen ersättigend, diesem einen Gefühl so nachgebend, daß sie den heiligsten Satzungen der Altdeutschen, der Sippenliebe und der Kindesliebe Hohn spricht, daß sie nicht nur die Schuldigen, sondern alle, die mit ihnen verbündet sind, vernichten will, zuerst nicht einmal in offnem Kampfe, sondern heimlich, durch Überfall, zur Nachtzeit.

Um diese fürchterlichen Übergänge von Liebe zu Haß zu begreifen, müssen wir die feine, psychologische Malerei beachten, in der uns das Nibelungenlied den Chriemhildencharakter zwischen ih⟨r⟩er Siegfriedliebe und der letzten Rachekatastrophe vorführt. Gleich der erste Streit der Königinnen, wie tief, wie großartig ist er erfunden; Kriemhild, wie sie ihren Gatten so herrlich vor den Helden hergehen sieht »wie den Mond vor den Sternen« wallt in Liebe zu ihm auf: »Ich habe einen Mann, der es verdiente, daß alle diese Königreiche sein wären.« Sie überhört die finstern, scharfen Worte Brunhildens, sie ist trunken vor Seligkeit, daß sie Siegfried angehört und preist ihn vor allen Helden. Das Feuer ist angeschürt, auf dem Kirchgang der Königinnen lodert es zum ersten Male hoch auf. Kriemhild gereizt durch Brunhildens höhnende Rede bricht in schlimme, unsühnbare Worte aus; doch setzt sie begütigend hinzu, – ein schöner Beweis ihres liebevollen, versöhnlichen Sinnes –: »Zu treuer Herzensfreundschaft bin ich immer wieder bereit. Mir ist der Streit immer leid, glaube es mir auf meine Treue.«

Siegfrieds Verderben ist von Brunhilden beschlossen; Kriemhild arglos, ohne eine Ahnung des Bevorstehenden giebt Hagen selbst die Mittel in die Hand; sie zeigt ihm die Stelle, wo er verwundbar, sie befiehlt ihn seiner Mannestreue. Als sie aber Abschied von ihrem Gatten nimmt, da durchschleicht ein banges Gefühl ihr Herz; Träume haben sie geängstet, wie in ihrer Kindheit Tagen. Sie scheidet mit den Worten: »Daß du von mir scheiden willst, das thut mir inniglich wehe.« –

Siegfri⟨e⟩d ist todt. Kr⟨iemhild⟩ hört von einem Kämmerer, daß ein erschlagner Ritter vor dem Gaden läge: sie weiß, wer es ist, wer den Mord begangen hat. Mit einem ents⟨etzlichen⟩ Schrei stürzt sie vor und sieht die bleiche, blutbesprengte Gestalt des Vielgeliebten im Fackelschein daliegend. »Du bist ermordet, dein Schild ist nicht zerhauen! Dem gilt es den Tod, der das gethan!«

Den lügnerischen Worten Gunthers, Siegfried sei von fremden Räubern erschlagen, entgegnet sie: »Ich kenne die Räuber wohl und Gott wird es an ihnen rächen.« Noch einmal, bevor Siegfried begraben wird, küßt sie ihren Gatten auf die bleichen Lippen; man trägt sie von dannen.

Die Zeit des Leidens hebt an. Nach drei Jahren wird eine Versöhnung mit ihren Brüdern vermittelt, mit Hagen nimmermehr. Durch reiche Spenden an Arme und Elende sucht sie sich in ihrem Leid zu trösten. Wieder tritt Hagen dazwischen; er fürchtet, daß sie sich zu viel der Mannen durch ihre Geschenke gewinne und räth zum Raube des Nibelungenhortes. Er nimmt den Schlüssel an sich und versenkt ihn später in den Rhein. Der unheilvolle Bruch zwischen Kriemhild und Hagen wird hiedurch noch vergrößert.

Vom Hunnenland kommen Boten, der edle[n] Markgraf Rüdiger von Bechlarn an der Spitze, um für König Etzel um die verwittwete Kriemhild zu werben. Kriemhild weigert sich überrascht. »Euch soll Gott verbieten, daß ihr an mir Armen euren Spott übt. Was soll ich einem Manne, der von einem guten Weibe schon Herzensliebe gewonnen hat?« Das sind schöne, tiefgefühlte Worte. –

Als sie aber von Etzels Macht und Reichthum hört, durchzucken sie wie blutige Schwerter Gedanken der Rache. Sie läßt sich von Rüdiger ewige Treue schwören und zieht mit ihm nach dem Osten, ungewisse Ziele verfolgend und sich vielleicht Vorwürfe machend. Unter dem Jubel und der Pracht der Hochzeit wird ihr Auge naß: sie gedenkt der Zeit am Rheine, die sie mit ihrem Manne verlebte. Ihr Leben im Heunenlande ist scheinbar ein glückliches; sie genest eines Sohnes, den sie Ortlieb nennt.

Um sich überhaupt ihr Vermögen, sich einer so unendlichen Rache hinzugeben, begreiflich zu machen, vergegenwärtige man sich ihre Lage: wie sie in eine Stellung gedrängt war, wo ihr Herz nie Ruhe finden konnte, wenn es auch so scheinen mußte; wie sie Etzel Liebe erwies und von ihm Liebe empfieng, nur den einen Siegfried im Herzen; wie der Zwiespalt, den sie dreizehn Jahre in sich trägt, ihre zarteren Gefühle vernichten und sie zu einem vollen Erguß ihres Wesens nach so langer Verstellung hindrängen muß, zu dem Gegensatz ihrer früheren schönen Liebe, zum Haß und zur Rache. So ist es auch hier wieder der Schein, die Lüge, die das Verderben ausspinnt, auch hier wieder treten

Wahrheit und Geradheit als Grundzüge unsrer Altvordern hervor, deren Verletzung die Seele erhärtet und dem wilden Treiben unedler Leidenschaften Neid, Haß, Rache das Thor öffnet.

Unter dem Vorwand, ihre Magen wiederzusehn nöthigt Kriemhild den Hunnenkönig, Boten nach dem Rhein zu senden. Ihre entsetzliche Freude, als diese mit glücklicher Botschaft zurückkehren, zeigt sich in den Worten zu Etzel: »Wie gefällt euch diese Nachricht, lieber Herr? Was ich je und je begehret habe, das soll nun vollendet werden.«

Ihre Verwandte⟨n⟩ kommen; sie sieht ihren Todfeind Hagen vom Fenster aus; zornige Thränen entströmen ihren Augen; sie fleht ihre Getreuen um Rache, sie will aus Hagens eignem Munde sein Schuldgeständniß. Er erwartet sie sitzend mit gräßlichem Hohn, das Siegfriedschwert mit seinem goldenem Gehänge und rotgewirkter Scheide über das Knie gelegt.

Ihre Magen empfängt sie kalt ohne Kuß und Handschlag außer Giselher, den sie als blühenden Knaben verlassen hat. Ihrer Frage nach dem Nibelungenhort entgegnet Hagen mit höhnender Bestimmtheit. Sie merkt, daß die Fremden gewarnt sind; vor Dietrichs entschiedener Äußerung verstummt sie, Racheblicke auf ihre Feinde schleudernd. Ihre Bemühungen, einzelne zur Ermordung Hagens aufzureizen sind zuerst fruchtlos; und nur mit großen Versprechungen überredet sie Blödelin zum Überfall der Dienstmannen. Der erste große Kampf schließt sich hieran an.

Immer noch ist es Hagen allein, dessen Tod sie auf alle Weise anstrebt; sie verheißt Etzels Schild mit rotem Golde gefüllt dem, der ihr *sein* blutig Haupt überbrächte.

Noch einmal taucht ihre ursprüngliche Milde in ihrer Seele auf, als Giselher die schöne Schwester um sein junges Leben bittet. Nur Hagen fordert sie: »Euch will ich leben lassen, denn ihr seid meine Brüder und *einer* Mutter Kind.«

Aber alle erklären lieber zu sterben als von der Treue zu lassen.

Das reizt sie zur furchtbarsten Wuth. Sie läßt Feuer an den Saal legen, daß die Helden von unsäglichem Durst gepeinigt Blut trinken und mit ihren Schilden sich gegen die herabstürzenden Trümmer decken müssen.

Ein kühler Morgenwind kündet den letzten Tag der Helden; im verzweifelten Todeskampfe sinkt einer nach dem andern hin. Die Stiege, die zum Saal führt, füllt sich von neuem mit unzähligen Hunnenleichen. Dietrich ist es schließlich allein, der den beiden letzten Burgunden Gunther und Hagen entgegensteht; es gelingt ihm beide gefesselt vor Kriemhild zu führen. Und diese? Sie verheißt Hagen das Leben, wenn er den Nibelungenhort zurückgebe, seiner Antwort gewiß, ob ihr Todfeind auch in schnöden Fesseln zu ihren Füßen liegt. »So lange einer meiner Herren lebt, sage ich nicht, wo der Hort ist.« Da läßt sie Gunther das Haupt abschlagen und trägt es zu Hagen hin bei dem Haare.

Hagens Antwort ist das großartigste, was ich kenne, niederschmetternd in ihrer Einfachheit.

Kriemhild schlägt Siegfrieds Mörder mit dem Siegfriedschwerte nieder; das Maaß ihrer Rache ist voll; alle ihre Magen sind todt, und sie selbst, von des ergrimmten Hildebrands Schlag getroffen, sinkt neben Hagens Leiche nieder.

Nur volle, tiefe Naturen können sich einer furchtbaren Leidenschaft so völlig hingeben, daß sie fast aus dem Menschlichen herauszutreten scheinen; mir graut aber vor der Herzlosigkeit derjenigen, die den ersten Stein gegen solche Unglückliche aufheben können. »Menschen, sagt Gutzkow, stellt dem Weltenrichter großartige Aufgaben; Sprüche urtiefer Weisheit werden fallen, nicht Schulcensuren.« [20]

Ein Text, der das »prometheische« Selbst- und Lebensgefühl des jungen Nietzsche widerspiegelt: Der Nibelungen-Stoff gibt seinem Interpreten die Gelegenheit, jene Menschen zu bewundern, die zu großen Handlungen fähig sind und dabei auch, in Mißachtung aller göttlichen und irdischen Gesetze, schwerste Schuld auf sich laden. Solche »leidenschaftlichen« Naturen (solche Übermenschen!) können seiner Sympathie eher gewiß sein als all die Schwächlinge, denen starke Emotionen und gewagte Taten fremd sind, die nur die verachtenswerte, kleine Kraft aufbringen, den moralischen Zeigefinger zu heben oder »Schulcensuren« zu erteilen. Im Nibelungenlied wird aber nun, im Gegensatz zu den anderen alten Epen, das heroisch-tragische Geschehen von einer Frau in Gang gesetzt – was den Schüler Nietzsche an dieser Kriemhild reizt und erregt, ist die Ambivalenz ihres Charakters: Als Siegfrieds Gattin ist sie ganz liebendes Wesen, dem Manne bis zur Selbstaufgabe untertan; als »Weib«, das von der ritterlichen Männerwelt durch »lügnerischen Schein« ins Unglück gestürzt wurde, ist sie der gnadenlose Racheengel, den ein unheimlicher Vernichtungswille zu grausamen Taten treibt, gemäß der Schillerschen Maxime, daß Frauen da, wo ihre Existenz in der Substanz gefährdet ist, zu schrecklichen Hyänen, also tierisch-»unvernünftig« werden. Die Kriemhild-Gestalt mag einige Fragen aufwerfen: Ist dieser schnelle Übergang von Liebe zu Haß, dieser erstaunlich-furchterregende Wandel der Gefühlsqualitäten, etwas ganz spezifisch Weibliches? Hat jede Frau, die sich nach außen passiv-unterwürfig gibt, in ihrem Inneren immer schon ein Potential an Macht und Überwältigung bereit? Oder ist die weibliche Passivität nur Schein und Heuchelei – ein Mittel, um die Männer irrezuführen und ins Verderben laufen zu lassen? Unangenehm die Vorstellung, daß in jeder Frau auch Kriemhild-Fähigkeiten schlummern könnten; es wäre besser, sich alles

Weibliche dornröschenhaft zu denken – abwesend, schlafend, allein vom Manne zu erwecken:

Im Walde, wo die Wipfel rauschen,
Wollen wir lauschen:
Da ruht ein holdes Königskind,
Umsäuselt von lauem Frühlingswind
Blüthen fallen aufs gold'ne Haar.
Schlummre, o schlummre weich und lind
Im Waldesschlosse wunderbar
O Dornröschen, Dornröschen!

Im Walde, wo die Eichen rauschen,
Wollen wir lauschen:
Da naht manch' zarter Königssohn,
Es blitzet der Purpur, es glänzt die Kron.
Lieblich hallt goldner Saitenklang:
Schlummre, o schlummre weich und lind,
Du wunderschönes Königskind,
O Dornröschen, Dornröschen!

Im Walde, wo die Eichen rauschen,
Wollen wir lauschen:
Die Vöglein singen manch' süßen Schall,
Die Wipfel rauschen wie Glockenhall.
Leise tönet der Frühlingswind:
Schlummre o schlummre weich und lind
O wunderschönes Königskind,
O Dornröschen, Dornröschen! [21]

Erträglich auch, wenn man die Frau als eine stets auf (männliche) Zuneigung Wartende imaginiert: träumerisch-leidvoll, duldend, in sich selbst versunken:

JUNGE FISCHERIN

Des Morgens still ich träume
Und schau den Wolken nach,
Wie leise durch die Bäume
Zittert der junge Tag.
Die Nebel wogen und wallen,
Das Frühroth drüber hin –
O niemand weiß von allen,
Daß ich so traurig bin.

Die See wogt kühl und leise
Vorbei ohn' Rast und Ruh,
Mir schauert's eigner Weise,
Ich drück' mir die Augen zu.
Mag nicht die Nebel sehen,
Das Frühroth drüber hin –
O niemand kann verstehen,
Was ich so traurig bin.

Zugvögel lustig ziehen
Und singen so lieb, so hold.
Ich möcht', ich könnte fliehen,
Wohin mein Herze wollt.
Die Nebel wogen und wühlen,
Das Frühroth drüber hin –
O niemand kann es fühlen
Was ich so traurig bin.

Ich schaue hin und weine,
Kein Segel weit und breit.
So traurig, so alleine
Bricht mir das Herz vor Leid.
Die Nebel wogen und wallen,

Das Frühroth drüber hin –
Er weiß allein von allen,
Was ich so traurig bin. – [22]

Besonders entlastend aber ist es, sich die Frau in ihrer Mutter-Rolle als schon dem Grabe nah zu denken, von einer Altersheim-Idylle umsponnen, nicht mehr aktiv, eingreifend und bedrohlich:

ALT MÜTTERLEIN

In Sonnenglut, in Mittagsruh
Liegt stumm das Hospital:
Es sitzt ein altes Mütterlein
Am Fenster bleich und fahl.

Ihr Aug' ist trüb, ihr Haar schneeweiß,
Ihr Mieder rein und schlicht,
Sie freut sich wohl und lächelt still
Im warmen Sonnenlicht.

Am Fenster blüht ein Rosenstock,
Viel Bienlein rings herum,
Stört denn die stille Alte nicht
Das emsige Gesumm?

Sie schaut in all' die Sommerlust
So selig stumm hinein:
Noch schöner wirds im Himmel sein,
Du liebes Mütterlein! [23]

Kommt in dieser anrührenden Szene vielleicht ein ganz geheimer Wunsch zum Ausdruck? Wäre das Leben nicht leichter, wenn die eigene Mutter schon dem Himmel näher wäre als der Erde? Aber Franziska Nietzsche ist sehr jung und sehr lebendig; sie ist noch keineswegs genötigt, aus senilem Zeitvertreib das Spiel der Insekten zu verfolgen; viel eher beobachtet sie den Sohn und dessen Stimmungen, die ergründet und auf ihre Moralität überprüft werden müssen – gemäß dem Rat, den ihr ein erfahrener christlicher Pädagoge hat zuteil werden lassen: »Des Kindes Auge muß sein so hell wie ein klarer Bach, und merkt man eine Veränderung im Auge, so muß man suchen, die Ursache zu erforschen.« (OEH, 57)

Der Schüler Nietzsche hat gute Gründe, seiner Mutter nicht voll in die Augen zu blicken, wird er doch umgetrieben und gequält von einer Liebe, die ihren Namen nicht nennen darf – die als Internats-Eros eine flüchtige, belanglose Erscheinung ist, als lebenslanger Trieb jedoch das männliche Bewußtsein radikal verändert, indem sie sich der Frau und allem Weiblichen endgültig und für immer verschließt. In der Knabenwelt der Hohen Landesschule zur Pforte gibt es natürlich auch Freundschaftsverhältnisse, Liebschaften, Eifersuchtsdramen. Der junge Nietzsche wahrt aber meistens eine fast abstoßende, arrogant wirkende Zurückhaltung; um so erstaunter müssen seine Kameraden darüber sein, daß er sich manchmal auch öffnen kann und zu einer tiefen, den Partner verwirrenden Anhänglichkeit und Hingabe fähig ist. Da geschieht es zum Beispiel, daß der nachdenklich-melancholische Primus Nietzsche die Freundschaft eines Jungen sucht, der sein Charakter-Antipode ist: ein wenig zu laut, zu lebhaft, »mit Lehrern und Schulordnung im ewigen Kampf«, doch »schön, liebenswürdig und witzig, auch ein vorzüglicher Zeichner von Karikaturen« (DEU, 5). Dieser Guido Meyer ist der wertvollste Akteur der Schultheater-Gruppe, er wird von vielen seiner eher verklemmten und bedrückten Kameraden angehimmelt und bewundert. So mag auch der junge Nietzsche zunächst nur beeindruckt sein von Guidos Qualitäten als fröhlich-draufgängerischer Bandenführer; sein Erstaunen über die Unbedenklichkeit und Offenheit dieses Freundes verwandelt sich aber recht bald in tiefe erotische Faszination, so daß Paul Deussen, der bisherige Vertraute, von Eifersuchtsgefühlen nicht verschont bleiben kann. Die aufregend-anregende Zeit mit ihren schrecklich-schönen Gefühlsverwirrungen dauert nicht lange; schon bald berichtet Nietzsche nach Naumburg:

[. . .] Das Ereigniß dieser Tage ist, daß Meyer zu unserm größten Leide relegiert worden ist und zwar wegen eines Prello nach Almrich, das er mit meheren meiner Bekannten unternahm, aber auf dem Rückweg von meheren Lehrern gefaßt wurde. Um so mehr thut uns dies wehe, als Meyer in dem letzten halben Jahr sehr gut bei den Lehrern stand und sich selbst sehr anstrengte. Es sind auch von den Lehrern alle möglichen Maßregeln getroffen worden ihn zurückzuhalten, aber einige erschwerende Umstände verhinderten dies. Die letzten Tage seines Aufenthaltes leben wir nun ganz noch zusammen, von allen Seiten werden ihm Beweise der Liebe und Anhänglichkeit zu Theil; denn er wird von allen, die ihn näher kennen, sehr hoch geschätzt. Dieser Sonnabend, wo die Synode war, und wir in der größten Aufregung, war entschieden der traurigste Tag, den ich in Pforte verlebt. [. . .] [24]

Mit aller Kraft wird hier ein Sünder verteidigt – in den Augen der Franziska Nietzsche mag ja diesen Meyer, der zwecks Alkoholkonsums einen unerlaubten Ausflug unternahm, die gerechte Strafe ereilt haben, ist auf diese Weise doch auch ein vielleicht schädliches Einwirken auf den eigenen Sohn unmöglich geworden. Der Schüler Nietzsche allerdings versucht, im Überschwange seiner zärtlichen

Empfindungen, den charmanten Bösewicht in ein weit helleres Licht zu rücken: Er war beliebt, er hat sich Mühe gegeben, selbst die Lehrer sind jetzt ein wenig bedrückt ob der drakonischen Maßnahme. Von den »erschwerenden Umständen«, die zu diesem Schritte führten, erfährt die Mutter aber nichts – auch muß ihr gänzlich unklar bleiben, warum der Sohn durch das Verschwinden eines halt- und sittenlosen Kameraden in Trauer versinkt; der tiefste Grund des Schmerzes soll verborgen bleiben. So erfährt sie nichts davon, daß ihr Fritz in diesen Tagen kaum noch Ruhe findet, die Schularbeit vernachlässigt und nachts mit dem Vertrauten Raimund Granier über Kunst, Moral und »Herzenssituationen« (JNZ/I, 114) diskutiert. Wenig später jedoch hat er (in meisterhaft gespieltem Reue- und Zerknirschungston; vgl. KSB/1, 236 f.) der Mutter eine Imitations-Tat zu beichten, die ihn die ehrenwerte Stellung eines Klassenprimus kostet und im Schul-Strafbuch mit folgenden Worten gewürdigt wird: »Nietzsche und Richter trinken am Sonntage auf dem Bahnhofe zu Kösen während einer Stunde je 4 Seidel Bier. Nietzsche war davon betrunken und noch ersichtlicher Richter.« (Vgl. JNZ/I, 114) Der schnelle Umtrunk ist das äußere Zeichen einer großen inneren Verwirrung, die den jungen Nietzsche durch die Gestalt des Guido Meyer heftig ergriffen hat. Eine Liebesmöglichkeit, ein Weg, die erotischen Gefühle jenseits und unter Umgehung alles »Weiblichen« an ein Objekt zu binden, scheint ihm nun mit aller Kraft ins Bewußtsein zu treten. Aber liegt auf dieser Art der Liebe nicht auch ein großer Fluch? Wird sie nicht dargestellt als eine »widernatürliche, [. . .] im höchsten Grade widerwärtige und Abscheu eregende Monstrosität«? (SHP/II, 311) Die Lektüre der antiken Dichter mag dem Schüler Nietzsche allerdings den Eindruck vermitteln, daß »dieses Laster trotz seiner Abscheulichkeit zu allen Zeiten und in allen Ländern der Welt völlig im

Schwange und in häufiger Ausübung« ist (a. a. O.), besonders bei Griechen und Römern: »Hiervon zeugen alle alten Schriftsteller, mehr als zur Genüge. Zumal sind die Dichter samt und sonders voll davon; nicht einmal der keusche Virgil ist auszunehmen.« (A. a. O.) In seinen Anmerkungen zum ersten Buch der Lieder des Horaz notiert er sich zum sechsundzwanzigsten Lied:

»Ohne die Liebe kein Interesse; in der Liebe einziges Leben. Weh und Furcht mögen die Winde ins Meer tragen, ich bin selig und unbekümmert um die polit⟨ischen⟩ Ereignisse. Du Pimpleis, Quellmuse bekränze meinen Lamia! Ohne dich vermag mein Loblied nichts. Du selbst mit deinen Schwestern magst ihn mit der Laute Lesbos' preisen« Der Dichter fleht den Beistand der Musen an, er fühlt sich zu schwach, den Lamia ohne ihre Hülfe würdig zu preisen. Allerdings das Höchste, was er dem Lamia sagen kann. Mögen wir übrigens über dergleichen Verhältnisse denken wie wir wollen, leugnen können wir nicht, daß eine tief poetische und gefühlsreiche Natur auch dergleichen veredeln und versittlichen kann. [25]

Mögen die Herren Professoren in Pforta die Knabenschwärmerei des großen Horaz höchst indigniert zur Kenntnis nehmen und von einer Nachahmung dringend abraten – fast hochfahrend-trotzig widerspricht der junge Nietzsche dem verdammenden Verdikt, mann-männliche Erotik sei per definitionem behaftet mit dem Signum der Widernatur, der Unmoral, des »niederen Lebens«. Neben der mann-weiblichen hat auch diese Liebe ihr Recht in der Welt; auch sie kann, wenn sie tief gefühlt und poetisch gestaltet wird, zu sittlicher Höhe gebracht und edel gelebt werden. Shakespeare, der ja in seinen Sonetten die Liebe eines Mannes zu einem Jüngling auf ergreifende Weise thematisiert, mag neben den antiken Dichtern als Garant und Zeuge gelten; der Schüler Nietzsche spürt, daß immer da, wo dieser Autor Freundschaftsverhältnisse zwischen Männern dramatisch formt, ein starkes erotisches Moment ins Spiel zu kommen scheint – so zum Beispiel im »Julius Caesar« in der Beziehung zwischen den Verschwörern Cassius und Brutus. In seiner »Charakterschilderung des Cassius aus Julius Cäsar« kommentiert Nietzsche die dritte Szene des vierten Akts, um schließlich eine aufschlußreiche Gesamtinterpretation des Stückes zu liefern:

Das Drama naht sich seinem Ausgange. Das Unglück verfolgt die Mörder Cäsars, es hat Brutus' ideale Träume vernichtet und ihn trübe und finster gestimmt; es hat Cassius nicht niedergedrückt, der mit gleicher Geschmeidigkeit sich in seine Lage zu finden weiß und wieder, um sie erträglich zu machen, keine Mittel scheut. Nicht zu Brutus' Freude; die dadurch entstandene Gereiztheit veranlaßt zwischen ihnen eine höchst leidenschaftliche Scene, in der sich beide hart und beleidigend aussprechen. In dieser Scene gipfelt sich das Drama; beide Naturen, zu dem Äußersten geführt, offenbaren ihr eigenstes Wesen, das die Gewohnheit und die Kunst zu überkleiden pflegt. Cassius verliert seinen ganzen Halt auf dieser Welt, als er sich so behandelt sieht, er bricht zusammen, dieser starke Charakter, als ihm das einzig Süße dieses Daseins, sein Freund verloren scheint. »Man späht nach allen meinen Fehlern, ruft er wie vernichtet aus, zeichnet sie in ein Denkbuch, lernt sie aus dem Kopf, wirft sie mir in die Zähne.« Sein Herz, »reicher als des Plutus Schacht, mehr werth als Gold«, bietet er dem einstigen Freunde dar. Und das ist keine Übertreibung des Augenblicks; das echt Menschliche ist in seinem Charakter eine zwar tief vergrabene, aber um so kräftigere und saftreichere Wurzel. Seine Liebe zu dem einzigen Freund ist auch seine Liebe zur Welt, wie in dem Kaufmann von Venedig Solanio von Antonio sagt. Und wie rasch ergreift Cassius die Worte des Brutus, in denen dieser sein bitteres Auftreten zu entschuldigen sucht, wie schnell gesteht er selbst zu, daß er der Mutter rasche Laune ererbt habe!

Hier folgt nun einer jener Meisterzüge Shakspeares, die er der Natur abgelauscht hat. Es tritt ein Poet auf, der die Feldherrn versöhnen will, eine scheinbar unnütze, überflüssige, zufällige Figur. Ich konnte mir lange sein Auftreten nicht erklären und auch jetzt weiß ich nicht, ob ich es mir richtig gedeutet habe.

Wie nämlich Freunde nach einem ernsten Zwiste sich in gegenseitigen Gefälligkeiten zu überbieten suchen: so verändern hier beide gleichsam ihre Natur und sprechen aus dem Sinn des Andern. Der kunstliebende Brutus weist den Dichter seiner Wege, Cassius der rauhe, ernste Krieger, entschuldigt ihn und bittet für ihn. Der Zug ist rührend und drückt die höchste Versöhnung aus, die völlige Schlichtung des traurigen Streites.

Die folgenden Scenen, wo beide Seelen gleichsam in einander tauchen, wo Cassius voll von tiefem Mitgefühl für Brutus ist, voll von Stolz auf seinen gleichmüthigen Freund, wo beide ihre vorigen Verirrungen nicht begreifen können, dann jener Abschied in der Nacht, wo sie sich nur ungern trennen und sich immer wieder Lebewohl sagen, dann Brutus' Gespräch mit dem schlaftrunknen Lucius, in dem er so oft seines »Bruders« Cassius gedenkt, bis hin zu der Erscheinung Cäsars als Geist, der letzten, schaurigen Mahnung an Vergangenheit und Zukunft – diese Scenen kommen mir vor, wie der letzte Theil einer Sinfonie, in dem die selben Klänge, die in dem Allegro stürmten und zuckten, wieder erklingen, aber bald wie schmerzliche Seufzer in Erinnerung an die durchlebten Wehen, bald wie verklärte und beruhigte Töne einer still gewordenen Brust. [. . .]

Eine Freundschaft zweier Männer, in den Wirren staatlicher Umwälzungen, die, hineingerissen in den Strudel von Parteibestrebungen, ihr Liebstes an das Spiel setzen und opfern, der eine die innige Liebe zu einem Manne, den der andere haßt, der andere seinen starken Willen und seine politische Weisheit, um dem Herzen des Freundes zu genügen: eine Freundschaft dieser Art, die beide mit Irrthum und Schuld belastet, beide ins Verderben zieht, hat ebenfalls etwas unendlich Rührendes. Eine solche Freundschaft ist die des Brutus und Cassius, sie ist die Seele des ganzen Stückes, das, wie wir es sonst nicht bei Shakspeare finden, den Kampf allgemein menschlicher und sittlicher Motive mit politischen darstellt. Beachten wir überhaupt, welche Tiefe Shakspeare in die von ihm geschilderten Freundschaften legt: Bassiano, der »sein Leben, sein Weib und alle Welt opfern möchte, um Antonio zu befrein«, und Cassius, der seinem starren Charakter und seiner Überzeugung untreu wird, wenn Brutus anders will, als er, – sie lassen uns einen Blick auf Skakspeares Gemüth werfen, das der Freundschaft, wie es auch geschichtlich feststeht, lebenslang sich offen erhielt. [26]

Diese glühende Beschreibung der Beziehung zwischen Brutus und Cassius kann als Nachklang des Guido-Meyer-Erlebnisses gedeutet werden: Projiziert der junge Nietzsche auf die Shakespearschen Gestalten den eigenen inneren Wunsch nach höchster Vertrautheit mit einem geliebten Partner? Vielleicht liegt nun das Modell für eine Lösung des Triebes bereit: mann-männliche Freundschaft mit großen geistigen Zielen, erotisch getönt, aber doch fern jener plumpen Sexualität, wie sie das Verhältnis zwischen Mann und Frau bestimmt und in die »niedere Sphäre« zieht. Im weiteren Leben wird Nietzsche, wie das erhabene Vorbild Shakespeare, immer wieder versuchen, sich diesen Weg der Liebe offenzuhalten – mit mäßigem Erfolg, des öfteren zurückgestoßen, mißverstanden, verdächtigt, am Ende traurig überzeugt, sein ganzes Dasein einem schönen Trugbild geopfert zu haben. Doch schon der achtzehnjährige Primaner weiß, daß diese Freundschaftsutopie mit den gesellschaftlichen Konventionen und der allgemeinen Moral nur schwer in Einklang zu bringen ist, daß sie gefährlich werden kann und deshalb im geheimen geträumt werden muß.

Ist es dennoch möglich, die von aller Welt freudig sanktionierten Wege zu gehen? Kann er nicht auch jenen Kameraden nacheifern, die (mit mehr oder minder großem Erfolg) ihre amourösen Aktivitäten ganz auf das weibliche Geschlecht konzentrieren? Soll er in dieser Richtung einen Liebesversuch wagen – von dem ja schließlich zu hoffen ist, daß er auch in Naumburg mit einigem Wohlwollen quittiert werden wird? Anfang September 1863 erhalten Mutter und Schwester einen seltsamen Brief:

Meine Grüße Euch allen!

Nicht wahr, ein paar Zeilen von mir kommen Euch jetzt recht erwartet, da ich heute selbst doch nicht kommen konnte. Ob ich zwar gleich selbst nichts erlebt habe; hingegen dachte ich im Fluß voriger Woche einen Bogen voll der buntesten, niedlichsten Erlebnisse zu bekommen; aber die Woche ist vorübergehinkt und hat mir nur einen Zettel gebracht, aus dem ich erfuhr, daß ihr meiner noch gedächtet und daß meine Wäsche schmutzig sein müsse, was wirklich seltsamerweise auch wahr war.

Also heute einige Zeilen, damit ihr erfahrt, daß ich noch lebe, Bücher um mich gewälzt habe und bis nächsten Sonnabend nicht dran denken kann, aus dieser Verschanzung herauszukommen. Dabei bin ich heiter, mitunter verstimmt, erlebe bald gute und lustige bald verdrießliche Dinge, aber das Uhrwerk ist im Gang und schnurrt fort, ob eine Fliege sich auch draufsetzt oder eine Nachtigall dabei singt.

Allerdings der Herbst und seine gereifte Luft hat die Nachtigallen vertrieben, und die Fliegen haben sich dabei eine Erkältung zugezogen. Und ich liebe den Herbst sehr, ob ich ihn gleich mehr durch meine Erinnerung und durch meine Gedichte kenne.

Aber die Luft ist so kristallklar, und man sieht so scharf von Erde nach Himmel, die Welt liegt wie nackt vor den Augen.

Wenn ich minutenlang denken darf was ich will, da suche ich Worte zu einer Melodie die ich habe und eine Melodie zu Worten die ich habe, und beides zusammen, was ich habe, stimmt nicht, ob es gleich aus einer Seele kam. Aber das ist mein Loos!

Nun gehen sie wieder ab, die Schwalben, die nach dem Süden zu die Segel richten, und wir singen wieder sentimental hinterdrein und schwenken die Seidel, und mancher wischt sich die Nase vor Rührung, denn der Postillon bläst: Schier dreißig Jahre bist du alt!

Das nennt man heut zu Tage einen Lebensabschnitt, und mancher Abiturient stellt sich jetzt das Leben wie einen Kuchen vor, von dem er das kleinere, etwas verbrannte Stück vertilgt hat, und nun geht er mit Energie und würdiger Vorbereitung daran, daß größere, süßere Schnittchen zu beseitigen.

Und siehe, es bleibt ein schäbiger Rest, den nennt man Lebenserfahrung, und genirt sich, ihn den Hunden vorzuwerfen. Aus Pietät vielleicht. Denn er hat einem viel Zähne gekostet. –

Bis hierher die Wahrheit und dichtungsvolle Einleitung meines Briefes. Jetzt kommt die Hauptsache, bestehend aus dem Thatbestand, daß ich eurer oft gedenke, zweitens daß ich weiße Taschentücher brauche, da ich vor lauter Schnupfen blühe, und drittens, daß ich folgende Noten brauche als Leibesnothdurft

Schumann, Phantasien, 2 Hefte. »Abends« usw.
Kinderscenen. 1 Heft
Volkmann, Visegrad.

Lisbeth, bitte, besorge mir beides ja recht hübsch von Domrich und schicke es mir ja *Dienstag* heraus. Es ist für Fräulein Anna Redtel. Ich habs versprochen. Bitte!

Fritz [. . .] [27]

Dies ist wohl nicht nur ein Stimmungsbericht, der Auskunft geben soll über die Beschwernisse und Gefühlsdissonanzen eines jungen Mannes, der sich auf das Abitur vorbereitet – die etwas gezwungen wirkende witzig-zynische, aber auch sentimentale Pennäler-Schreibe bereitet vielmehr eine ganz wichtige Botschaft vor, die am Schluß des Briefes, ohne Schnörkel und Umschweife, deutlich ausgesprochen wird: Es erscheint der Name Anna Redtel; für sie sollen Noten beim Buchhändler besorgt werden. Und wenn der Jüngling Nietzsche seine Bitte so dringlich macht (»als Leibesnothdurft«), dann will er signalisieren, daß er sich »in amourösen Umständen« befindet und mit einem jungen Mädchen einen Flirt begonnen hat. Er ist ein wenig stolz, jetzt endlich eine »Norm« erfüllt zu haben; er hofft, daß zumindest diese »erste Liebe« von den Angehörigen begrüßt oder wenigstens respektiert wird – und doch deuten all die Maskierungen und Umschreibungen des Briefes darauf hin, daß seine Furcht vor einer kränkenden, verletzenden Reaktion noch sehr viel größer ist. Es ist ihm ja schmerzlich bewußt, daß die Mutter über alles, was mit seiner Sexualität zu tun haben könnte, ein abwehrendes Schweige-Gebot verhängt. So scheint es naheliegend, nicht sie, sondern die Schwester mit dem Notenkauf zu beauftragen. Doch damit gibt der junge Nietzsche – allzu vertrauensselig – der siebzehnjährigen Elisabeth, die im Verband der Familie stets eine untergeordnete Rolle spielt und nur durch und über den Bruder ins mütterliche pädagogische Blickfeld gerät, auf verhängnisvolle Weise die Gelegenheit, sich seiner »Herzensangelegenheiten« (in einem Akt der Selbstaufwertung) zu bemächtigen – ein Mechanismus, den sie später immer wieder bewundernswert virtuos, aber auch furchtbar bedrückend in Gang setzen wird. Sie denkt nicht daran, die Partituren zu beschaffen; sie schreibt dagegen einen Brief, in dem sie sich über den verliebten Primaner lustig zu machen scheint. Dieses Schreiben ist nicht erhalten (vermutlich, aus wohl erwogenen Gründen, unterdrückt und dann vernichtet), aber die Antwort Nietzsches läßt eine Ahnung aufkommen von der tiefen Kränkung, die ihm die Schwester zugefügt hat:

Meine Grüße voran!

Siehe, ich bekam ihn am Schopfe, nämlich deinen Brief, las ihn und lachte und als ich ihn ausgelesen, lachte ich noch einmal. Also förmlich entsetzt bist du gewesen, weil ich nicht wie gewöhnlich über schmutzige Strümpfe, allerlei Wünsche meines Magens und meiner Kasse und ähnliche saubere Gegenstände, die dir meine Briefe immer so theuer machen, geschrieben habe, sondern weil ich in einem Selektatöchterschulenstyl, in sentimentalen, haarsträubenden Phrasen, den Wunsch aussprach, mir einige Noten zu besorgen: gewiß ein bescheidener Wunsch, der mir aber doch nicht in Erfüllung gegangen.

Es thut mir leid, dir Schrecken gemacht zu haben, und ich will es gewiß nicht wieder thun, besonders wenn ich befürchten muß, daß du aus Schrecken über das Ungeheuerliche des Briefes seine Pointe ganz vergißt.

Wir haben gestern schlechtes Fleisch zu Mittag gehabt und werden morgen Klöse essen.

Der eine meiner Stiefeln hat eine Oeffnung, welche man ein Loch zu nennen pflegt.

Heute fand man im Primanergarten einen Vogel, der schon der Verwesung nahe war. Es war ein Spatz. Er duftete.

Wenn es regnet, so wird es naß und wir haben keinen Spaziergang. Trotzdem hatten wir heute Spaziergang.

Beiläufig bin ich ein »ehrwürdiger« Primaner, du eine ehrwürdige Schwester und Domrich ein Buchhändler.

Und indem wir alle drei dies
verbleiben,
empfehle ich mich.

N. B. Ich hatte eben »Wäsche«, und bin nicht in der Stimmung, dir so gefühlvoll zu antworten, mein »Herzenslieschen, Zuckersüßchen, Mietzemieschen«,
N. B. alles umschlossen von »Gänsefüßchen«.

Frédéric. [28]

Das Verhalten der Schwester, bestimmt von Eifersuchtsmotiven, trifft den Schüler Nietzsche ins Herz – er glaubt, den Schock mit einer Flucht in Ironie und Sarkasmus überwinden zu können. Er fühlt sich mißverstanden und muß den Verdacht hegen, daß man ihn in voller Bewußtheit mißverstehen *will*. Ein großer Rückschlag, eine herbe Demütigung: Der etwas zwanghafte Versuch, den Eros auf das »Weibliche« zu richten, wird von zwei Frauen, der Mutter und der Schwester, nicht gewürdigt und nicht respektiert; man will seine »Leistung« nicht zur Kenntnis nehmen, man behindert sie sogar. So mag auch das Interesse an der Freundin schwinden – das Ziel, mit ihr und durch sie in Naumburg Anerkennung zu finden, ist nicht erreicht. Anna Redtel, die Schwester eines Mitschülers, eine »kleine, liebliche, ätherische Berlinerin, dabei liebenswürdig, gut unterrichtet und sehr musikalisch« (FNJ/125), spürt recht bald, daß ihr seltsamer Verehrer eine Art von Liebestheater spielt und sein Verhalten ganz und gar nicht dem entspricht, was von einem erotisch entflammten Primaner erfahrungsgemäß zu erwarten ist. Man trinkt gesittet Tee, man spielt vierhändig Klavier – dann ist auch ihr Interesse erloschen und der Flirt beendet. Einen Brief, den ihr Nietzsche (im Beisein anderer!) übergibt, öffnet sie zwar, reicht ihn jedoch ungelesen zurück; die zerquält-»unsinnigen« Formen, in denen sich die Zuneigung dieses jungen Mannes äußert, wirken allzu verwirrend und seltsam auf sie. Es scheint, als ob der Jüngling Nietzsche schon hier ein Modell durchspielt, das kennzeichnend ist für seine spätere Art, sich Frauen zu nähern: heftige, krampfhafte Attraktion, dann ebenso plötzlich, wenn ein gewisses Stadium der Intimität erreicht ist, völliger Rückzug – ein Verhalten, das die Partnerinnen irritieren, abstoßen muß, so daß ein Scheitern der Beziehungen die zwangsläufige Folge ist. Zurück bleiben Verstörung und Trauer auf beiden Seiten. In den Weihnachtsferien 1863/64 hat der kluge, belesene Abiturient Nietzsche genügend Muße, das gescheiterte Liebesexperiment dichterisch zu bearbeiten:

Daß wir einmal uns scheiden
Habs lange schon gedacht –
Doch welcher von uns beiden
Hat's nun so weit gebracht?

Daß wir einmal uns hassen,
Das hab ich nie gemeint
Ich kanns auch jetzt nicht fassen
Und Herz und Auge weint.

Nun gehe hin alleine
Das Beste wünsch ich Dir

Doch ob uns Gott vereine
Ob nicht, liegt nicht an mir –

Sind bittrer Feindschaft Wände
Dazwischen, bleibt ein Spalt,
Durch den den Blick ich sende
Zu deinem Herzen kalt.

Mir ists als ob ich träume
Und fühls doch es ist wahr,
Daß oede diese Räume,
Daß todt nun dieses Jahr.

Begonne⟨n⟩ ist ein neues,
Das bleibt dir ewig fern,
Ob auch mein Herz, mein treues
Aufschaut zu deinem Stern.

Die Sterne schreiten traurig
Am kalte⟨n⟩ Himm⟨e⟩l hin
Die Feder kratzet schaurig
Ueber der Fläche hin

Und durch das Fenster quillet
Der volle Mondenschein
O liebe Strahlen stillet
Mein Herz und seine Pein.

Weiß nicht ob Lachen, Scherzen
Ob weinen ich hier soll
Mein Auge ist voll Schmerze⟨n⟩
Auch bitt⟨e⟩rn Hohnes voll

Und meine Hände gleiten
Fast zitternd hin und her
Und meine Gedanken breite⟨n⟩
Sich endlos wie ein Meer.

Ich hörte die Glocken läuten
Vor kurzen um Mitternacht
Auch jetzt will michs bedeuten
Daß man ein Grab gemacht,

Ein Jahr hinein gesenket
Darüber Eis und Schnee
Darinne⟨n⟩ ein Herz ertränket
In Freude und in Weh.

So mancher lag darnieder lebensmüd

Auf der Seite Rücke⟨n⟩
Schreib ich dir das Wort,
Wo ich an dein Blicke⟨n⟩
Denke imme⟨r⟩fort.

Wo dein freundlich Grüße⟨n⟩
Mich so lieb umweht,
Das den kluge⟨n⟩, süße⟨n⟩
Augen wohl ansteht.

Unter Kirche⟨n⟩lieder
Ma⟨c⟩ht ich mir dein Bild,
Schau es imm⟨er⟩ wieder
Bis das Aug' sich füllt,

Bis mein Herze fühlet
Daß das deine fühlt,

Wies drin glüht und wühlet
Und sich nie verkühlt.

Nicht Lebewohl, nicht eine⟨n⟩ Blick
Hast du mir mit⟨ge⟩geben,
Du gehst davon, kehrst nie zurü⟨c⟩k
Wir scheiden uns fürs Leben.

Wir habe⟨n⟩ freilich schon entsagt
Einander noch zu lieben;
Doch hätt' ich ger⟨n⟩ – es sei gew⟨a⟩gt
Ein Blättlein dir geschrieben

Vielleicht auch blos auf das Papier
Vielleicht ins He⟨r⟩z mit inne;
Ich hätte viel zu schreibe⟨n⟩ dir,
Zu wünsche⟨n⟩ mir im Sinne.

Und fiel das Wort auf ein⟨en⟩ Stein,
S' wär nicht umsonst gefallen
S' gäb gar vielleicht ein Löchelein
Von diese⟨n⟩ Wörtlein allen.

Vielleicht Vielleicht und nur vielleicht –
Ich kann auch dies nicht schreibe⟨n⟩;
Ich habe leider nichts erreicht;
Und kein Vielleicht darf bleibe⟨n⟩.

Erloschen wär ein He⟨r⟩z vor Qual,
Wenn nur vielleicht noch gelte;
Wenn nur ein leiser Hoffnu⟨n⟩gsstrahl
Fiel auf des He⟨r⟩ze⟨n⟩s Kälte.

Ertrunke⟨n⟩ wär ein Herz vor Weh,
Erdrückt, erfrorn, ersticket,
Wenn nur in meines Herzen⟨s⟩ See
Ein einzger Blick geblicket.

Doch hat er nicht hine⟨in⟩ gebli⟨c⟩kt
Und sah vielleicht – nein, nimmer –
Ich bin gesund – ich war verrückt
So endet das Gewimmer.

Und dennoch – Thräne, versiege.
Gluth der Wangen, Verrätherin verfliege!
Zucke⟨n⟩ des Mundes, schmerzliches, o künde nicht,
Wie in der Seele Grund sich Well und Welle bricht.
Wie die Vergange⟨n⟩heit drin quillt und quil⟨l⟩t
Und in den Fluthen malt dein Bild, dei⟨n⟩ Bild!

Die Hand, die herzlich dargebotene
Zurückgegeben, zweifelhaften Auges,
Und auf der Zunge wägend Silb' um Silbe –
Das Herz, den aufgebrochnen Brief, zurück
Gewiesen, ungelesen, ungedeutet!
Und das von dir!
Herum im Kreise staunten
Und lachten Eintagsfliegen, flogen weiter
Und summten ärgerlich Gesumm.
Jedoch
Ein Gott riß mich heraus, mit wilder Schwermuth
Den Sinn umnachtend. –
Und lächelnd schau ich jetzt die Fäden an,
Die durchgeriss'nen, durch die Hand mir gleitend,
An denen es wie Blut und Thränen glänzt:
Sie waren schön und sind es noch, und wie
Des späten Sommers Schleier, fliehn sie fort,

Ein Windhauch spielt mit ihnen, und das Gold
Der Abendsonne glüht und glitzert drinnen.
Du nicht mehr mein! Es spielt mein liebster Traum
Mit deinem Bild, und einsam steigst du auf
Aus Herzenstiefen, wie ein Stern, entglommen
An meines Lebens nächt'gen Himmel – doch
Schon ferne, ach zu ferne, schon versunken!

ERSTER ABSCHIED

Die Sterne schauen traurig
Am kalten Himmel hin,
Die Winde fragen schaurig,
Was ich so stille bin.

Und durch das Fenster quillet
Der volle Mondenschein,
O liebe Strahlen, stillet
Mein Herz und seine Pein.

Weiß nicht ob lachen, scherzen,
Ob weinen ich hier soll –
Mein Aug' ist voller Schmerzen,
Auch bitt'ren Hohnes voll.

Und meine Hände gleiten
Fast zitternd hin und her,
Und meine Gedanken breiten
Sich endlos wie ein Meer.

Ich hörte die Glocken läuten
Vor kurzem in Mitternacht.
Auch jetzt will michs bedeuten,
Daß man ein Grab gemacht.

Ein Jahr hat man begraben,
Neujahr ist vor der Thür.
Man hat mein Herz begraben,
Und niemand fragt nach mir.

ZWEITER ABSCHIED

Die Sonne blickt aufs Schneegefild,
In meinem Auge die Thräne quillt –
Vorüber!

Vom Süden flüstert her ein Hauch –
Ohn' Blatt und Blüthe Wald und Strauch.
Vorüber!

Eine Knospe morgends ist erwacht,
Sie weinte am Tage, sie starb bei Nacht.
Vorüber!

O Sonnenschein, o südlicher Wind,
Was täuschtet ihr das arme Kind?
Vorüber!

Die Tanne schüttelt stumm ihr Haupt,
Mein Herz ist wie mit Schnee bestaubt.
Vorüber!

Die Tanne rauscht ein Grabeslied,
Die Sonne ist todt, der Wind entflieht –
Vorüber!

ERINNERUNG

Es zuckt die Lippe und das Auge lacht,
Und doch steigt vorwurfsvoll empor,
Das Bild aus tiefer, tiefer Herzensnacht –
Der milde Stern an meines Himmels Thor.
Er leuchtet siegreich – und die Lippe schließt
Sich dichter – und die Thräne fließt

Herüber, hinüber
Fliegen der Blicke glänzende Funken,
Trüber und trüber
Wölbt sich mein Himmel, wehmuttrunken,
Lieber, ach lieber
Bräche des Herzens zitternder Grund –

Herüber, hinüber
Zucken die Blitze – doch schweiget der Mund.
Wolkensammler, o Herzenskündiger,
Mache uns mündiger!

Ich habe dir und mir vergeben und vergessen;
Weh! du hast dich und mich vergessen und
vergeben. [29]

Das lyrische Begräbnis einer mißlungenen Liebe – wie Heinrich Heine im »Buch der Lieder« seine Gefühle in einen großen, schweren Sarg legen und im Meer versenken will (LXV, HEI/I, 104), so möchte auch der junge Dichter Nietzsche die Anna-Redtel-Episode in die tiefe See des ewigen Vergessens werfen; ein schmerzhaftes Vorhaben, denn es bleiben schöne Erinnerungen, es bleibt das »Vielleicht«, die Möglichkeit, das Liebesglück an eine Frau zu binden. Und doch: das letzte Fazit ist niederschmetternd genug. Hat ihm das erotische Experiment nicht auch den Spott und den Hohn der dummen, ungebildeten Mitschüler eingetragen, dieser »Eintagsfliegen«, die nun Gelegenheit haben, sich über sein täppisch-krampfhaftes Werben zu belustigen? Und schlimmer noch: Ist nicht seine Hoffnung, mit diesem regel- und sittenkonformen Liebesversuch bei der Mutter Gnade und Anerkennung zu finden, auf die bitterste Art enttäuscht worden? Er hat aus Naumburg nur Unverständnis, Gleichgültigkeit und Ablehnung erfahren. Was würde aber dann geschehen, wenn seine dunkle Euphorion-Welt mit ihrem trüben Gemisch aus Todes- und Homoerotik, Gewalt und Überwältigung ins mütterliche Blickfeld geriete? Nur *eine* Rettung ist denkbar: Er muß sein Herz begraben, seine Lippen schließen. Mündig werden heißt also für ihn – schweigsamer werden! Nur so kann er sich der weiblichen Kontrollinstanz entziehen und eine Lebenskatastrophe verhindern. Damit seine geheime Privatwelt erhalten und sein innerstes Empfinden unangetastet bleibt, muß er gegenüber der Mutter (und der Schwester) eine Strategie des Ausweichens und Ausklammerns entwickeln – auf diese Weise ist ein Arrangement zu erreichen, ein Gleichgewicht, labil und stets gefährdet. Es entsteht ein Pflege- und Versorgungssystem, in dem es schließlich nur noch um »schmutzige Socken«, Pekuniäres, saftige Schinken und Soennecken-Stahlfedern geht – eine Kommunikation der Non-Kommunikation, die größte Entfernung bei größter Nähe! Ende November 1864 schreibt Franziska Nietzsche dem Sohn, der in Bonn die ersten Vorlesungen besucht: »Verliebe Dich nur nicht *zu* sehr in den schönen geistreichen Kunstgeschichtsprofessor man hat hier schon seine Sorge ausgesprochen, daß Du einmal ›Belletrist‹ werden könntest, sobald Du Dir nicht ein festes Ziel stecktest; ›das wird aber mein Fritz nicht werden‹ war meine feste Antwort.« (KGB I/3, 21) Sie weiß nicht, daß in seinem Inneren schon alles bereitliegt, was ihn zu einem Belletristen sui generis machen wird – einem, der keine amüsant-gefälligen Romane schreiben, sondern in seinen Werken all das in Frage stellen wird, was ihrem Leben Sinn und Würde verleiht. Sie ahnt auch nicht, daß ihre mütterliche Liebe – aufrichtig gefühlt und doch unendlich belastend – sich wie ein dunkler Schatten auf sein Leben gelegt hat. Wenn er immer wieder versuchen wird, vor den Frauen zu fliehen und alles »Weibliche« zu meiden, so ist diese Abwehr, diese Negation stets auch eine Flucht vor *ihren* Ansprüchen und Forderungen.

Auf diesem Hintergrund aber muß alles, was er über Frauen denken und niederschreiben wird – als Deuter der Antike, als subtiler Psychologe, als Prophet des Übermenschen –, verzerrt sein von Unlust und Angst, belastet mit Vorurteilen, manchmal sogar mit tiefem Haß. Am Ende seines bewußten Seins spricht er deutlich aus, daß die Muttersphäre das Lebens- und das Liebesglück verhindert hat – letztendlich auch, weil die befreiende Revolte nicht gelungen ist. Indem er noch einmal den Vater, den Garanten seines Kindheitsglücks, himmlisch verklärt, schleudert er den vernichtenden Fluch auf die »Naumburger Tugend« (KSB 6, 256):

Ich betrachte es als ein grosses Vorrecht, einen solchen Vater gehabt zu haben: die Bauern, vor denen er predigte [. . .] sagten, so müsse ein Engel aussehn. – [. . .] Wenn ich den tiefsten Gegensatz zu mir suche, die unausrechenbare Gemeinheit der Instinkte, so finde ich immer meine Mutter und Schwester, – mit solcher canaille mich verwandt zu glauben wäre eine Lästerung auf meine Göttlichkeit. Die Behandlung, die ich von Seiten meiner Mutter und Schwester erfahre, bis auf diesen Augenblick, flösst mir ein unsägliches Grauen ein: hier arbeitet eine vollkommene

Höllenmaschine, mit unfehlbarer Sicherheit über den Augenblick, wo man mich blutig verwunden kann – in meinen höchsten Augenblicken, ... denn da fehlt jede Kraft, sich gegen geistiges Gewürm zu wehren ... Die physiologische Contiguität ermöglicht eine solche disharmonia praestabilita ... Aber ich bekenne, dass der tiefste Einwand gegen die »ewige Wiederkunft«, mein eigentlich *abgründlicher* Gedanke, immer Mutter und Schwester sind. [30]

II. GRIECHISCHE TRÄUME

Nietzsches kurzer autobiographischer Versuch vom Sommer 1864 ist nicht nur elegischer Rückblick auf eine düstere, »problematische« Kindheit – er bietet auch eine Zusammenfassung der bisherigen Bildungserlebnisse und gibt Hinweise auf die zukünftige Lebensgestaltung:

Wie ich nach Pforte kam, hatte ich so ziemlich in die meisten Wissenschaften und Künste hineingeguckt und fühlte eigentlich für alles Interesse, wenn ich von der allzu verstandesmäßigen Wissenschaft der mir allzu langweiligen Mathematik absehe. Gegen dieses planlose Irren in allen Gebieten des Wissens empfand ich aber mit der Zeit einen Widerwillen; ich wollte mich zu einer Beschränkung zwingen, um einzelnes gründlich und innerlich zu durchdringen. Dieses Bestreben konnte sich behaglich zur Geltung bringen in einem kleinen wissenschaftlichen Verein, den ich mit zwei gleichgesinnten Freunden zur Förderung unsrer Ausbildung gründete. Die monatliche Einlieferung von Abhandlungen und Compositionen und deren Kritik, sowie vierteljährige Zusammenkünfte zwangen den Geist, kleine aber anregende Gebiete genauer zu betrachten und auf der andern Seite durch ein gründliches Erlernen der Compositionslehre der verflachenden Einwirkung des ›Phantasierens‹ entgegen zu arbeiten.

Zugleich erwuchs zunehmend meine Neigung für klassische Studien; ich gedenke mit der angenehmsten Erinnerung der ersten Eindrücke des Sophokles, des Aeschylos, des Plato vornehmlich in meiner Lieblingsdichtung, dem Symposion, dann der griechischen Lyriker.

In diesem Streben nach zunehmender Vertiefung des

Wissens stehe ich noch jetzt; und es ist natürlich, daß ich über meine eignen Leistungen meistens ebenso geringschätzend denke, wie oft auch über die anderer, weil ich fast in jedem zu behandelnden Stoff eine Unergründlichkeit oder wenigstens eine schwere Ergründlichkeit finde. Es sei darum auch meine einzige Arbeit erwähnt, mit der ich in meiner Schullaufbahn fast zufrieden war: meine Abhandlung über die Ermanarichsage.

Jetzt, wo ich im Begriff bin, auf die Universität zu gehen, halte ich mir als unverbrüchliche Gesetze für mein ferneres wissenschaftliches Leben vor: die Neigung zu einem verflachenden Vielwissen zu bekämpfen, sodann meinen Hang, das Einzelne auf seine tiefsten und weitesten Gründe zurückzuführen, noch zu fördern. Scheinen diese Neigungen sich aufzuheben, so ist dies gewiss in einzelnen Fällen nicht unrichtig, und ich bemerke mitunter in mir etwas Ähnliches.

Im Kampf mit der einen, in der Förderung der andern hoffe ich zu siegen. [31]

Ein selbstkritischer Schüler, stets unzufrieden mit seinen Leistungen – doch wenn der Primaner Nietzsche diese skeptisch-negative Selbstdarstellung liefert, dann nicht ohne einen leichten Hauch von Koketterie: Ihm muß sehr wohl bewußt sein, daß er, außer in Mathematik, seinen Kameraden weit überlegen und in die »Unergründlichkeit« mancher Wissensstoffe schon sehr weit eingedrungen ist. Hinzu kommt seine hohe Musikalität; er komponiert und kann (wie es auch der Vater vermochte!) auf dem Klavier geschickt improvisieren; manchmal zum Nachteil einer strengen, regelhaften Musikausübung. Gehen seine Interessen nicht weit über das von der Schule geforderte Maß hinaus? Ende Juli 1860 hatte er bereits, zusammen mit seinen Naumburger Freunden Gustav Krug und Wilhelm

Pinder, die literarisch-musikalische Vereinigung »Germania« gegründet – zur Schulung des Geistes, zur Erweiterung der Bildung. Das ständige Training des Intellekts ist eine Selbstverständlichkeit, eine »zweite Natur« – problematisch bleibt nur die Methode: Es gilt, im Widerstreit zwischen intensiver Wissensaneignung und extensiver Stoffanhäufung das oberflächliche »Vielwissen« zu vermeiden und sich ganz auf ein »Einzelnes« zu konzentrieren. Der Schulabgänger Nietzsche, der sich jetzt mit Fragen der Berufswahl konfrontiert sieht, gibt vorsichtig zu erkennen, auf welchen Gegenstand sich dieser wissenschaftliche Impuls richten könnte: Er spricht von seiner Neigung zu den »klassischen Studien«, und es scheint naheliegend, dieser Vorliebe (die ja auch große Vorkenntnisse umschließt) nachzugeben und sich der Altphilologie zu widmen. Ihm ist jedoch bewußt, daß die Erwartungen der Mutter und aller Verwandten in eine andere Richtung gehen – hatte man ihn nicht schon in der Naumburger Volksschule den »kleinen Pastor« (FNB/I, 30) genannt? Tatsächlich wäre es den mütterlichen Vorstellungen und Wünschen angemessener, sich mit der Theologie zu befassen, um auf diese Weise auch die so jäh und schmerzlich unterbrochene Karriere des Vaters (in einer Art von Stellvertretung) glanzvoll und siegreich fortzuführen. Aber die Glaubenszweifel sind zu stark; der Gedanke, später einmal als heilsgewisser Landpfarrer, Domprediger oder Kirchenrat das Evangelium verkündigen zu müssen, weckt keine freudigen Empfindungen. Dagegen scheint es viel verlockender, die schöne Welt der griechisch-römischen Antike umfassend und gründlich zu erforschen – zumal sich hier vielleicht die Möglichkeit eröffnen könnte, der Lösung einer tiefen, quälenden Existenz-Problematik ein kleines Stück näherzukommen: Ist nicht zum Beispiel diese »Lieblingsdichtung«, Platos Symposion, gänzlich der »männlichen« Sphäre verhaftet? Wenn dort, im feinsinnigen Dialog und in großer Rede, über Wesen, Erscheinung und Wirkung des Eros gehandelt wird, so geschieht dies stets im Medium mann-männlicher Verständigung und Zuneigung; alles »Weibliche« scheint ephemer und fremd zu sein, auch wenn gerade eine Frau, die weise Diotima, dem platonischen Sokrates die wichtigsten Belehrungen über den Eros zuteil werden läßt: Dieser ist kein Gott, sondern ein Daimon, also ein Wesen, das zwischen Mensch und Gott die Mitte hält; auf diese Weise ist er auch ein »Philosoph«, denn alle Philosophen, die nach höchster Einsicht streben, stehen in der Mitte, zwischen »wissend« und »unwissend«. Aus solchen Eigenschaften erwachsen seine Taten, seine großen Wirkungskräfte: durch die Liebe zur Schönheit kann er dem Menschen die Möglichkeit geben, göttlicher Unsterblichkeit teilhaftig zu werden – in einem Stufengang von der Liebe zum schönen menschlichen Körper, zur »schönen Seele«, zu den Wissenschaften hin zu einer »mystischen« Erkenntnis des Schönen »an sich«, das zugleich immer »göttlich« ist. Doch dieser Weisheitslehre der Diotima, die Sokrates seinen erstaunten Zuhörern nahebringt, folgt im platonischen Symposion der Auftritt des bezaubernd schönen Alkibiades: Gezwungen, sich den Regeln des Gelages zu beugen und ein Loblied auf den Eros zu singen, hebt er, zunächst verwirrend, an zu einer Rede über Sokrates. Sein Publikum muß aber bald erkennen, daß ein Hymnos auf Sokrates immer zugleich eine Beschreibung des Eros ist. Alkibiades macht nämlich deutlich, daß der Eros, von dem in der Runde des Gastmahls so eindringlich gesprochen wurde, in leibhaftiger Verkörperung unter ihnen weilt – in der Gestalt des Sokrates: der selbst ist das dämonische Mittelwesen zwischen Mensch und Gott; er ist von außen häßlich, innen aber schön; er ist stets auf der Suche nach dem Schönen und den schönen Menschen, die er durch seine Rede an sich zieht, um sie dann doch wieder von sich weg zu führen – hin zur Wahrheitssuche und -liebe, zur Philosophie.

Eros, nicht Christus, als Mittler zwischen Gott und Mensch; Erlösung durch die Liebe zum Schönen, nicht durch den häßlich-blutigen Heiland am Kreuz; freudige Bejahung der Sinne und der Sinnlichkeit, nicht Liebesverzicht und -verbot – dem Jüngling Nietzsche muß die platonische Gedankenwelt, gerade in ihrem Gegensatz zur bedrückenden Naumburger Kindheitssphäre, ein großes Faszinosum sein. Hier ist ein Fluchtweg aufgezeigt; es könnte möglich sein, mit Hilfe eines »griechischen Bewußtseins« das neue, freie Leben zu gewinnen. Unangenehm, sich in der Zukunft als erbaulich-heuchlerischen Kanzelredner zu sehen, der seiner andächtig-dummen Gemeinde die christlichen Dogmen und die daraus folgende Morallehre zu verkünden hat. Viel schöner ist es, sich als »kleinen Sokrates« zu träumen, über Wahrheit und Eros reflektierend, bewundert und geliebt von einem »Alkibiades«, mag er nun Raimund oder Guido heißen. Im Oktober 1864 geht Nietzsche zum Studium nach Bonn, er belegt Altphilologie *und* Theologie – ein brüchiger Kompromiß, ein Täuschungs- und Maskierungsmanöver gegenüber der Mutter. Schon bald vernachlässigt und vergißt er, dem direkten Naumburger Einfluß entzogen, seine theologischen Studien; die Erforschung der antiken Welt betreibt er um so intensiver, und dieses Engagement richtet sich nicht nur auf das philologische Handwerk; es ist immer auch »philosophisch« geprägt, indem es den »Unergründlichkeiten« der Materie auf die Spur kommen will, mit Ergebnissen, die bei den Zunftgenossen später nicht nur Bewunderung, sondern auch Ablehnung und Spott hervorrufen werden. Bereits in der Schulzeit sind die Gegenstände, mit denen er sich schriftlich auseinandersetzt, weitgehend der antiken Welt entnommen: Es gibt zum Beispiel eine längere Abhandlung über die griechische Tragödie (HKG II, 364 ff.), eine begeisterte und inspirierte Erörterung »Ueber das Verhältniß der Rede des Alcibiades zu den übrigen Reden des platonischen Symposions« (HKG II, 420 ff.), schließlich die Abschlußarbeit über Theognis von Megara, einen Autor des 6./5. Jahrhunderts, der in seinen Dichtungen, gerichtet an den edlen Jüngling Kyrnos, die Lebensgrundsätze und die Weltauffassung der griechischen Aristokratie artikuliert:

»Das Geschick der Theogn⟨ideischen⟩ Elegien erklärt sich aus der Auffassung, die ihn⟨e⟩n im Altherthum zu Theil geworden ist. Es ist sicher, daß sie gegen Ende des sechste⟨n⟩ und zu Anfang des fünfte⟨n⟩ J⟨ahr⟩h⟨underts⟩ gedichtet worden sind, somit daß ihre Herausgabe kurz vor, vielleicht schon in die Zeit der persische⟨n⟩ Kriege fällt. Was folgt daraus? Daß auf ihre Auffassung in der Nation der Umschwung des mit jen⟨e⟩m Kriege eintretende⟨n⟩ nationale⟨n⟩ Lebens eingewirkt habe. Wir wissen aus den Elegie⟨n⟩ selbst, daß sie zu Lebzeiten des Theognis weitausgedehnte Bekanntschaft über ganz Griechenland hin gewonnen hatten, ebenso kennen wir die Kreise, in denen sie lebten. Es sind dies die aristokratische⟨n⟩ Klubbs, die unter den Anfeindungen der Tyrannis und der auf und nieder schwankenden Volkssuperio⟨ri⟩tät das altadliche Standesbewußtsein durch strenge Abschließung gegen alle neue⟨n⟩ Elemente zu wahren suchten. Und zwar waren die Elegien für die Tischgesellschafte⟨n⟩ bestimmt, um zur Begleitung von Flöten von Jü⟨n⟩glingen vorgetragen zu werden. Es ist anzunehmen, ebenso daß Theognis damals mit seinen Lebensschicksale⟨n⟩ und persönl⟨ichen⟩ Eigenschafte⟨n⟩ bekannt war, als daß auch seine Gedichte richtig aufgefaßt wurden, dh. daß der wesentlich *aristokratische* Zug in ihnen verstanden wurde und noch nicht wie es später geschah mit einem *ethischen* verwechselt wurde. Gedichtet waren die Lieder an einzelne Personen, vornehmlich an Kyrnos und andre Jünglinge; man sang die Lieder in den Kreisen junger Leute, von denen die Sänger oft und meistens selbst in der Lage des Kyrnos waren, und setzte sich darüber hinweg, daß der Sänger sich selbst paraenetisch ansang, mit der selbe⟨n⟩ Unbefange⟨n⟩heit, mit der unter verwandte⟨n⟩ Verhältnisse⟨n⟩ jetzt Mädchen Lieder von Heine singen, in denen er seine Liebe, seine Ironie, seine⟨n⟩ Groll einem Mädche⟨n⟩ ausspricht. [32]

Nietzsche beschreibt die besondere Aura und die geistige Atmosphäre dieser Theognis-Dichtung, die entstanden ist in einem Zeitalter des gesellschaftlich-politischen Umbruchs: Die alte griechische Adelskaste befindet sich im Abwehrkampf gegen Kräfte, die nach Teilhabe an der Gestaltung des Gemeinwesens drängen, wobei sich diese Bestrebungen zeitweilig in der Tyrannis äußern, die ja keineswegs »Gewaltherrschaft«, sondern, wie Jakob Burckhardt formuliert, eine Art »antizipierte Demokratie« ist, in welcher der Tyrann den politischen Willen des Volkes artikuliert und praktisch verwirklicht (vgl. BEN, 88). Es ist auch die Zeit, in der das ungeschriebene Willkürrecht des Adels abgelöst wird durch kodifizierte, allgemeingültige und verbindliche Gesetzeswerke, wie sie zum Beispiel Drakon und Solon schaffen. Es ist schließlich die Zeit, in der neue Formen der Kunst entstehen: In Athen errichtet der Tyrann Peisistratos einen Tempel des Dionysos Eleuthereus mit einer Orchestra für die Chöre der großen dionysischen Kultspiele. Auf diesen Festen singen und tanzen die Spieler des Chores, in Bocksfelle gehüllt, zu Ehren des geheimnisvollen Gottes; langsam erweitern sich Stoff und Darstellungsweise, Mythen und Geschichten werden einbezogen, ein Vorsänger tritt dem Chor als Sprecher gegenüber und beginnt eine Wechselrede mit ihm – das ist die Geburt des »Bocksgesangs«, der Tragödie, des griechischen Dramas. Theognis jedoch hält in dieser Aera des Wechsels unbeirrt fest an der alten aristokratischen Lebensweise und Kunstausübung; er erscheint

> [. . .] als feingebildeter heruntergekomm⟨ener⟩ Junker mit junkerliche⟨n⟩ Passionen, wie sie sein⟨e⟩ Zeit liebte, voll tödliche⟨n⟩ Hass⟨e⟩s gege⟨n⟩ das aufstrebende Volk, herumgeworfen du⟨r⟩ch ein trauriges Geschick, das ihn mannigfach abschleift und milder stimmt, ein Charakterbild jenes alten geistreich⟨e⟩n, etwas verdorbnen und nicht mehr nagelfeste⟨n⟩ Geblütadels, an die Grenze gestellt einer alte⟨n⟩ und einer neu⟨e⟩n Zeit, ein verzerrter Januskopf, da ihm das Vergangn⟨e⟩ so schön und neidenswerth, das Kommende, an und für sich gleich Berechtigte widerlich und abstoßend erscheint, ein typischer Kopf für alle jenen Adelsgestalten, die die Aristokratie vor einer Volksrevolution darstellen, die ihre Sonderrechte für immer bedroht und sie selbst mit gleicher Leid⟨e⟩nschaft für die Existenz ihres Standes als für ihre eigne Existenz kämpfe⟨n⟩ und ringen läßt. [33]

Welches sind nun aber die »junkerlichen Passionen« der Theognis-Zeit? Kampfspiele, Wagenrennen, Jagd, gepflegter Müßiggang und, was den jungen Philologen Nietzsche ganz besonders faszinieren muß, eine weitgehend päderastisch bestimmte Liebeskultur, die gekennzeichnet ist von der Abwesenheit, ja Verachtung alles Weiblichen. Das misogyne Element ist allerdings nicht nur kennzeichnend für die Theognis-Dichtung – es prägt als seltsame »Mischung aus Frauenangst und Frauenhaß« (BOR, 198) die ganze griechische Kultur. Homer schreibt in der Odyssee (XI, 427): »Nichts ist scheußlicher doch, nichts unverschämter auf

Erden als das Weib.« Und Hesiod, der in seiner »Theogonie« den ersten und einzigen Schöpfungsbericht der Griechen liefert, setzt in der Darstellung des Pandora-Mythos das Elend und die Not der Menschheit gleich mit dem Erscheinen der ersten Frau auf der Erde: Pandora wird von dem Schmiedegott Hephaistos auf Befehl des Zeus geschaffen, die anderen Götter verleihen ihr alle erdenklichen Attribute der Schönheit, doch der Göttervater gibt ihr auch ein Tongefäß, in dem sich alle Übel und Krankheiten befinden. Hermes bringt sie zur Erde, um auf diese Weise die Menschen für den Diebstahl des göttlichen Feuers durch Prometheus zu bestrafen. Dessen Bruder Epimetheus läßt sich von dem Liebreiz der Pandora betören und nimmt sie zur Frau. Sie öffnet das Gefäß – und alles Leid kommt über die Menschen. Pandora aber wird zur Stammutter aller Frauen, »so kam das verderbliche Geschlecht der Weiber in die Welt, ein großes Übel für die Männer« (vgl. BOR, 198). Hesiod beschreibt mit starken Worten die negative Wirkung alles Weiblichen auf die männliche Existenz: »In bescheidenes Leben wollen sie sich nicht schicken, alles muß aus dem vollen gehen, und so gleichen sie den Drohnen, die selbst keine Arbeit verrichten und nur die Mühe anderer in ihrem Bauch ernten. . . . Wer also der Ehe entgeht und den schändlichen Werken der Weiber und nicht heiratet, der hält sein Hab und Gut zusammen. Wer aber solch verderbliches Geschöpf zu sich nimmt, dessen Leben ist eine beständige Plage und das Leid ist unerträglich.« (Vgl. BOR, 201) – Verherrlichung der Knabenliebe, Abwertung der Frau – diese Kombination, die (angeblich) das ganze griechische Leben durchzieht, muß bei dem jungen Philologen Nietzsche einen ungewöhnlich starken Reiz auslösen. Er ist »geplagt« von einem Trieb, der in der bürgerlichen Christenwelt geächtet und verboten wird, er ist »bedroht« und »unterdrückt« von Frauen, die ihn ängstigen

– so kann er sich einordnen in die Reihe jener Männer, die auf der Flucht vor einer sie bedrängenden Moral das Land der Griechen (nicht nur) mit der Seele suchen. Und doch ist ihm bewußt, daß in der Welt der griechisch(-römischen) Antike den Frauen oftmals eine hohe Stellung zukommt und ihr Einfluß, ihre Wirkungsmöglichkeiten manchmal viel bedeutender sind als in der neuzeitlich-bürgerlichen Gesellschaft. Der Himmel ist – anders als im Christentum mit seinem ausschließlich »maskulinen« Vatergott – nicht nur von Göttern, sondern *auch* von Göttinnen bevölkert; es werden Frauen vorgestellt, die weissagend, warnend und korrigierend in die politischen Geschäfte der Männer eingreifen und sogar fähig sind, gegen das »männliche« Gesetz zu revoltieren. Schon als Pforta-Schüler versucht Nietzsche, einige dieser »großen« Frauen des Altertums epigrammatisch zu beschreiben:

ANDROMACHE

Hectora cum teneas puerumque, miserissima, caros,
    Deliciae divum et dulce videre manes.
Deliciae maestusque simul, cum tale deorum
    Munus corripiant fata maligna tibi.

(Weil du die Lieben, Hektor und den Jungen, hältst,
bleibst du Ärmste die Freude der Götter und lieblich zu sehen.
Freude und ein trauriger zugleich, weil ein solches Geschenk
der Götter dir das übelwollende Geschick zerstört.)

CASSANDRA

Fata hominis sunt fluxa tibi, Cassandra, beati
Atque favor superum ceu levis umbra fugit.
Si quondam graviora dedit tibi Parca maligna,
Detersa in nihilum mox ut imago redit[1]

[1] (ut Aeschyli verba imiter)

(Das Schicksal des glücklichen Menschen ist dir unbeständig, Kassandra,
und die Gunst der Götter flieht wie ein leichter Schatten.
Wenn dir einst Schwereres die übelwollende Parze gab, –
es geht bald wie ein abgewischtes Bild ins Nichts zurück.)

ANTIGONA

Antigonae quae suasit amans divisque sacrata
Mens, obstante hominis lege peracta feri.
Cum Jove qui stolidus rege est contendere fastus,
Qui sedet aeterno numine cuncta movens!
Fastus factaque vana cadunt humanaque cedunt;
Sed stat in auxilio mens memor usque deûm.

(Was der Antigone der liebende und den Göttern geheiligte Sinn riet,
wurde getan, obgleich das Gesetz des Wilden Mannes dem entgegenstand.
Welch törichter Hochmut, mit König Jupiter zu streiten,
der thront, mit ewigem Willen alles lenkend.
Hochmut und nichtige Taten kommen zu Fall, Menschliches weicht,
aber es besteht dauernd der Sinn, der sich bei der Hilfe der Götter entsinnt.)

LIVIA

Conjux Augusti quae pregnans venit in aedem
Dira cupido novi compulit imperii.
Splendida forma tui devinxit corda mariti
Sed tibi erat feritas mensque scelesta simul.

(Gattin des Augustus, die schwanger ins Haus kam,
es erzwang die unheilvolle Begierde nach neuer Herrschaft.
Die glänzende Schönheit fesselte das Herz deines Gatten.
Aber dir eignete Wildheit und ein verbrecherischer Sinn zugleich.)

CORNELIA

O utinam pictis matrem spectare tabellis
Te possim et natum sidere utrumque simul,
Tamquam dulce decus blandis te cernere ocellis
Qui claro igne micant quique et amore tui.
Felix quae patriae dedit ingenuos et alumnos
Et patriae et natis pectora fida tuis.

(Könnte ich dich doch im Bilde
und beide Söhne zugleich sitzen sehen!
Wie sie, eine schöne Zierde, dich mit schmeichelnden Äuglein sehen,
die vom hellen Feuer strahlen und von Liebe zu dir.
Glücklich, wer dem Vaterland echte Söhne und Ziehsöhne gab.) [34]

Die »Männerwelt« der Antike; und dann so wirkungsmächtige Frauen wie zum Beispiel Kassandra und Antigone – der männlichen Macht widerstehend, wenn auch am Ende unterlegen! Wer sich das Altertum als »männlich«, »kämpferisch«, »unweiblich« denkt, gerät in Widersprüche und

Erklärungszwänge. So auch der kenntnisreiche und subtile Philologe Nietzsche; tief verwickelt in seine Studien zur »Geburt der Tragödie aus dem Geiste der Musik«, befaßt er sich Anfang des Jahres 1871 in mehreren Notizen mit der griechischen Frau und ihrer Rolle und Funktion im antiken Staatswesen:

Die Stellung des Weibes bei den Hellenen war die richtige: aus ihnen erzeugte sich die Ehrfurcht vor der Weisheit des Weibes: Diotima, Pythia, Sibylla, auch Antigone. [35]

Das Weib der Plat⟨onischen⟩ Polit⟨eia⟩. Es ist dies keine Versündigung am heroischen Weibe der Dichtung, ebensowenig das athenische Weib. Stimme der Natur redet aus ihnen, in diesem Sinne weise (Pythia, Diotima). Tacitus. Daß die Stellung der Frau in Griechenland eine unnatürliche gewesen sei, wird schon durch die großen Männer widerlegt, die von ihnen geboren wurden. Das Weib schwer zu verderben: es bleibt sich gleich: Geringfügigkeit des Familienwesens. Der Knabe wurde im Staat erzogen. Die Erziehung der Familie ist ein *Notbehelf*, wenn der Staat schlecht ist und seiner Kulturbestimmung entfremdet. Es ist das Weibische in unsrer Kultur, was die Weltanschauung verzärtelt: die griechischen Männer sind grausam wie die Natur. Die Wahnvorstellungen des Weibes sind andre als die der Männer: je nach dem die einen oder die andren in der Erziehung siegen, hat die Cultur etwas Weibisches oder Männliches. Die Bruderliebe der Antigone. – Für den Staat das Weib die *Nacht*: und genauer der *Schlaf*: der Mann das *Wachen*. Es thut scheinbar nichts, es ist immer gleich, ein Rückfall zur heilenden Natur. In ihm träumt die zukünftige Generation. Warum ist die Kultur nicht weibisch geworden? Trotz der Helena, trotz Dionysus.

Richtige Stellung des Weibes: Zerreißung der Familie. Ist

nicht der Mann schlimmer daran mit den schrecklichen Anforderungen, die der Staat an ihn macht? Das Weib hat zu gebären und ist deshalb zum besten Berufe des Menschen da, als Pflanze zu leben, [. . .] Sie arbeiten nicht, die Drohnen nach Hesiod. [36]

Das Weib.
Das Orakel. [37]

Damit das Weib den Staat ergänzt, muß sie das Ahnungsvermögen haben. Im höchsten Sinn Pythia; wo sonst bei Männern dies Vermögen auftritt, da ist es ein Zeichen des »Einzelnen«. Der blinde Tiresias als Seher, Pythagoras Lykurg als Symbole, ursprünglich wohl apollinische Geburten. Ausdruck, daß man dies fühlt: man baut Heiligthümer für Sophocles (als Heil-Genius).

Die Einzelnen sollen die Mütter einer neuen Generation von Einzelnen sein. [38]

Das Weib als Quelle des Übels, der troische Krieg usw. [39]

Das *deutsche* Weib vermochte den Staat zu ergänzen: siehe Tacitus. Während es jetzt die geputzte *Sklavin* des Staatsbegriffes ist. Vergleich mit der Hetäre des Alterthums. [40]

[. . .] Freilich giebt es eine Seite in der platonischen Auffassung des Weibes, die in schroffem Gegensatze zur hellenischen Sitte stand: Plato giebt dem Weibe völlige Theilnahme an den Rechten, Kenntnissen und Pflichten der Männer und betrachtet das Weib nur als das schwächere Geschlecht, das es in allem nicht gerade weit bringen werde: ohne ihm doch deshalb das Anrecht auf jenes Alles streitig zu machen. Dieser fremdartigen Anschauung haben wir nicht mehr Werth beizulegen als der Vertreibung des

Künstlers aus dem Idealstaate: es sind dies kühn verzeichnete Nebenlinien, gleichsam Abirrungen der sonst so sichren Hand und des so ruhig betrachtenden Auges, das sich mitunter einmal, im Hinblick auf den verstorbenen Meister, unmuthsvoll trübt: in dieser Stimmung übertreibt er die Paradoxien desselben und thut sich ein Genüge, seine Lehren recht excentrisch, bis zur Tollkühnheit, im Überfluß seiner Liebe, zu steigern. Das Innerste aber, was Plato als Grieche über die Stellung des Weibes zum Staat sagen konnte, war die Forderung, daß im vollkommnen Staate die *Familie aufhören* müsse. Sehen wir jetzt davon ab wie er, um diese Forderung rein durchzuführen, selbst die Ehe aufhob und an deren Stelle feierliche von Staats wegen angeordnete Vermählungen zwischen den tapfersten Männern und den edelsten Frauen setzte, zur Erzielung eines schönen Nachwuchses. In jenem Hauptsatze aber hat er eine wichtige Vorbereitungsmaßregel des hellenischen Willens zur Erzeugung des Genius auf das deutlichste – ja zu deutlich, beleidigend deutlich – bezeichnet. Aber auch in der Sitte des hellenischen Volks war das Anrecht der Familie auf Mann und Kind auf das geringste Maaß beschränkt: der Mann lebte im Staate, das Kind wuchs für den Staat und an der Hand des Staates. Der griechische Wille sorgte dafür, daß nicht in der Abgeschiedenheit eines engen Kreises sich das Kulturbedürfniß zu befriedigen wußte. Vom Staate hatte der Einzelne alles zu empfangen, um ihm alles wiederzugeben. Das Weib bedeutet demnach für den Staat, was der *Schlaf* für den Menschen. In seinem Wesen liegt die heilende Kraft, die das Verbrauchte wieder ersetzt, die wohlthätige Ruhe, in der sich alles Maßlose begrenzt, das ewig Gleiche, an dem sich das Ausschreitende, Überschüssige reguliert. In ihm träumt die zukünftige Generation. Das Weib ist mit der Natur näher verwandt als der Mann und bleibt sich in allem Wesentlichen gleich. Die Kultur ist hier immer etwas Äußerliches, den der Natur ewig getreuen Kern nicht Berührendes, deshalb durfte die Kultur des Weibes dem Athener als etwas gleichgültiges, ja – wenn man sie nur sich vergegenwärtigen wollte, als etwas Lächerliches erscheinen. Wer daraus sofort die Stellung des Weibes bei den Griechen als unwürdig und allzu hart zu erschließen sich gedrungen fühlt, der soll nur ja nicht die »Gebildetheit« des modernen Weibes und deren Ansprüche zur Richtschnur nehmen, gegen welche es einmal genügt, auf die olympischen Frauen sammt Penelope Antigone Elektra hinzuweisen. Freilich sind dies Idealgestalten: aber wer möchte aus der jetzigen Welt solche Ideale erschaffen können? – Sodann ist doch zu erwägen, *was für Söhne* diese Weiber geboren haben und was für Weiber es gewesen sein müssen, um solche Söhne zu gebären! – Das hellenische Weib, als *Mutter*, mußte im Dunkel leben, weil der politische Trieb, samt seinen höchsten Zwecken, es forderte. Es *mußte* wie eine Pflanze vegetieren, im engen Kreise, [...] Wiederum mußte es, in der neueren Zeit, bei der völligen Zerrüttung der Staatstendenz, als Helferin eintreten: die Familie als Nothbehelf für den Staat, ist sein Werk: und in diesem Sinne mußte sich auch das *Kunst*ziel des Staates zu dem einer *häuslichen* Kunst erniedrigen. Daher ist es gekommen, daß die Liebesleidenschaft, als das einzige dem Weibe völlig zugängliche Bereich, allmählich unsre Kunst bis ins Innerste bestimmt hat. Insgleichen, daß die Erziehung des Hauses sich gleichsam als die einzig natürliche geberdet und die des Staates nur als einen fragwürdigen Eingriff in ihre Rechte duldet: dies alles mit Recht, soweit eben vom modernen Staat dabei die Rede ist. – Das Wesen des Weibes bleibt sich dabei gleich, aber ihre *Macht* ist je nach der Stellung des Staates zu ihnen eine verschiedene. Sie haben auch wirklich die Kraft, die Lücken des Staates einigermaßen zu compensieren – immer ihrem Wesen getreu, das ich mit dem Schlaf verglichen habe. Im griechischen Alterthum nahmen sie die Stellung ein, die ihnen der höchste Staatswille zuwies: darum sind sie verherrlicht worden wie niemals wieder. Die Göttinnen der griechischen Mythologie sind ihre Spiegelbilder: die Pythia und die Sibylle, ebenso wie die sokratische Diotima sind die Priesterinnen, aus denen göttliche Weisheit redet. [. . .] Das Weib fühlte sich dem Staate gegenüber in der richtigen Stellung: darum hatte es mehr *Würde*, als je wieder das Weib gehabt hat. Plato, der durch Aufhebung der Familie und der Ehe jene Stellung des Weibes noch verschärft, empfindet jetzt so viel *Ehrfurcht* vor ihnen, daß er wunderbarer Weise verführt wird, durch nachträgliche Erklärung ihrer Gleichstellung mit den Männern ihre ihnen zukommende Rangordnung wieder aufzuheben: der höchste Triumph des antiken Weibes, auch den Weisesten verführt zu haben! –

So lange der Staat noch in einem embryonischen Zustande ist, überwiegt das Weib als *Mutter* und bestimmt den Grad und die Erscheinungen der Kultur: in gleicher Weise wie das Weib den zerrütteten Staat zu ergänzen bestimmt ist. Was Tacitus von den deutschen Frauen sagt inesse quin etiam sanctum aliquid et providum putant nec aut consilia earum aspernantur aut responsa neglegunt, das gilt überhaupt bei allen noch nicht zum wirklichen Staat gekommenen Völkern. Man fühlt in solchen Zuständen nur stärker, was immer wieder in jeder Zeit sich einmal bemerkbar macht, daß die Instinkte des Weibes als die Schutzwehr der zukünftigen Generation unbezwinglich sind und daß in diesen die Natur, in ihrer Sorge für die Erhaltung des Geschlechts, vornehmlich redet. Wie weit diese ahnende Kraft reicht, wird, wie es scheint, durch die größere oder geringere Consolidation des Staates bestimmt: in ungeordneten und mehr willkürlichen Zuständen, wo die Laune oder die

Leidenschaft des einzelnen Mannes ganze Stämme mit sich fortreißt, tritt das Weib dann plötzlich als warnende Prophetin auf. Aber auch in Griechenland gab es eine nie schlummernde Sorge: daß nämlich der furchtbar überladene politische Trieb die kleinen Staatswesen in Staub und Atome zersplittere, bevor sie ihre Ziele irgendwie erreichten. Hier schuf sich der hellenische Wille immer neue Werkzeuge, aus denen er schlichtend, mäßigend und warnend redete: vor allem aber ist es die *Pythia*, in der sich die Kraft des Weibes, den Staat zu compensieren, so laut wie nie wieder offenbarte. Daß ein so in kleine Stämme und Stadtgemeinden zerspaltenes Volk doch im tiefsten Grunde *ganz* war und in der Zerspaltung nur die Aufgabe seiner Natur löste, dafür bürgt jene wunderbare Erscheinung der Pythia und des delphischen Orakels: denn immer, so lange das griechische Wesen noch seine großen Kunstwerke schuf, sprach es aus *einem* Munde und als *eine* Pythia. [41]

Wird hier ein zutreffendes, den historischen Realitäten nahekommendes Bild von der Stellung der griechischen Frau entworfen – oder trüben subjektiv bedingte Vorurteile, Wunschträume und Phantasien den Blick des klugen Philologen Nietzsche? Wie kann er den großen Widerspruch lösen, der darin liegt, daß in der als »männlich« vorgestellten Welt der Griechen dem weiblichen Element (umschrieben mit den Namen Penelope, Antigone, Elektra, Diotima, Sibylla, Pythia) eine nicht unerhebliche, vielfach sogar schicksalsentscheidende Bedeutung für das Leben der Gemeinschaft zukommt? Er konstruiert einen hellenischen Staat, in welchem die Frau von allen öffentlichen Angelegenheiten ausgeschlossen bleibt. Sie muß im Verborgenen leben; sie ist, aufgrund ihrer besonderen Charaktereigenschaften, untüchtig zur Politik – die Geschäfte der Polis bleiben stets den Männern vorbehalten. Sogar in der Familie sind ihre Aufgaben beschränkt; selbst die Erziehung der Söhne (– Töchter geraten nicht ins Blickfeld –) ist eine Gemeinschaftsaufgabe des Staates – wie es überhaupt, im Gegensatz zur neuzeitlich-bürgerlichen Gesellschaft, ein spezifisch »griechisches« Merkmal ist, den öffentlich-»männlichen« Bereich gegenüber der privaten, »weiblich« dominierten Sphäre entschieden aufzuwerten und zu fördern. Nun aber gewinnt die griechische Frau (hier liegt die reizvolle, wenn auch fragwürdige Pointe in der Gedankenführung Nietzsches) ihre hohe Stellung, ihre Würde, ihren strahlenden Glanz gerade dadurch, daß ihr alle politische Wirkung und alle Arbeit in der Gemeinschaft entzogen wird – diese gesellschaftliche Machtlosigkeit und Abwesenheit befähigt sie nämlich zu ihrer einzigen, jedoch großen und wichtigen Aufgabe: Sie kann, gleichsam von außen, den Staat ergänzen, »kompensieren«; sie übt auf diese Weise zwar keine Kulturfunktionen aus, wohl aber hat sie wichtige Erneuerungs- und Rekreationspflichten. Sie ist der »Schlaf des Staates« (– eine Metapher, in die sich Nietzsche verliebt zu haben scheint): Wie sich alle Lebewesen im Schlaf erholen und erneuern, so regeneriert sich in der Frau die griechische Polis. Dieser Bestimmung wird das hellenische Weib in zweierlei Gestalt gerecht: Einmal als »Mutter«, als Gebärerin, die dem Staate immer neuen, kräftigen Nachwuchs zur Verfügung stellt, zum anderen als Seherin, Prophetin, die von einem Punkte jenseits der Gesellschaft warnend und korrigierend eingreift, wenn die Männer das schwankende Staatsschiff in gefährliche Gewässer gleiten lassen.

Gelingt es dem hohen griechischen Geist also, die Geschlechterspannung dadurch zu lösen, daß er das Weibliche aus der Gesellschaft verbannt und zur Expatriierung freigibt – in die Geburtskammer oder in die wabernden Dämpfe des Orakels? Und vollbringt er damit eine Leistung, die mustergültig, maßgebend und nachahmenswert ist? Nietzsche jedenfalls ist nicht nur fest überzeugt von der »Wahrheit« seiner kulturgeschichtlichen Konstruktion, er stellt das von ihm zusammengedachte griechische Modell, in kritischer Absicht, der eigenen Zeit als vorbildhaft vor Augen: Wenn die modernen Frauen Anteil nehmen wollen am politischen Geschehen, wenn sie gesellschaftlich-»männliche« Macht begehren, dann werden sie zu »geputzten Sklavinnen des Staatsbegriffs«, dann verlieren sie all ihren geheimnisvollen Glanz, ihre schöne »griechische« Aura. Aber geht es Nietzsche wirklich um das rechte, würdige Leben der Frauen? Er ist vor ihnen auf der Flucht – aus dieser seelischen Disposition erscheint ihm gerade der hellenische Staat kostbar und groß, denn aus ihm ist alles Weibliche (angeblich) verschwunden und in eine Stellung jenseits der Gesellschaft gebracht. Die neuzeitlich-bürgerlichen Staatsgebilde mit ihren Gleichberechtigungstendenzen müssen hingegen ein Unbehagen erzeugendes Ärgernis, ein Skandalon sein. Wehmütig und von Nostalgie ergriffen blickt er, auch später noch, immer wieder auf die griechische Antike, denn sie ist für ihn

Eine Cultur der Männer. – Die griechische Cultur der classischen Zeit ist eine Cultur der Männer. Was die Frauen anlangt, so sagt Perikles in der Grabrede Alles mit den Worten: sie seien am besten, wenn unter Männern so wenig als möglich von ihnen gesprochen werde. – Die erotische Beziehung der Männer zu den Jünglingen war in einem, unserem Verständniss unzugänglichen Grade die nothwendige, einzige Voraussetzung aller männlichen Erziehung (ungefähr wie lange Zeit alle höhere Erziehung der Frauen bei uns erst durch die Liebschaft und Ehe herbeigeführt wurde), aller Idealismus der Kraft der griechischen Natur warf sich auf jenes Verhältniss, und wahrscheinlich sind junge Leute niemals wieder so aufmerksam, so liebevoll, so durchaus in Hinsicht auf ihr Bestes (virtus) behandelt worden, wie im sechsten und fünften Jahrhundert, – also gemäss dem schönen Spruche Hölderlin's »denn liebend giebt der Sterbliche vom Besten«. Je höher dieses Verhältniss genommen wurde, um so tiefer sank der Verkehr mit der Frau: der Gesichtspunct der Kindererzeugung und der Wollust – Nichts weiter kam hier in Betracht; es gab keinen geistigen Verkehr, nicht einmal eine eigentliche Liebschaft. Erwägt man ferner, dass sie selbst vom Wettkampfe und Schauspiele jeder Art ausgeschlossen waren, so bleiben nur die religiösen Culte als einzige höhere Unterhaltung der Weiber. – Wenn man nun allerdings in der Tragödie Elektra und Antigone vorführte, so *ertrug* man diess eben in der Kunst, obschon man es im Leben nicht mochte: so wie wir jetzt alles Pathetische im *Leben* nicht vertragen, aber in der Kunst gern sehen. – Die Weiber hatten weiter keine Aufgabe, als schöne, machtvolle Leiber hervorzubringen, in denen der Charakter des Vaters möglichst ungebrochen weiter lebte, und damit der überhand nehmenden Nervenüberreizung einer so hochentwickelten Cultur entgegenzuwirken. Dies hielt die griechische Cultur verhältnissmässig so lange jung; denn in den griechischen Müttern kehrte immer wieder der griechische Genius zur Natur zurück. [42]

Hier sind nun alle Themen und Motive versammelt, die einem päderastisch bewegten Mann das griechische Leben und die griechische Sitte so lieb und teuer, so ergreifend schön erscheinen lassen: Die Frau ist verschwunden; sie gerät ins Blickfeld nur noch als Kunstfigur im Schauspiel, auf der Bühne. Sie ist in ihre Häuslichkeit verbannt – ihr bleibt nur noch der Zeitvertreib, die dumpfen religiösen Gefühle und Instinkte zu kultivieren. Gelegentlich ist sie dann noch das Objekt niederer männlicher Triebabfuhr.

Unentbehrlich bleibt sie aber als Mutter, als Gebärerin: sie produziert die herrlichen Knaben, die ihrem Einfluß allerdings schon bald entzogen und in die liebevolle Obhut jener Pädagogen genommen werden, die den Eros als bildungs- und weisheitsfördernde Kraft verehren. Die griechische Polis als homoerotisch fundierter Männerstaat – das mag für einen gleichgeschlechtlich liebenden Mann vielleicht auch heute noch eine entlastende Projektion, eine rückwärtsgewandte, gesellschaftlich folgenlose Privatutopie sein, mitunter entstanden aus einem etwas zwanghaften Rechtfertigungstrieb. Als praktisch-politisches Gegenmodell jedoch zum demokratisch verfaßten Staat, in dem Frauen und Männer zumindest tendenziell die gleichen Rechte haben, kann diese Konstruktion politische Entwicklungen auslösen und befördern, die in der Katastrophe enden: Sind zum Beispiel schon die Staats- und Gemeinschaftsauffassungen jugendbewegter Männerbünde unseres Jahrhunderts geprägt von Nietzsches griechischer Gesellschaftslehre, und werden auch die Phantasien des Kreises um Stefan George von diesen Gedanken beflügelt, so kann im Jahre 1933 Alfred Baeumler, der es vom subtilen Philosophie-Dozenten zum Propagandisten im Amte Rosenberg gebracht hat, die Nietzsche-Rezeption zu einem Höhepunkte führen; nachdem er das Agon, also den Kampf und den Krieg, als männlichen Daseinsmodus schwärmerisch beschrieben hat, wirft er mit Nietzsches Augen auch einen Blick auf die zukünftige Geschlechterordnung: »Das männliche Zeitalter, das Zeitalter der Arbeiter und Soldaten, das von Nietzsche vorausgesagt wurde, ist im Anbrechen. Jede Kultur bestimmt das Verhältnis zwischen Mann und Weib neu und auf ihre Weise. Die Stelle, die der Mann in dem kommenden Zeitalter einnehmen wird, ist sichtbar geworden, die des Weibes noch nicht. Auch das Weib wird seine Stelle im neuen Zusammenhang finden. Man lese, was

Nietzsche über das griechische Weib gesagt hat.« (BAE, 293) Die neue Stellung des Weibes im schrecklich pervertierten Geiste Nietzsches: mutterkreuzbehängte Gebärmaschine, Gaskammer-Füllmaterial, Blitzmädel, Trümmerfrau und Kriegerwitwe.

Griechische Träume, deutschmännlich zu Ende geführt.

III. MANN UND WEIB: DIONYSOS

Nietzsches schöne Griechenwelt – ein Phantasieprodukt, entstanden aus dem Drang, einer als häßlich und bedrückend empfundenen Wirklichkeit zu entkommen. Sein Studium der klassischen Philologie ist auf diese Weise nicht eigentlich das nüchterne Erlernen eines akademischen Handwerks zum Zwecke späterer Berufsausübung; es ist weit eher ein »existentieller« Flucht- und Rettungsversuch, eine Möglichkeit, die Kindheit und die einengende Moral der Naumburger Muttersphäre zu vergessen (mindestens doch: zu verdrängen) und eine neue Lebensphilosophie, eine freiere, der eigenen Persönlichkeit und Triebkonstitution angemessene »männliche« Welt- und Lebenshaltung zu entwickeln. Je höher aber die Erwartungen gespannt sind, desto größer müssen angesichts des platten deutschen Universitätsbetriebs die Frustrationen und Enttäuschungen sein – Nietzsche erkennt sehr bald, daß seine idealischen Ansprüche in der Realität nicht zu befriedigen sind und sein innerster Impuls (wieder einmal) verdeckt und verschwiegen werden muß, auch wenn die äußere Karriere glänzend ist und er sich schließlich als Professor der Altphilologie in Basel installiert sieht, gefördert von seinem Lehrer Ritschl, bejubelt von den Naumburger Angehörigen. Die Aura der platonischen Akademie ist aber nirgends zu verspüren. Schon gleich am Anfang des Studiums findet sich Nietzsche wieder in der bierseligen Männerbündelei der Burschenschaft Franconia, deren erotischer Verhaltenskodex darin besteht, den zu Festlichkeiten angeforderten Couleur-Damen aus bourgeoisem Milieu die Jungfernschaft zu belassen, um andererseits den Mannestrieb um so kräftiger im niederen Bereich der Prostitution auszuleben. Zunächst gibt er sich überzeugt: »Wer als Studirender seine Zeit und sein Volk kennen lernen will, muß Farbenstudent werden; die Verbindungen und ihre Richtungen stellen meist den Typus der nächsten Generation von Männern möglichst scharf dar.« (KSB 2, 54) Aber bereits vier Monate später schreibt er dem Freund Raimund Granier: »Die ›Gemüthlichkeit‹ dieser Art ist mir in der Erinnerung unerträglich; die politische Gesinnung war in einzelnen Köpfen, Corporationsgefühl war das Entsprechende bei den Meisten, die eben in Saufen, Pauken und Renommiren die schöne Jugendzeit zu genießen glaubten. Über die sittlichen Zustände schreibe ich nichts näheres, sie waren traurig genug.« (KSB 2, 83) Nietzsche hinterläßt, als Beitrag für die Bierzeitung, ein »großes« dichterisches Werk:

DIE FRANKONEN IM HIMMEL

Skizzen zu einer Zauberposse
mit patriotischer Schlußwendung

Scene 1.

Siebenundsiebzig Jungfraun treten auf mit weißen Kleidern und gelben Schürzen, worauf als Motto mit großen saftigen Lettern gedruckt ist »Sittlichkeitsprincip«. Jede hat hinten einen Bindfaden, an dem sie einen Frankonen empor zieht.

Chor der siebenundsiebz⟨ig⟩ Frankonen

Das ewig Weibliche
Zieht uns hinan;
Die gelben Schürzen
Zeigen die Bahn.

Scene 2.

Am Himmelsthor. Petrus erscheint als Pförtner in Begleitung einiger Knaben. Er nimmt eine Wage und wägt jeden Frankonen. Und sie wurden alle sehr schwer erfunden. Denn sie hatten alle schwer geladen. Dann wog er auch die Jungfraun, und er fand dasselbe. Er öffnete darauf das Himmelsthor und sang:

Ihr könnt jetzt in den Himmel ziehn,
Doch merkt es nur auf Ehrentermin,
'Nen Monat will ich mi⟨c⟩h gedulden,
Dann zahlet eure Schulden,
Und könnt ihr mir nicht zahlen,
Soll euch der Mühler mahlen! – [43]

Die Frankonen können ihre Versprechungen nicht einlösen; sie werden aus dem Himmel entfernt:

Sechste Scene.

Es ist Mitternacht. Man hört plötzlich ein homerisches Gelächter, und siebenundsiebzig vermummte Gestalten werden zum Tempel herausgeworfen. Die Tempelritter schließen den Zug.

Siebente Scene.

Man sieht die Sonne weiß roth golden aufgehen. Im Hintergrunde lagern die Jungfraun auf den Fragmenten ihrer Jungfraunschaft. Vorn schlafen die Siebenundsiebzig Schläfer und träum⟨en⟩ gol⟨dene⟩ Tr⟨äume⟩. Man sieht geschwänzte Tiere über die Bühne schleichen.

Darauf tritt der Staatsminister v⟨on⟩ Mühler auf verkleidet als Macbeth und will den unschuldigen Schlaf morden.

Eine Jungfrau stöhnt im Traum:
»Die Pferde wittern Morgenluft.«
Chor der Siebenundsiebzig stammelt:
»Mühler, mir graut vor dir!«
Mühler stößt in die Posaune:
»Sie sind vernichtet!«
Stimme aus der Höhe:
»Er ist gerichtet! Amen.« [44]

Ein alberner, geschmackloser, schmierig-schwüler Scherztext, geprägt von einer etwas zwanghaft herbeigeschriebenen Frivolität; er macht aber deutlich, in welchem Geiste die Frankonen ihre jungmännliche Sexualität zu bewältigen hoffen und wie sie dabei die Rolle ihrer weiblichen Triebobjekte definieren und bewerten. Wenn Nietzsche zu Beginn seiner Zauberposse eine Schar von Jungfrauen als Bannerträgerinnen des »Sittlichkeitsprinzips« auftreten läßt, so spielt er an auf die strengen traditionellen Keuschheitsregeln der Burschenschaften, um die gerade während seiner Zeit in der Verbindung ein heftiger Streit entbrannt ist; es geht um die »Liberalisierung« dieses auf nichts als Heuchelei gegründeten Enthaltsamkeitsgesetzes, wobei die Bonner Frankonen eine entschieden »konservative« Haltung einnehmen – was ihnen leichtfallen muß, denn sie haben eine angenehme Art der Triebregulierung gefunden: die Fahrt in die dunklen Bordellquartiere des benachbarten »heiligen« Köln. Muß sich der Neuling Nietzsche nicht irgendwann gezwungen sehen, auch in diesem heiklen Bereich dem Gruppengeist einen angemessenen Tribut zu zollen? Paul Deussen berichtet: »Nietzsche war eines Tages, im Februar 1865, allein nach Köln gefahren, hatte sich dort von einem Dienstmann zu den Sehenswürdigkeiten geleiten lassen und forderte diesen zuletzt auf, ihn in ein Restaurant zu führen. Dieser aber bringt ihn in ein übelberüchtigtes Haus. ›Ich sah mich‹, so erzählte mir Nietzsche am anderen Tage, ›plötzlich umgeben von einem halben Dutzend Erscheinungen in Flitter und Gaze, die mich erwartungsvoll ansahen. Sprachlos stand ich eine Weile. Dann ging ich instinktmäßig auf ein Klavier als auf das einzige seelenhafte Wesen in der Gesellschaft los und schlug einige Akkorde an. Sie lösten meine Erstarrung und ich gewann das Freie.‹« (DEU, 24) Der kupplerische Dienstmann ist wohl eine Erfindung – schließlich kannte Nietzsche die Stadt Köln und ihre Sehenswürdigkeiten schon recht gut, wie ein Brief an die Tante Rosalie (KSB 2, 37) deutlich belegt. Nietzsche will den Verdacht zerstreuen, ganz bewußt und vorsätzlich, auf den Pfaden seiner Bundesbrüder wandelnd, das Bordell-Experiment unternommen zu haben – glaubwürdig allerdings scheint der Bericht von dessen Scheitern zu sein; er spiegelt das Erschrecken wider vor dem plötzlichen Erscheinen einer Welt, in der sich weibliche Sexualität ganz offen zeigt und, schlimmer noch, käuflich erworben werden kann, nicht in der Form des hohen »griechischen« Hetärenwesens, sondern auf niedrigster, primitivster Stufe. Deutlich wird auch Nietzsches Angst, von dieser bedrohlich auf das Sexuelle reduzierten Weiblichkeit überwältigt und mit einer »Wahrheit« konfrontiert zu werden, die er sich selbst nicht gerne eingesteht und die vor anderen Menschen immer wieder verschwiegen und verdeckt werden muß: nämlich der tiefen Unlust und Abneigung davor, den erotischen Wünschen und Begierden des anderen Geschlechts auf irgendeine Weise entgegenkommen und genügen zu müssen. Ganz folgerichtig ist die Fluchtreaktion an das Klavier – in die Musik, die »reine« Sphäre des Wohlklangs, in die schöne Scheinwelt der Kunst, die Rettung verheißt und Schutz zu bieten scheint vor der angsterzeugenden Realität einer als negativ-»seelenlos«

empfundenen (weiblichen) Sexualität. – Paul Deussen schließt seinen Bericht über die Bordell-Konfessionen des Freundes mit einigen allgemeinen, höchst aufschlußreichen Bemerkungen ab: »Nach diesem und allem, was ich von Nietzsche weiß, möchte ich glauben, daß auf ihn die Worte Anwendung finden, welche Steinhardt in einer lateinischen Biographie des Platons uns diktierte: mulierem numquam attigit. Eine solche Tatsache, wenn festgestellt, dürfte bei der Beurteilung dessen, was Nietzsche über die Weiber sagt, nicht außer Augen zu lassen sein. Übrigens war es nie seine Absicht, unverheiratet zu bleiben; die Frau schien nach seiner Auffassung in der Bedienung und Pflege des Mannes aufgehen zu sollen, und schon in Pforta pflegte er halb im Scherze zu sagen: ich werde wohl für mich allein drei Frauen verbrauchen.« (DEU, a. a. O.) Deussen ahnt, daß Nietzsches Reflexionen über das Wesen und Wirken der Frau nicht als Ergebnis eines theoretischen, »wissenschaftlich«-logischen Erkenntnisprozesses zu begreifen sind, sondern viel eher verstanden werden müssen als Ausdruck einer tiefen persönlichen Irritation, eines ungelösten Lebenskonflikts. Er sieht auch deutlich, in welcher Funktion das Weibliche für Nietzsche einzig noch erträglich ist – nämlich als Versorgungsinstanz ohne eigenen Eros, ohne Seele und Person, nach Abnutzung durch einen anderen, tüchtigeren Mechanismus zu ersetzen. Fraglich ist jedoch Deussens Bild vom lebenslang »unberührten« Schul- und Jugendfreund. Nietzsche wird, so vermuten viele Biographen, in Leipzig, seinem zweiten Studienort, das Kölner Experiment wiederholen, vielleicht unter dem von außen vermittelten Zwang zu einer gewaltsam-brachialen Triebkorrektur, allerdings (so die Vermutung) mit dem schrecklichen Ergebnis einer syphilitischen Ansteckung, die am Ende den Wahnsinn bewirkt. Der schnelle Wechsel von Bonn nach Leipzig – Nietzsche beschreibt ihn selbst als eine Flucht:

Ich gieng von Bonn weg wie ein Flüchtling. Als mich um Mitternacht Freund Mushacke an das Ufer des Rheins begleitete, wo wir auf das von Köln kommende Dampfschiff warteten, da war nichts von wehmüthigen Empfindungen in mir, eine⟨n⟩ so schönen Ort und ein so blühendes Land verlassen zu müssen, abzuscheiden von einer Schaar jugendlicher Genossen. Vielmehr waren es gerade die letzteren, die mich fortscheuchten. Ich will nachträglich den guten Leuten nicht noch ungerecht sein, wie ich es früher öfter war. Aber meine Natur fand unter ihnen kein Genüge; ich selbst war noch viel zu scheu in mich versteckt und hatte nicht die Kraft unter dem dortigen Treiben eine Rolle zu spielen. Alles war mir aufgenöthigt, und ich verstand nicht Herr zu sein über das, was mich umgab. In der ersten Zeit war mein Bemühen gewesen mich in die Formen zu finden und das zu werden, was man einen flotten Studenten nennt. Da mir dies aber immer mehr mißlang, da der Hauch von Poesie, der auf allem diesen Treiben zu ruhen scheint, für mich verflogen war und die rohe philistrose Gesinnung mitten aus jenem Übermaß von Trinken Lärmen und Schuldenmachen hervorsprang, da begann es leise in mir zu rumoren; immer lieber entzog ich mich jenen hohlen Vergnügungen, um stille Naturgenüsse oder gemeinsame Kunststudien aufzusuchen, immer fremder fühlte ich mich in diesen Kreisen, denen zu entgehen doch nicht möglich war. Dazu meldeten sich andauernde rheumatische Schmerzen, nicht minder drückte das Gefühl nichts für die Wissenschaft und wenig fürs Leben, doch reichliche Schulden gewonnen zu haben. Das alles gab mir die Empfindung eines Flüchtlings, als ich in der feuchten regnerischen Nacht an Bord des Dampfschiffes stand und die wenigen Lichter langsam verschwinden sah, die Bonn am Ufer bezeichneten [. . .] Ich hieng damals gerade mit einigen schmerzlichen Erfahrungen ohne Beihülfe einsam in der Luft, ohne Grundsätze, ohne Hoffnungen und ohne eine freundliche Erinnerung. Mir ein eignes anpassendes Leben zu zimmern war mein Bestreben von früh bis Abend; dazu brach ich die letzte der Stützen ab, die mich an meine Bonner Vergangenheit fesselte; ich zerriß das Band zwischen mir und jener Verbindung. [. . .] Nun vergegenwärtige man sich, wie in solchem Zustande die Lektüre von Schopenhauers Hauptwerk wirken mußte. Eines Tages fand ich nämlich im Antiquariat des alten Rhon dies Buch, nahm es als mir völlig fremd in die Hand und blätterte. Ich weiß nicht welcher Dämon mir zuflüsterte: »Nimm Dir dies Buch mit nach Hause« Es geschah jedenfalls wider meine sonstige Gewohnheit, Büchereinkäufe nicht zu überschleunigen. Zu Hause warf ich mich mit dem erworbenen Schatze in die Sophaecke und begann jenen energischen düsteren Genius auf mich wirken zu lassen. Hier war jede Zeile, die Entsagung, Verneinung, Resignation schrie, hier sah ich einen Spiegel, in dem ich Welt Leben und eigen Gemüth in entsetzlicher Großartigkeit erblickte. Hier sah mich das volle interesselose Sonnenauge der Kunst an, hier sah ich Krankheit und Heilung, Verbannung und Zufluchtsort, Hölle und Himmel. Das Bedürfniß nach Selbsterkenntniß, ja Selbstzernagung packte mich gewaltsam; Zeugen jenes Umschwunges sind mir noch jetzt die unruhigen, schwermüthigen Tagebuchblätter jener Zeit mit ihren nutzlosen Selbstanklagen und ihrem verzweifelten Aufschauen zur Heiligung und Umgestaltung des ganzen Menschenkerns. Indem ich alle meine Eigenschaften und Bestrebungen vor das Forum einer düsteren Selbstverachtung zog, war ich bitter, ungerecht und zügellos in dem gegen mich selbst gerichteten Haß. Auch leibliche Peinigungen fehlten nicht. So zwang ich mich 14 Tage hintereinander immer erst um 2 Uhr Nachts zu Bett zu gehen und es genau um 6 Uhr wieder zu verlassen. Eine nervöse Aufgeregtheit bemächtigte sich meiner und wer weiß bis zu welchem Grade von Thorheit ich vorgeschritten wäre wenn nicht die Lockungen des Lebens, der Eitelkeit und der Zwang zu regelmäßigen Studien dagegen gewirkt hätten. [45]

Von den Umgangs- und Lebensformen der Frankonia-Kameraden fühlt sich Nietzsche bald bedrängt; abstoßend wirken aber nicht nur die alkoholischen Exzesse und das flache Geistesniveau – zunehmend mißfällt ihm wohl auch die Art, in der die Bundesbrüder mit Liebe, Sexualität, Erotik umzugehen pflegen, also jener Bereich der »sittlichen Umstände«, von denen er in seinem Brief an den alten Pforta-Vertrauten Raimund Granier nichts berichten möchte. Soll er sich weiter dem Zwang aussetzen, als »flotter Fuchs« mit mehr oder minder aparten Damen-Bekanntschaften renommieren zu müssen? Und ist es nicht schmerzlich unangenehm, von angeblich an- und aufregenden Freudenhaus-Visiten zu schwärmen, wo doch die eigenen erotischen Phantasien und Wunschvorstellungen in eine gänzlich andere Richtung weisen? Nietzsches Lebensgefühl und die soziale Wirklichkeit der Frankonia-Männerbündelei lassen sich kaum noch zur Deckung bringen – es folgt die äußere Flucht: nach Leipzig. Innerlich aber flieht er vor den quälenden und belastenden Ansprüchen der Umwelt in die Betrachtung der Natur, vor allem aber in den Kunstgenuß. Auf diesem Wege begegnet er einer großen Gestalt, die in dem, was sie gedacht und niedergeschrieben hat, gleichfalls eine eindrucksvolle und grandiose Fluchtbewegung vollzieht: Arthur Schopenhauer mit seinem Werk »Die Welt als Wille und Vorstellung«. Ein äußerst folgenreiches Zusammentreffen und keineswegs nur das periphere Leseerlebnis eines vom Pessimismus angehauchten, melancholisch-depressiven Jünglings – Nietzsches spätere Philosophie ist ja in weiten Teilen eine Paraphrase, dann aber auch eine Kritik und »Umwendung« (man könnte auch sagen: »Umwertung«) der Lehre Schopenhauers. Was muß den nach einer neuen Daseinsgrundlage suchenden Studenten an dem Welterklärungsmodell des einsamen, eigenbrötlerischen Privatgelehrten so reizen und verwirren, daß diese Lektüre ein gleichsam religiöses Bekehrungserlebnis bewirkt und die Psyche fast neurotisiert? Sind es die langwierigen, diffizilen Erörterungen über Kant und das Ding an sich? Sind es die ausführlichen Reflexionen zum Satz vom Grunde? Oder ist es die eher lebenspraktisch anwendbare Entdeckung, daß die Willensmetaphysik Schopenhauers auch eine (allerdings desillusionierende) Erklärung der Geschlechterbeziehung gibt und dem Wert oder Unwert von Liebe, Fortpflanzung und Ehe nachzuspüren versucht? Wenn es darum geht, dem Wesen aller Dinge nahezukommen und zu erklären, was die Welt in ihrem Innersten zusammenhält, so liegt für Schopenhauer der Schlüssel zur Daseinserhellung nicht jenseits des Menschen, sondern in ihm selbst – in seiner Leiblichkeit. Das Individuum erfährt sich aber nicht als »totes« Objekt unter Objekten im Kausalzusammenhang der verschiedensten Erscheinungen; dem einzelnen ist dieser Leib vielmehr »lebendig« gegeben in dem, was man als »Wille« bezeichnet. Die Aktionen des Leibes sind stets Willenshandlungen; wenn der Mensch agiert, bringt er nur objektivierte, d. h. in die Anschauung getretene Akte eines zum Leben, zur Daseinserhaltung drängenden Willens hervor – diese Erkenntnis kann ihn bewahren vor den großen Selbsttäuschungen, die ihm alle bisherige Philosophie nahegelegt hat; Vernunft, Bewußtsein, Denken, Urteilskraft sind nur Oberflächenphänomene, in denen sich eine tiefere, alles bestimmende und den Intellekt regierende Kraft zum Ausdruck bringt: nämlich der vor- und unbewußte, letztlich unerklärbare Wille zum Leben, der sich am stärksten äußert in dem, was als Fortpflanzungstrieb den Erhalt der Gattung zu sichern vermag. Jene Macht also, die Frauen und Männer mit einer scheinbar unwiderstehlichen Gewalt zusammenzwingt, ist der im Höhepunkt des Zeugungsakts sich manifestierende Wille zum Leben. Verliebtheit, das Gefühl der Zuneigung, die erotische Attraktion, Hingabe und Vertrauen – das alles sind nicht Werte an sich, sondern bloß Instrumente, mit denen der Wille sein höchstes Ziel, den Fortbestand der Gattung, durchsetzen kann – sie sind nicht dauerhaft, sondern verschwinden, wenn dieser Endzweck erreicht ist. Was kann nun Nietzsche an der »Liebeslehre« Schopenhauers (dargestellt in dem berühmt-berüchtigten Kapitel zur »Metaphysik der Geschlechterliebe) so fesseln und beeindrukken? Es ist vielleicht der nüchtern-böse Blick, mit dem der Philosoph das Verhältnis zwischen Mann und Frau betrachtet: ein Geflecht von Täuschungen und Selbsttäuschungen, ein Scheingebilde, die Ehe (sonst »heiliggesprochen« als höchste Form mann-weiblichen Zusammenlebens) nichts weiter als die vergängliche, zuweilen leidvoll erfahrene Funktion eines im sexuellen Trieb sich äußernden unendlichen Willens, der nicht etwa Glück und Ruhe, sondern stets nur Schmerz und Unlust verschafft. Hier findet Nietzsche eine philosophisch-»theoretische« Bestätigung und Rechtfertigung der eigenen negativ-dunkel gefärbten Lebensempfindungen – aber Schopenhauer zeigt ihm auch den Flucht- und Rettungsweg. Es gibt ja Möglichkeiten, dem ewig quälenden Triebwillen zu entkommen; in der Betrachtung der Kunst kann sich der Mensch von diesem Sklavendienst befreien – es tritt dann jener schmerzlose, überirdische Zustand ein, den Epikur als göttlich bezeichnet. Gerade die Musik ist geeignet, den Wahn des Willens zum Frieden zu bringen, allerdings nicht dauerhaft. Sie ist nur schöner Trost, nicht endgültige Erlösung. Befreiung vom Willen ist letztendlich nicht auf dem »ästhetischen«, sondern nur auf dem »ethischen« Wege denkbar: Mit Hilfe der Askese als eines Mittels zur vorsätzlichen Brechung des

Willens gelangt der Mensch in jenen Zustand der »heiligen« Ruhe, der ihn von seiner unseligen Daseinsverfassung auf immer befreien kann.

Ist dieser Eskapismus, wie ihn Schopenhauer predigt, eine praktisch anwendbare, vorbildhafte Lebenslehre, der man durch Selbstbestrafung oder erzwungene Schlaflosigkeit sinnlich und konkret nahezukommen vermag? Nietzsches Bericht über das große Lektüre-Erlebnis wirkt in seiner Saulus-Paulus-Bekehrungsstruktur ein wenig unglaubwürdig; am Ende läßt der junge Autor selbst kritische Distanz und etwas Ironie durchblicken – mit Schopenhauer kann man tiefe, jünglingshafte Weltschmerzgefühle artikulieren, man kann in ihm schwelgen, aber die Realia des täglichen Lebens bleiben bestehen und müssen bewältigt werden. Der »Zwang zu regelmäßigen Studien« zeitigt dabei die schönsten Erfolge, die der Eitelkeit nur schmeicheln können: Nietzsche ist ein äußerst erfolgreicher, begabter Student, bewundert und beneidet von den Seminar-Genossen. Doch wie verhält es sich mit den »Lockungen des Lebens«, also jenem Bereich der sozialen Kontakte, des Vergnügens, der erotischen Experimente und Abenteuer, der die studentische Existenz ja manchmal stärker zu bestimmen scheint als trockene Kollegien-Paukerei? Nietzsche sucht die Unterhaltung auf höchstem Niveau und nimmt ausgiebig in Anspruch, was der Leipziger Theater- und Musikbetrieb zu bieten hat: Oper, Konzert, vor allem das Schauspiel – hier feiert der »blonde Engel« Hedwig Raabe Triumphe, auch Nietzsche ist entflammt und fällt in eine Art von Fernliebe. Besonders begeistert ist er von ihrem Auftritt in dem harmlos-unbedeutenden Lustspiel »Sie hat ihr Herz entdeckt«. Obwohl er sie hätte kennenlernen können (vgl. JNZ I, 212), entdeckt er ihr sein eigenes Herz vorsichtig-ängstlich auf schriftlichem Wege – es ist sein erster (erhaltener) Brief an eine Frau, die nicht zur Familie gehört:

Mein erster Wunsch ist, daß Sie die unbedeutende Widmung unbedeutender Lieder mir nicht übeldeuten. Es liegt mir nichts ferner als Sie etwa durch diese Widmung auf meine Persönlichkeit aufmerksam machen zu wollen. Wenn andre Leute durch Hand und Mund im Theater ihr Entzücken kundgeben, thue ich es durch ein paar Lieder; andre mögen in Gedichten sich noch besser verständigen. Alle aber haben nur ein Gefühl: Ihnen anzudeuten, wie glücklich sie auf eine kurze Strecke ihres Daseins gewesen sind, wie herzlich sie die Erinnerung an solche sonnige Blicke eines vollkommenen Lebens in sich hegen.

Sie dürfen nicht meinen, als ob diese Huldigungen Ihrer sicher höchst edlen und liebenswürdigen Natur dargebracht würden. Im Grunde verehre ich und sicherlich alle mit mir Ihre Darstellungen: mit der Süßigkeit und dem Schmerz, mit dem meine eigne Kindheit mir vor die Seele tritt als ein Verlorenes aber doch einmal Dagewesenes, denke ich auch an Ihre ursprünglichen und immer lebenswahren herzensguten Gestalten: Mögen diese Gestalten mir auf meinem Lebensweg auch noch so selten begegnen – und noch vor kurzem glaubte ich gar nicht mehr an ihre Wirklichkeit – so ist mein Glaube an sie jetzt wieder festgewurzelt. Dies verdanke ich wirklich Ihnen allein; nach diesem Bekenntniß werden Sie mir auch die Freiheit dieses Briefes nicht übelnehmen. Was kann Ihnen an augenblicklichen Erfolgen, an dem stürmischen Beifall einer aufgeregten Menge liegen. Aber zu wissen, daß viele aus dieser Menge eine heilbringende Erinnerung mit sich forttragen, daß viele, die das Leben und die Menschen trübe genug anblickten, jetzt mit hellerem Gesicht und freundlicher Hoffnung weitergehen – dies muß ein überaus beglückendes Gefühl sein.

Es ist schließlich mein Wunsch, daß Sie auch aus den Tönen der beiliegenden Lieder *diese warmen und dankbaren Empfindungen* heraushören mögen. [46]

Die Lieder, mit denen Nietzsche das Herz der Hedwig Raabe erfreuen will, sind nicht überliefert; fraglich ist weiter, ob die Künstlerin den Brief, der nur als Entwurf existiert, jemals erhält – sie müßte wohl auch etwas irritiert sein von dieser ungeschickt-umständlichen Annäherung, die ja, widersinnig genug, gleichzeitig eine Abwehr ist. Ein »Liebesbrief«, in dem ein Mann ausdrücklich betont, er wolle nicht auf seine Persönlichkeit aufmerksam machen, muß in der Tat eine gewisse Ratlosigkeit bei der Empfängerin auslösen. Seltsam ist auch, daß Nietzsche der verehrten Schauspielerin sogleich glaubt versichern zu müssen, daß seine »erotisch« aufgeladene Begeisterung nur ihrer Kunst, nicht aber ihrer Person gelte – als wolle er jeden lebendigen, realen Kontakt ängstlich verhindern. Fasziniert ist er von der Frau als Bühnenfigur, als Kunstprodukt und Kunst Produzierende – im Leben aber gibt es schönere Lockungen, zum Beispiel das Zusammensein mit dem neugewonnenen Freund Erwin Rohde: Ein Norddeutscher, nach außen etwas kühl, aber geistig beweglich und aufgeschlossen, ein Sprachentalent, stets schwankend zwischen großen Gefühlen und nüchterner Skepsis, »außerordentlich verwundbar und im Kern von einer fast femininen Weichheit und Liebebedürftigkeit« (JNZ I, 209). Beim Anblick dieses Mitstudenten spürt Nietzsche »so zu nennende Liebesschmerzen« (GIL, 81) – und es beginnt eine Beziehung, die der spätere Basler Vertraute Franz Overbeck vorsichtig-dezent als Muster einer auf »*romantischen* Grundlagen ruhenden Freundschaft« bezeichnet (GIL, 84). Gemeinsam besucht man die Vorlesungen, ergibt sich in die schwärmerische Schopenhauer-Lektüre, schmiedet zusammen Zukunftspläne, unternimmt eine längere Ferienreise in den Bayerischen Wald. Nietzsche glaubt, sein hohes Ideal mann-männlicher »Liebes«-Gemeinschaft auf diesen Erwin Rohde projizieren und mit ihm gestalten zu können. Aus Naumburg, wo er als »Kanonier der 21. Batt.

der reit. Abtheil. des Feldartilleriereg. Nr. 4« (KSB 2, 235) seinen Militärdienst ableisten muß, schreibt er ihm sehnsuchtsvoll-werbende Zeilen:

[...] Mein lieber Freund, Du weißt jetzt den Grund, warum mein Brief so ungebührlich lange sich verspätet hat. Ich habe im strengsten Sinne keine Zeit gehabt. Aber auch oftmals keine Stimmung. Man schreibt eben Briefe an Freunde, die man so liebt, wie ich Dich liebe, nicht in jeder beliebigen Stimmung. Ebensowenig schreibt man in einem erhaschten Moment heute eine Zeile und morgen eine, sondern man sehnt sich nach einer vollen und breiten Stunde und Stimmung. Heute blickt der freundlichste Herbsttag zum Fenster herein. Heute habe ich den Nachmittag frei, wenigstens bis ½ 7 Uhr; als welche Stunde mich zur Abendfütterung und Tränkung in den Stall ruft. Heute feiere ich den Sonntag auf meine Weise, indem ich meines fernen Freundes und unsrer gemeinsamen Vergangenheit in Leipzig und im Böhmerwald und in Nirwana gedenke. Das Schicksal hat mit einem plötzlichen Ruck das Leipziger Blatt meines Lebens abgerissen, und das nächste, das ich jetzt in diesem sibyllischen Buche sehe, ist mit einem Tintenklecks von oben bis unten bedeckt. Damals ein Leben in freister Selbstbestimmung, im epikureischen Genuß der Wissenschaft und der Künste, im Kreise von Mitstrebenden, in der Nähe eines liebenswerthen Lehrers und – was mir das Höchste bleibt, was ich von jenen Leipziger Tagen sagen kann – im steten Umgang mit einem Freunde, der nicht nur Studienkamerad ist oder etwa durch gemeinsame Erlebnisse mit mir verbunden ist, sondern dessen Lebensernst wirklich denselben Grad zeigt, wie mein eigner Sinn, dessen Werthschätzung der Dinge und der Menschen ungefähr denselben Gesetzen wie die meinige folgt, dessen ganzes Wesen schließlich auf mich eine kräftigende und stählende Wirkung hat. So vermisse ich auch jetzt nichts mehr als eben jenen Umgang; und ich wage selbst zu glauben, daß wenn wir zusammen verurtheilt wären unter diesem Joche zu ziehen, wir unsre Bürde heiter und würdevoll tragen würden: während ich augenblicklich nur auf den Trost der Erinnerung hingewiesen bin. In der ersten Zeit war ich fast verwundert, Dich als meinen Schicksalsgefährten nicht zu finden: und mitunter wenn ich reitend den Kopf umdrehe nach den andern Freiwilligen, so meine ich dich auf dem Pferde sitzen zu sehen. [. . .] Wer weiß, wann das wechselnde Geschick unsre Bahnen wieder zusammenführen wird: möge es recht bald geschehen; wann es aber immer auch geschehe, ich werde mit Freude und Stolz auf eine Zeit zurückblicken, wo ich einen Freund gewann [griech.:] wie Du einer bist. [47]

Im Brief an Hedwig Raabe eine formel- und floskelhafte, fast kühle Diktion, auch wenn das Vokabular emotionales Engagement vorzutäuschen scheint – hier nun Gefühlsüberschwang und Liebesbekenntnis. In dieser Gegenüberstellung wird etwas sichtbar von Nietzsches erotischer Grund-Disposition, die Ergänzung und Erfüllung nicht im Weiblichen, sondern nur im anderen Mann, im Freund, zu finden vermag. Daraus aber ergibt sich eine schwere Belastung für den, dem die zunächst so angenehmen und schmeichelhaften Konfessionen zugedacht sind, denn das Freundschaftsgeständnis ist ja auch verknüpft mit Erwartungen und Ansprüchen, die der Empfänger vielleicht gar nicht erfüllen kann und die deshalb, möglichst schonend-liebevoll, abgewehrt werden müssen. Und in der Tat kann Nietzsche bald auf enttäuschend-niederschmetternde Weise zur Kenntnis nehmen, daß Erwin Rohdes Freundschaftsbegriff ein gänzlich anderer ist; ihm geht es »pragmatisch« um geistige Anregung, um das Gespräch mit einem intellektuell faszinierenden Mann, nicht aber darum, in dessen

Armen der Freuden griechischer Liebe teilhaftig zu werden. Im Januar 1869, kurz bevor sich ihre Wege trennen, erreicht ihn noch einmal ein Freundschaftshymnus – aber dieser Brief ist gleichzeitig schon geprägt von Verzicht und Entsagung; ein Lebensentwurf wird sichtbar, der auf der Selbst-Stilisierung Nietzsches zum »existentiell« einsamen Individuum beruht, das jenseits von »Weib und Kind« und allen anderen sozialen Bindungen sein Dasein aus eigener Kraft zu gestalten hat:

[...] Ach lieber Freund, was für einen schönen Weihnachtsgruß hast Du mir nach Naumburg geschickt. Am ersten Festmorgen war es, und Festglocken läuteten. Die ganze Welt ist an diesem Festmorgen beschenkt und deshalb ein wenig besser als im ganzen andern Jahr. Ich selbst zog mit geblähter Nase die warme Temperatur der Heimat ein: siehe da kam der Briefträger und machte meine Freude voll. Wer sich als Einsiedler zu fühlen gewöhnt hat, wer mit kalten Blicken durch alle die gesellschaftlichen und kameradschaftlichen Verbindungen hindurchsieht und die winzigen und zwirnfädigen Bändchen merkt, die Mensch an Menschen knüpfen, Bändchen so fest, daß ein Windhäuchchen sie zerbläst: wer dazu die Einsicht hat, daß nicht die Flamme des Genies ihn zum Einsiedler macht, jene Flamme, aus deren Lichtkreis alles flieht, weil es von ihr beleuchtet so todtentanzmäßig so narrenhaft, spindeldürr und eitel erscheint: nein wer einsam ist vermöge einer Naturmarotte, vermöge einer seltsam gebrauten Mischung von Wünschen Talenten und Willensstrebungen, der weiß, welch »ein unbegreiflich hohes Wunder« ein *Freund* ist; und wenn er ein Götzendiener ist, so muß er vor allem »dem unbekannten Gotte, der den Freund schuf« einen Altar errichten. Ich habe hier Gelegenheit mir die Ingredienzen eines glücklichen Familienlebens in der Nähe anzusehn: hier ist kein Vergleich mit der

Höhe, mit der Singularität der Freundschaft. Das Gefühl im Hausrock, das Alltäglichste und Trivialste überschimmert von diesem behaglich sich dehnenden Gefühl – das ist Familienglück, das viel zu häufig ist, um viel werth sein zu können. Aber Freundschaften! Es giebt Menschen, die an ihrer Existenz zweifeln. Ja, es ist eine ausgesuchte Gourmandise, die nur Wenigen zu Theil wird, jenen ermatteten Wanderern, denen der Lebensweg ein Weg durch die Wüste ist: sie tröstet ein freundlicher Dämon, wenn sie im Sande liegen, ihnen netzt er die verdorrten Lippen mit dem Götternektar der Freundschaft. Diese Wenigen aber singen in den Klüften und Höhlen, wo sie ungestört vom Weltlärm ihren Göttern opfern, schöne Hymnen auf die Freundschaft, und der alte Oberpriester Schopenhauer schwenkt dazu den Weihekessel seiner Philosophie. [48]

Hinter der allgemeinen, etwas pathetisch klingenden Freundschaftsbeschwörung verbirgt sich eine Selbstbeschreibung und ein daraus folgender Blick auf die eigene, traurige Zukunft: Nietzsche sieht sich am Anfang des Weges durch die Wüste; sein Leben wird einsam verlaufen, nicht dadurch, daß er als ein mit bohrendem Reflexionszwang geschlagenes »Genie« die Hohlheit und Brüchigkeit menschlicher Beziehungen stärker erfährt als andere, »einfache« Menschen und deshalb notwendig in die soziale Isolierung geraten muß – viel eher ist es diese seltsam diffus beschriebene »Naturmarotte«, die ihn daran hindern wird, jemals Familienglück, Wärme, Geborgenheit, also die Wonnen des gewöhnlichen Lebens genießen zu können. Diesen Mangel kann nur eine gleichsam aristokratische Welthaltung ausgleichen, ein strenges Glück, das dann vollkommen, »göttlich« wird, wenn es vom Freund geteilt und mitempfunden ist. Man könnte sagen, daß Nietzsche hier die vielleicht fragwürdigste Variante homoerotischer Ich-Konstituierung zum Lebensideal verklärt: Das schwankende, unsichere Bewußtsein, das sich aufgrund seiner unabweisbaren, im Inneren angelegten normverletzenden Andersartigkeit als schuldbeladen-sündig phantasiert, drängt in einem Akt der Selbstrettung und Restabilisierung ständig dazu, all jene Menschen, die sich zwanglos den Regeln der Gesellschaft anpassen können, in eine niedere, eigentlich lebensunwerte Sphäre zu verweisen; so erzeugt das eigene Gefühl der Minderwertigkeit eine hochfahrend-elitäre Abwertung aller normgerechten Lebensformen. Wer die Verachtung fürchtet, kann den möglichen Verächter dadurch bestrafen, daß er selbst verachtet. Selbsthaß verwandelt sich in Menschenhaß, der nicht nur einsam macht, sondern vor allem auch den befreienden und befriedigenden Umgang mit dem eigenen homoerotischen Trieb blockiert und schließlich ganz verhindert. Wer (wie Nietzsche) die mann-männliche Liebesbeziehung in die Scheinwelt reinster Idealität erhebt, um sie auf diese Weise krampfhaft aufzuwerten gegenüber der mann-weiblichen Gemeinschaft in Familie und Ehe, dem muß jede »unprätentiöse« Stillstellung der Begierde außerhalb des schönen Freundschaftsbundes als eine Unlust erzeugende und erniedrigende Selbstbeschmutzung erscheinen. Vielleicht wirft er, wie Schopenhauer, angewidert und doch fasziniert einen Blick auf die »Kinäden« der Großstadt (SHP II, 313) – um sich dann wieder auf die Suche nach dem idealen Freund und Partner zu begeben; ein Weg der Täuschungen und Selbsttäuschungen.

Mag Erwin Rohde sich dem Liebesverlangen Nietzsches entziehen, der neue Gott ist schon erschienen; einer, der vorgibt, mit seinen musikalischen Kunstwerken den Schopenhauer-Weihkessel kräftig zu schwingen. Nietzsche ist völlig berauscht von den Erzeugnissen dieses Richard Wagners: »Ich bringe es nicht übers Herz, mich dieser Musik gegenüber kritisch kühl zu verhalten; jede Faser, jeder Nerv zuckt an mir . . .« (KSB 2, 332) Bald folgt das Kennenlernen in einem Leipziger Salon; Erwin Rohde erhält einen aufgeregten, enthusiasmierten Bericht:

Ich werde Richard vorgestellt und rede zu ihm einige Worte der Verehrung: er erkundigt sich sehr genau, wie ich mit seiner Musik vertraut geworden sei, schimpft entsetzlich auf alle Aufführungen seiner Opern, mit Ausnahme der berühmten Münchener und macht sich über die Kapellmeister lustig, welche ihrem Orchester im gemüthlichen Tone zurufen: »meine Herren, jetzt wird's leidenschaftlich«, »Meine Gutsten, noch ein bischen leidenschaftlicher!« W. imitiert sehr gern den Leipziger Dialekt. –

Nun will ich Dir in Kürze erzählen, was uns dieser Abend bot, wahrlich Genüsse so eigenthümlich pikanter Art, daß ich auch heute noch nicht im alten Gleise bin, sondern eben nichts besseres thun kann, als mit Dir, mein theurer Freund, zu reden und »wundersame Mär« zu künden. Vor und nach Tisch spielte Wagner und zwar alle wichtigen Stellen der Meistersinger, indem er alle Stimen imitirte und dabei sehr ausgelassen war. Es ist nämlich ein fabelhaft lebhafter und feuriger Mann, der sehr schnell spricht, sehr witzig ist und eine Gesellschaft dieser privatesten Art ganz heiter macht. Inzwischen hatte ich ein längeres Gespräch mit ihm über Schopenhauer: ach, und Du begreifst es, welcher Genuß es für mich war, ihn mit ganz unbeschreiblicher Wärme von ihm reden zu hören, was er ihm verdanke, wie er der einzige Philosoph sei, der das Wesen der Musik erkannt habe: dann erkundigte er sich, wie sich jetzt die Professoren zu ihm verhalten, lachte sehr über den Philosophencongreß in Prag und sprach »von den philosophischen Dienstmännern.« Nachher las er ein Stück aus seiner Biographie vor, die er jetzt schreibt, eine überaus ergötzliche Scene aus seinem Leipziger Studienleben, an die ich jetzt noch nicht ohne Gelächter denken kann; er schreibt übrigens außerordentlich gewandt und geistreich. – Am Schluß, als wir beide uns zum Fortgehen anschickten, drückte er mir sehr warm die Hand und lud mich sehr freundlich ein, ihn zu besuchen, um Musik und Philosophie zu treiben [. . .] Mehr sollst Du hören, wenn ich diesem Abende etwas objektiver und ferner gegenüberstehe. [49]

Eine schicksalhafte Begegnung – nie wieder wird es Nietzsche gelingen, diesen Richard Wagner »objektiv-fern« zu bewerten. Zunächst die absolute Hingabe, später, nach der fast lebenszerstörenden Desillusionierung, ein unbarmherzig-gnadenloser Haß, der aus enttäuschter Liebe resultiert; es ist noch immer schwer, jene tiefsten Seelen-Motive zu ergründen, die ihm diesen häßlichen Gnom und intellektuellen Scharlatan so unentrinnbar attraktiv erscheinen lassen – auffällig analog zur Wagner-Idolatrie des unglücklich-homoerotischen Bayernkönigs Ludwig II. Vielleicht blickt Nietzsche, der selbst gern Musiker geworden wäre und sich zeitweilig, allerdings mit mäßigem Erfolg, als Komponist betätigt, neidvoll-bewundernd auf diesen erfolgreichen Tonkünstler, durch den – in Angleichung und Über-Identifizierung – der eigene Drang zur musikalischen Existenz in einer Art von Stellvertretung realisiert werden kann. Oder sieht Nietzsche im wesentlich älteren Wagner den lebenslang schmerzlich vermißten Vater, mit dem die immer als utopisch-glücklich phantasierte Welt der ersten Kindheitsjahre zur Wirklichkeit zu bringen ist? Oder kann diese Bindung letztlich nur, wie der Psychiater Wilhelm Stekel meint (STE, 26), mit einer starken, aber vorbewußt bleibenden sexuellen Anziehung erklärt werden? Denkbar ist auch, daß all diese Motive ein unheilvolles, unentwirrbares Gemisch bilden und jene Unterwürfigkeit erzeugen, die fast abstoßend wirkt:

Pater Seraphice,

wie es mir voriges Jahr nicht beschieden war, Augenzeuge Ihrer Geburtstagsfeier zu sein, so hält mich auch jetzt wieder eine ungünstige Constellation davon ab; die Feder drängt sich mir heute widerwillig in die Hand, während ich gehofft hatte eine Maienfahrt zu Ihnen machen zu können.

Gestatten Sie mir, dass ich den Kreis meiner Wünsche heute so eng und persönlich wie nur möglich fasse. Andere mögen im Namen der heiligen Kunst, im Namen der schönsten deutschen Hoffnungen, im Namen ihrer eigensten Wünsche ihre Gratulation zu bringen wagen; mir genüge der subjectivste aller Wünsche: mögen Sie mir bleiben, was Sie mir im letzten Jahr gewesen sind, mein Mystagog in den Geheimlehren der Kunst und des Lebens. Mag ich auch zeitweilig durch die grauen Nebel der Philologie hindurch Ihnen etwas entfernt erscheinen, ich bin es nie, meine Gedanken sind immer um Sie herum. Wenn es wahr ist, was Sie einmal – zu meinem Stolze – geschrieben haben, dass die Musik mich dirigiere, so sind Sie jedenfalls der Dirigent dieser meiner Musik; und Sie haben es mir selbst gesagt, daß auch etwas Mittelmäßiges, *gut* dirigiert, einen befriedigenden Eindruck machen könne. In diesem Sinne bringe ich den seltensten aller Wünsche: es mag so bleiben, der Augenblick verharre: er ist so schön! Ich verlange nur dies vom nächsten Jahre, dass ich mich selbst Ihrer unschätzbaren Theilnahme und Ihres tapferen Zuspruchs nicht unwürdig erweisen möge. Nehmen Sie diesen Wunsch mit unter die Wünsche auf, mit denen Sie das neue Jahr beginnen!

Einer der »seligen Knaben« [50]

Heiligenverehrung in der Szenerie des Goetheschen Faust II – dort tritt, im letzten Teil des fünften Aktes (»Bergschluchten«) der Pater Seraphicus auf, ein Kirchenvater, durch den Grad seiner Läuterung schon den hohen, »seraphischen«

Engeln zugeordnet. Ihm eilen die »seligen Knaben« zu: »Sag uns, Vater, wo wir wallen,/ Sag uns, Guter, wer wir sind!/ Glücklich sind wir: allen, allen/ Ist das Dasein so gelind.« (GOE, 339) Diese Wesen aber sind »Mitternachtsgeborene« (a. a. O.), also Kinder, die in der Geisterstunde zur Welt kommen und sofort wieder sterben; sie selbst sind zwar sündlos unschuldig – und doch mit der Erbsünde belastet, so daß auch an ihnen Läuterung geschehen muß. Und sie bedürfen der Belehrung, denn ihnen fehlt die Welterfahrung. Pater Seraphicus hat demnach zwei Aufgaben: Er reinigt die Knaben und führt sie zum Himmel, gleichzeitig zeigt er ihnen die Dinge der Welt, von denen sie sich jedoch schaudernd abwenden. Sie steigen »hinan zu höherm Kreis« (GOE, 340): »Göttlich belehret,/ Dürft ihr vertrauen;/ Den ihr verehret,/ Werdet ihr schauen.« (A. a. O.) – Richard Wagner als Führer zu himmlischen Sphären, als Läuternder und Belehrender – fast masochistisch-unterwürfig bringt sich Nietzsche in die Rolle des hilflos-dummen, blinden Kindes. Muß da nicht bei dem Angebeteten die folgerichtige Vermutung aufkommen, dieser geistreiche, wenn auch etwas neurotische junge Philologe lasse sich großartig instrumentalisieren als gehorsamer Propagandist der eigenen musikalischen Pläne und Kunstabsichten? Nietzsche selbst schafft eine Konstellation, die den Keim des späteren Bruchs und der daraus folgenden großen Lebensenttäuschung schon zu enthalten scheint – in seiner idealistischen Verehrung ruft er bei Wagner den Eindruck hervor, nicht über einen unabhängig-selbständigen, autonomen Intellekt zu verfügen. Er nährt Wagners Hoffnung, daß man ihn zwanglos einordnen könne in die Reihe der geistig minderbemittelten Speichellecker und Adepten à la Hans von Wolzogen. Der aufrichtigen, großen Liebesempfindung bei Nietzsche steht auf Wagners Seite eiskalte, machtfixierte Berechnung gegenüber, und es ist abzusehen, daß ihre gemeinsame Lebensmusik mit einer schrillen Dissonanz zu Ende kommen wird.

Nietzsche schreibt seine Ergebenheitsadresse im Mai 1870 aus Basel; ein Jahr lang schon ist er dort als Professor der Klassischen Philologie und Lehrer am Pädagogium im »grauen Nebel« der altsprachlichen Studien verschwunden. Wagner hat sein Domizil in Tribschen aufgeschlagen. Nun gibt es gute Gelegenheit, zusammen Musik und Philosophie zu treiben. Und so trifft Nietzsche auf eine Frau, mit der er lebenslang geistig verbunden bleiben wird: An der Seite seines Pater Seraphicus lebt eine »Mater Gloriosa« eigenster Art, Cosima, Tochter Franz Liszts, aus der Ehe mit dem Wagner-Dirigenten Hans von Bülow in die Arme des Meisters selbst entlaufen. Sie ist eine in den Kreisen der Kultur-Bourgeoisie leicht skandalumwitterte Figur – und doch eine »Hohe Frau«, Respekt erheischend, durchsetzungsfähig. Hier nun wird Nietzsche mit einer Form weiblicher Existenz konfrontiert, die den Prinzipien und Moral-Kategorien der alten Naumburger Frauenwelt diametral entgegensteht und schon aus diesem Grunde Faszination, aber auch Verwirrung auslösen muß. Irritierend ist vor allem Cosimas merkwürdige Charakter-Ambivalenz, die auch das Verhältnis zum Geliebten und späteren Ehemann weitgehend bestimmt: Sie stellt sich dar als unabhängig-souveräne Frau mit eigener Urteilskraft, als durchaus begabt, »männliche« Strategien der Persönlichkeitsentfaltung anzuwenden; gleichzeitig ist sie aber auch hingebungsvoll-unterwürfiges Weib, das sich willig in den Dienst des angebeteten Gatten stellt und sogar über dessen anderweitige erotische Eskapaden stillschweigend-duldend hinwegsieht. Wenn Nietzsche bislang vor Frauen immer die Flucht ergriffen hat – Cosimas Art der Selbstinszenierung übt eine unwiderstehliche Anziehungskraft aus. Ist hier endlich ein weibliches Wesen erschienen, dem er sich ohne Angstgefühle anvertrauen kann, mit dem es vielleicht sogar möglich wäre, in den Konventionen eines Ehebundes zusammenzuleben – trotz der »Naturmarotte« und der daraus entspringenden Neigung zum anderen Mann? Ein schöner und zugleich schauerlicher Gedanke, der sofort der Selbstzensur zum Opfer fällt (– und erst im Wahnsinn laut geäußert wird): Jeder Versuch, sich Cosima werbend zu nähern, wäre ja Sünde wider Wagner und somit ein Verrat am eigenen Lebensidol. Und so glaubt Nietzsche, sich den Weg zur vielleicht einzig möglichen Partnerin verstellen zu müssen – möglicherweise auch deshalb, weil er unsicher ist über die Qualität seiner Gefühle. Ist er von Cosima erotisch affiziert? Gilt seine Neigung wirklich der »Frau« – oder überträgt er auf sie all jene Emotionen, die eigentlich dem Ehegatten gelten? Wilhelm Stekel schreibt: »Ich sehe in der Liebe zu Cosima nur ein Überspringen von der Liebe zu Wagner auf das von ihm geliebte Wesen [. . .] Denn die Liebe zu Wagner war die stärkste Kraft seines Lebens. Vor der Eifersucht auf Cosima konnte ihn nur die Liebe retten. Schließlich liebt man den Becher, aus dem der andere trinkt. Viele dunkle Rätsel und Tragödien zwischen Frauen und den Freunden ihrer Männer, und umgekehrt, lassen sich auf den Umweg gleichgeschlechtlicher Regungen zurückführen, sie sind ›Masken der Homosexualität‹.« (STE, 26) Es ist nicht bekannt, wann Nietzsche beginnt, sein Verhältnis zum »Hohen Paar« Wagner, als Selbsterklärung und Verrätselung zugleich, in dem Theseus-Ariadne-Dionysos-Komplex der griechischen Mythologie zu spiegeln: Der starke, strahlende Held Theseus kann nur mit Hilfe einer Frau sein größtes Abenteuer bestehen. Er soll im kretischen Labyrinth das Untier Minotaurus töten. Ariadne, die Tochter des Kreter-Königs Minos, schenkt ihm ein Wollknäuel, mit dem er dem sonst unentrinnbar-tödlichen Irrgarten entkommen kann. Er entführt sie auf die

Insel Naxos, läßt sie dort jedoch allein zurück. Nun erscheint Dionysos, der große, geheimnisvolle Gott des Rausches und der Pan-Erotik. Er vermählt sich mit Ariadne und führt sie nach ihrem Tode aus der Unterwelt in den Olymp empor. Erst in späteren Aufzeichnungen, niedergeschrieben kurz vor der geistigen Umnachtung, wird deutlich werden, mit welcher Rollenverteilung Nietzsche das mythologische Geschehen auf sein eigenes Erleben projiziert: Theseus – das ist Richard Wagner, gerettet und im Dasein gehalten von Cosima-Ariadne, ihr aber dennoch im tiefsten Grunde undankbar-treulos fernstehend. Letzte Erfüllung findet sie nur durch eine höhere Macht: Dionysos, mit dem sich Nietzsche identifizieren will, in der letzten Phase seines Lebens so stark, daß mythologische Fiktion und reale Existenz wahnhaft ineinanderfließen. Aber schon in seinem ersten großen Werk »Die Geburt der Tragödie aus dem Geiste der Musik« ist dieser Gott mit seiner lösenden, befreienden Aura von ganz entscheidender Bedeutung; einen Vorentwurf (»Die Geburt des tragischen Gedankens«) legt er 1870 als Weihnachtsgeschenk für Cosima unter den prächtig geschmückten Christbaum in Tribschen. Nietzsches Schrift ist ein geniales Konglomerat: philologische Abhandlung, Entwurf einer Kunsttheorie, zeitkritische Polemik gegen die verflachte deutsche Kultur, Huldigungsadresse an Wagner und seine neue Kunst – daneben vielleicht auch der Versuch, in einem künstlerisch-literarischen Gewande das existentiell so drängende Problem der Geschlechterspannung auf eine allerdings illusionäre Weise theoretisch zu lösen:

Wir werden viel für die aesthetische Wissenschaft gewonnen haben, wenn wir nicht nur zur logischen Einsicht, sondern zur unmittelbaren Sicherheit der Anschauung gekommen sind, daß die Fortentwickelung der Kunst an die

Duplicität des *Apollinischen* und des *Dionysischen* gebunden ist: in ähnlicher Weise, wie die Generation von der Zweiheit der Geschlechter, bei fortwährendem Kampfe und nur periodisch eintretender Versöhnung, abhängt. [51]

Das große Welt- und Lebensprinzip, die Polarität der Geschlechter, der Kampf zwischen männlich und weiblich, nur stillgestellt im Akt der Zeugung, der den Fortbestand der Gattung sichert – Nietzsche glaubt, daß diese Naturgesetzlichkeit auch im Bereich der Kunst zur Geltung kommt und deren Entwicklung bestimmt: Der Blick auf die Geisteswelt der Griechen legt ihm die Einsicht nahe, daß alle künstlerische Produktion geprägt ist von der kämpferischen, aber doch nach Versöhnung drängenden Gegensätzlichkeit eines dionysischen und apollinischen Elements. Die dionysische Weltsicht und die daraus entspringende Kunst ruht auf der den Menschen tief verstörenden Erkenntnis, daß sein Dasein widersprüchlich, verworren, letztlich sinnlos ist. Im Rausch, im Vergessen, im völligen Einswerden mit der Natur, also in einem Akt der Ent-Individuation, kann er diesem existentiellen Schrecken entrinnen – er lebt dann unter der Herrschaft des Dionysos und schafft dionysische Kunstwerke. Vom Gott Apoll gelenkt, ergreift der Mensch jedoch die entgegengesetzte Möglichkeit der Daseinsgestaltung und des künstlerischen Schaffens: Er geht nicht den Weg des Selbstvergessens, sondern den der Selbsterkenntnis. Sein Ziel ist nunmehr nicht das Verschwinden der Individuation, sondern deren Vergöttlichung – er errichtet die schöne, tröstliche Schein- und Traumwelt der olympischen Götter, die seine eigene Individualität widerspiegelt, bestätigt und verklärt. Indem sich der Mensch auf diese Weise als ein Individuum erfährt, wird er sich auch seiner Grenzen und Beschränktheiten bewußt; er begreift den Wert von Maß und Ordnung – er lernt, sein Leben »regelhaft«-human zu gestalten. In der griechischen Tragödie, so glaubt Nietzsche zu erkennen, feiern beide ansonsten im Kampf miteinander befindlichen Prinzipien eine Art Versöhnungsfest, ein hoher Augenblick der Menschheitskunst, der allerdings schon bald wieder vergangen ist: Mit Euripides beginnt die Vertreibung des Dionysos aus der dramatischen Kunst – rationales Kalkül, psychologisches Raffinement, naturalistische Personengestaltung führen zu einer Verflachung, die in der attischen Komödie endet. Den Zerfall der Tragödie betrachtet Nietzsche als das Symptom eines allgemeinen Niedergangs, der sich in Sokrates und seiner rationalistisch-»dialektischen« Philosophie am deutlichsten manifestiert. Dieser »Anti-Dionysos« erhebt die Vernunft zum leitenden Lebensprinzip; seine optimistisch-humane Welthaltung signalisiert eine Verarmung der menschlichen Existenz, die um ihre irrationalen, dionysischen Anteile gleichsam betrogen wird.

Es ist deutlich, daß Nietzsches Gedankenführung von der Intention einer Reinthronisierung des Gottes Dionysos geprägt wird – in der Kunst und im Leben. Er stellt die von ihm entdeckten apollinischen und dionysischen Prinzipien nicht gleichwertig nebeneinander, sondern räumt dem Dionysischen einen höheren Rang ein, so daß alles Apollinische letztlich als Funktion und Hilfskonstruktion des dionysischen Elements erscheinen muß. Allerdings herrscht dort, wo Dionysos nicht durch Apoll begleitet und begrenzt wird, das barbarische Grauen, die entfesselte, mit Gewalt und Blut gemischte »tierische« Sexualität:

Dagegen brauchen wir nicht nur vermuthungsweise zu sprechen, wenn die ungeheure Kluft aufgedeckt werden soll, welche die *dionysischen Griechen* von den dionysischen Barbaren trennt. Aus allen Enden der alten Welt – um die neuere hier bei Seite zu lassen – von Rom bis Babylon können wir die Existenz dionysischer Feste nachweisen [...] Fast überall lag das Centrum dieser Feste in einer überschwänglichen geschlechtlichen Zuchtlosigkeit, deren Wellen über jedes Familienthum und dessen ehrwürdige Satzungen hinweg flutheten; gerade die wildesten Bestien der Natur wurden hier entfesselt, bis zu jener abscheulichen Mischung von Wollust und Grausamkeit, die mir immer als der eigentliche »Hexentrank« erschienen ist. Gegen die fieberhaften Regungen jener Feste, deren Kentniss auf allen Land- und Seewegen zu den Griechen drang, waren sie, scheint es, eine Zeit lang völlig gesichert und geschützt durch die hier in seinem ganzen Stolz sich aufrichtende Gestalt des Apollo, der das Medusenhaupt keiner gefährlicheren Macht entgegenhalten konnte als dieser fratzenhaft ungeschlachten dionysischen. Es ist die dorische Kunst, in der sich jene majestätisch-ablehnende Haltung des Apollo verewigt hat. Bedenklicher und sogar unmöglich wurde dieser Widerstand, als endlich aus der tiefsten Wurzel des Hellenischen heraus sich ähnliche Triebe Bahn brachen: jetzt beschränkte sich das Wirken des delphischen Gottes darauf, dem gewaltigen Gegner durch eine zur rechten Zeit geschlossene Versöhnung die vernichtenden Waffen aus der Hand zu nehmen. Diese Versöhnung ist der wichtigste Moment in der Geschichte des griechischen Cultus: wohin man blickt, sind die Umwälzungen dieses Ereignisses sichtbar. Es war die Versöhnung zweier Gegner, mit scharfer Bestimmung ihrer von jetzt ab einzuhaltenden Grenzlinien und mit periodischer Uebersendung von Ehrengeschenken; im Grunde war die Kluft nicht überbrückt. Sehen wir aber, wie sich unter dem Drucke jenes Friedensschlusses die dionysische Macht offenbarte, so erkennen wir jetzt, im Vergleiche mit jenen babylonischen Sakäen und ihrem Rückschritte des Menschen zum Tiger und Affen, in den dionysischen Orgien der Griechen die Bedeutung von Welterlösungsfesten und Verklärungstagen. [52]

Dort wo Dionysos, begleitet von Apoll, dem Mäßigenden, seine Herrschaft antritt, wird als schöne Folge der Mensch befreit von seinen Daseinsqualen. Indem er eine »dionysische« Gesellschaftsutopie entwirft, beschreibt Nietzsche emphatisch die Erlösungstaten dieses Gottes:

Unter dem Zauber des Dionysischen schließt sich nicht nur der Bund zwischen Mensch und Mensch wieder zusammen: auch die entfremdete, feindliche oder unterjochte Natur feiert wieder ihr Versöhnungsfest mit ihrem verlorenen Sohne, dem Menschen. Freiwillig beut die Erde ihre Gaben, und friedfertig nahen die Raubthiere der Felsen und der Wüste. Mit Blumen und Kränzen ist der Wagen des Dionysos überschüttet: unter seinem Joche schreiten Panther und Tiger. Man verwandele das Beethoven'sche Jubellied der »Freude« in ein Gemälde und bleibe mit seiner Einbildungskraft nicht zurück, wenn die Millionen schauervoll in den Staub sinken: so kann man sich dem Dionysischen nähern. Jetzt ist der Sclave freier Mann, jetzt zerbrechen alle die starren, feindseligen Abgrenzungen, die Noth, Willkür oder »freche Mode« zwischen den Menschen festgesetzt haben. Jetzt bei dem Evangelium der Weltharmonie, fühlt sich jeder mit seinem Nächsten nicht nur vereinigt, versöhnt, verschmolzen, sondern eins, als ob der Schleier der Maja zerrissen wäre und nur noch in Fetzen vor dem geheimnissvollen Ureinen herumflattere. Singend und tanzend äußert sich der Mensch als Mitglied einer höheren Gemeinsamkeit: er hat das Gehen und das Sprechen verlernt und ist auf dem Wege, tanzend in die Lüfte emporzufliegen. Aus seinen Gebärden spricht die Verzauberung. Wie jetzt die Thiere reden, und die Erde Milch und Honig giebt, so tönt auch aus ihm etwas Übernatürliches: als Gott fühlt er sich, er selbst wandelt jetzt so verzückt und erhoben, wie er die Götter im Traume wandeln sah. Der Mensch ist nicht mehr Künstler, er ist Kunstwerk geworden: die Kunstgewalt der ganzen Natur, zur höchsten Wonnebefriedigung des Ur-Einen, offenbart sich hier unter den Schauern des Rausches. Der edelste Thon, der kostbarste Marmor wird hier geknetet und behauen, der Mensch, und zu den Meisselschlägen des dionysischen Weltenkünstlers tönt der eleusinische Mysterienruf: »Ihr stürzt nieder, Millionen? Ahnest du den Schöpfer, Welt?« – [53]

Aber wie verändert sich plötzlich jene eben so düster geschilderte Wildniss unserer ermüdeten Cultur, wenn sie der dionysische Zauber berührt! Ein Sturmwind packt alles Abgelebte, Morsche, Zerbrochne, Verkümmerte, hüllt es wirbelnd in eine rothe Staubwolke und trägt es wie ein Geier in die Lüfte. Verwirrt suchen unsere Blicke nach dem Entschwundenen: denn was sie sehen, ist wie aus einer Versenkung an's goldne Licht gestiegen, so voll und grün, so üppig lebendig, so sehnsuchtsvoll unermesslich. Die Tragödie sitzt inmitten dieses Ueberflusses an Leben, Leid und Lust, in erhabener Entzückung, sie horcht einem fernen schwermüthigen Gesange – er erzählt von den Müttern des Seins, deren Namen lauten: Wahn, Wille und Wehe. – Ja, meine Freunde, glaubt mir an das dionysische Leben und an die Wiedergeburt der Tragödie. Die Zeit des sokratischen Menschen ist vorüber: kränzt euch mit Epheu, nehmt den Thyrsusstab zur Hand und wundert euch nicht, wenn Tiger und Panther sich schmeichelnd zu euren Knien niederlegen. Jetzt wagt es nur, tragische Menschen zu sein: denn ihr sollt erlöst werden. Ihr sollt den dionysischen Festzug von Indien nach Griechenland geleiten. Rüstet euch zu hartem Streite, aber glaubt an die Wunder eures Gottes! [54]

Im fast unerträglich hohen Ton predigt Nietzsche ein dionysisches Evangelium, das die »unfrohe« Botschaft der Naumburger Kindheits- und Jugendjahre endgültig überwinden soll. Der neue Gott begründet kein bedrückendes, metaphysisch konstituiertes Sitten- und Moralsystem, er zwingt die Menschen nicht, ein fremdbestimmtes Leben zu führen, er bringt sie vielmehr in höhere Zustände, die jenseits aller Unterscheidungen von Gut und Böse liegen. In diesem irdischen Paradies sind alle quälenden Schranken und Beschränkungen aufgehoben – zwischen den einzelnen Individuen, sogar zwischen Mensch und Natur. Das glückverheißende dionysische Prinzip des All-Einen muß sich aber nun, auch wenn Nietzsche nicht darüber spricht, gleichfalls erstrecken auf die Trennung der Geschlechter und die daraus entstehenden Spannungen, Kämpfe und Rollenzuweisungen: Unter der Herrschaft des Dionysos verschwindet die mann-weibliche Polarität; nicht nur, daß nun jede Frau auch »männlich« ist und jeder Mann »weiblich« – das Trennungsprinzip selbst hat seine Gültigkeit verloren. Es scheint, daß Nietzsche, wenn er das Dionysische preist und verehrt, einen verschlüsselten, aber doch eindeutigen Hinweis geben will auf seine persönlich-geheime erotische Traumwelt, die ihn scheinhaft, künstlich-künstlerisch befreit von den realen Daseinsbefindlichkeiten und Lebensängsten: Sein beständiges Leiden am gesellschaftlich vorgegebenen, christlich-moralisch sanktionierten sexuellen Ordnungsmodell, seine Unlust und Unfähigkeit, dessen Regularien zu erfüllen, läßt ihn Zuflucht suchen bei Dionysos, der Rettung gerade dadurch verspricht, daß er all diese beengenden Kategorien und Einteilungen aufzulösen vermag. Nietzsche weiß natürlich sehr genau, daß jener Gott in der griechischen Mythologie mit der Aura erotischer Zweideutigkeit umgeben ist. Wird er einmal dargestellt als Liebling der Frauen, die ihn rauschhaft und rasend verehren, weil er als männliche Gottheit ganz ausgeprägte weibliche Züge trägt, so ist er »auch in mancher Hinsicht der Gott der Knabenliebe. In den Dionysika des Nonnos nimmt seine Affäre mit dem Knaben Ampelos einen breiten Raum ein [. . .] Andere Knaben des Dionysos waren Achilles, Adonis, Hermaphroditos, Hymenaios und Laonis [. . .] Fast alle Statuen des Dionysos zeigen ihn als Tunte, als den weiblichen Typus des Homosexuellen [. . .] In dem olympischen Pantheon erscheint er als Knabe in Frauenkleidung [. . .] Seine Beinamen sind bezeichnend: Dionysos Androgynos, Dionysos Pseudanor, Dionysos Choiropsolas, Dionysos Erikepaios, Dionysos Protogonos. Plato nennt ihn Androgynos, weil er den Beischlaf als Mann ausführte, sich aber auch anal als Frau gebrauchen ließ« (BOR, 285). Nietzsches gepriesener Gott vereinigt also in sich beides: männlich-phallische Potenz und weiblich-passive Hingabe. Er ist, »nach einem seiner Beiwörter, ›Mann und Weib‹ in *einer* Person« (KER, 114). So mag er wohl geeignet sein als Projektionsobjekt und Traumfigur eines Mannes, dessen diffuse Triebstruktur bestimmt ist von einem Gemisch aus »unmännlich-weiblicher« Passivität und homoerotischem Liebesverlangen. Er ist auf diese Weise nützlicher Katalysator ganz privater sexueller Phantasien und Obsessionen. Aber kann dieser Dionysos auch, wie Nietzsche zu glauben scheint, Leitfigur einer neuen »antisokratischen« Gesellschaftsordnung sein, die der »Verödung und Ermattung der jetzigen Cultur« (KSA 1, 131) entgegenwirkt? Die Reinthronisierung des Dionysischen hat hier ja auch eine allerdings fragwürdiggefährliche politische Dimension: die menschliche Gemeinschaft insgesamt soll radikal verändert werden – mit der Wiedergeburt der Tragödie, wie sie angeblich in der Musik Richard Wagners geschieht, sieht Nietzsche gleichzeitig eine andere Gesellschaft herannahen, die geprägt ist von der Herrschaft der Kunst, die regiert wird von einer Geisteselite, deren Macht-Instrumente jenseits aller rationalen, demokratischen Legitimation auf diktatorische, autokratisch-aristokratische Weise eingesetzt werden:

Die Wahnvorstellungen: wer sie durchschaut, hat nur die Kunst zum Trost: Das Durchdringen ist jetzt für die Freigeister Nothwendigkeit: wie sich dazu die Menge verhält, ist nicht zu errathen. Genug, daß *wir* die Kunst brauchen: wir wollen sie durch alle Mittel, nöthigenfalls im Kampfe. Eine neue Bildungssekte, als die Richterin und Herrscherin über die verschliffene und ekelhafte Bildung des Tages. Anzuknüpfen an die wirklichen Bildungselemente, an die reine wissenschaftliche Begeisterung, an die strenge militärische Subordination, an das tiefe Gemüthsbedürfniß der Frauen usw., an das noch vorhandene Christenthum usw. [55]

Hier verwandeln sich Nietzsches dionysische Traumkonstruktionen, entstanden aus einer individuellen psychisch-sexuellen Not, in eine rückwärtsgewandte politische Utopie, die auf Macht und Gewalt, Kampf und Unterordnung beruht. Merkwürdig, daß bei diesem »Übersprung« der herrliche Dionysos den ihn eigentlich kennzeichnenden Zauber verliert: Nun bewirkt er nicht mehr die Aufhebung der Vereinzelung, nun stiftet er nicht mehr die allgemeine (Schillersche) Menschenbruderschaft, nun ist er auch nicht mehr der Gott, der die Geschlechterqualitäten fließend macht, denn die Frauen sind, im Kontrast zum Männlichen, erneut auf ihren Charakter als reine Gefühlswesen reduziert – vielmehr mutiert er zum Garanten und Bezugspunkt einer auf »Subordination«, Befehl und Gehorsam gegründeten Gesellschaftsordnung – er mag am Ende sogar erscheinen in der Fratze eines ganz besonderen Herrschers, der die Welt durch die endlösende Vernichtung des »sokratischdemokratischen« Geistes blutig-ästhetisch erobern und verklären will. Nietzsche selbst wird später erkennen, daß seine Beschwörung des mann-weiblichen Dionysos, daß sein Traum der Menschheitserneuerung mit Hilfe einer Kunstreligion im wagnerschen Sinne, daß seine philologisch anfechtbare Rekonstruktion eines heroisch-kämpferischen Griechentums nichts weiter war als eine Fluchtbewegung in die falsche Richtung – der erfolglose und untaugliche Versuch, ein Existenzproblem scheinhaft, nicht aber im realen Lebensvollzug glaubwürdig und befreiend zu lösen:

Ich war verliebt in die Kunst mit wahrer Leidenschaft und sah zuletzt in allem Seienden nichts als Kunst – im Alter, wo sonst vernünftigermaassen andere Leidenschaften die Seele ausfüllen. [56]

Allzuviel auf mir, seit wann?, fast von Kindesbeinen an. Meine Philologie war nur eine begierig ergriffene Echappade: ich kann mich nicht darüber täuschen, die Leipziger Tagebücher redeten zu deutlich – Und keine Gefährten! [. . .] [57]

Was muß man erlebt haben, um mit dem 26 Jahr die Geburt der Tragödie schreiben zu können! [58]

IV. DER FREIGEIST INSPIZIERT DIE DAMENWELT

Der junge Herr Professor Nietzsche – in Basel eine eher skeptisch betrachtete Bereicherung des Universitäts-Lehrkörpers. Ein glänzender Pädagoge, der seine Schüler faszinieren kann, aber er deutet die antiken Autoren auf eine wenn auch brillante, so doch für den konventionellen Geist recht eigenwillige, verstörende Weise. Mag die »Geburt der Tragödie« von Richard Wagner, der sich in diesem Werk verherrlicht findet, auch gnädig-wohlwollend kommentiert und positiv beurteilt werden – in seiner Philologenzunft erntet Nietzsche eher Kritik und teilweise heftige Ablehnung. Ulrich von Willamowitz-Möllendorf, fünf Jahre jünger und gleichfalls Pforta-Zögling, entlarvt mit beißendem Spott die »Vergewaltigung der historischen Tatsachen und aller philologischen Methode« (bei JNZ I, 466). In seiner Gegenschrift »Zukunftsphilologie« will er beweisen, daß bei Nietzsche »erträumte genialität und frechheit in der aufstellung von behauptungen genau im verhältnis steht zu unwissenheit und mangel an wahrheitsliebe« (bei JNZ I, 469). Für ihn sind die dionysisch-apollinischen Spekulationen des Kollegen und Rivalen »eines berauschten traum oder eines träumers rausch. eins aber fordere ich: halte hr. N. wort, ergreife er den thyrsos, ziehe er von Indien nach Griechenland, aber steige er herab vom katheder, auf welchem er wissenschaft lehren soll; sammle er tiger und panther zu seinen knieen, aber nicht Deutschlands philologische jugend, die in der askese selbstverläugnender arbeit lernen soll« (bei JNZ I, 469). In seinen späteren Lebenserinnerungen stellt Willamowitz selbstzufrieden fest: »Er hat getan, wozu ich ihn aufforderte, hat Lehramt und Wissenschaft aufgegeben und ist Prophet geworden, für eine irreligiöse Religion und eine unphilosophische Philosophie.« (Bei JNZ I, 466) Hier ist genau der Weg bezeichnet, den Nietzsche gehen wird: schon bald ist ihm klar, daß seine philosophischen Intentionen, sein Evangelium einer neuen, kulturverändernden Kunstreligion sich nicht im beschränkten Medium trockener, sachlich-»empirischer« Altphilologie vermitteln lassen. Die Folge ist eine tiefe Unzufriedenheit mit dem, was seine tägliche Pflicht ist, ein psychischer Druck, der ihn zu der Einsicht treibt, daß die so hoffnungsvoll begonnene Karriere auf einem Lebensirrtum beruht. Hinzu kommen die immer bedrohlicher werdenden körperlichen Leiden: beständig nachlassende Sehkraft, Übelkeit, Erbrechen, vor allem chronischer Kopfschmerz, von dem Wilhelm Stekel behauptet, er sei symptomatisch für Menschen, »die gewisse Gedanken nicht denken wollen« (STE, 27), und könne somit aufgefaßt werden als körperlicher Ausdruck einer krampfhaft-angestrengten seelischen Verdrängungsleistung. Teils besorgt, teils hämisch hat die Basler Professorenschaft zur Kenntnis zu nehmen, daß der in ihre Kreise mit so hohen Erwartungen aufgenommene Kollege Nietzsche sich zu einem Pflege- und Versorgungsfall entwickelt – ein Umstand, der gerade auch von der Naumburger Frauenwelt mit größter Unruhe beobachtet wird. Der in der Kleinstadt-Enge stets gehemmten Energie und Tatkraft seiner Schwester Elisabeth sind nun dankbare, scheinbar sinnvolle Betätigungsfelder eröffnet: Hilfreich und unterstützend tritt sie an Nietzsches Seite, um später daraus auf verhängnisvolle Weise den Anspruch abzuleiten, als »engste Vertraute« in sein privatestes, innerstes Leben eingreifen zu dürfen – bis hin zu jenem grandiosen Schauspiel, in dem sie sich, nach dem Tode des Bruders, als einzig legitimierte Sachwalterin seines geistigen Erbes darzustellen versucht. Sie übernimmt die Verwaltung seiner Basler Finanzen, sie pflegt und tröstet ihn in Krankheitstagen, sie richtet seine Wohnung ein und sorgt für das leibliche Wohl. Im Jahre 1870 ist sie vier Monate in Basel, 1871 über sechs Monate, 1872 und 1873 jeweils drei bis vier Monate, 1874 und 1875 verbringen die Geschwister gemeinsam die Sommerferien. Dann lebt Elisabeth vom August 1875 bis zum März 1876 ständig beim Bruder; erst im Juli 1878 wird der gemeinsame Haushalt aufgelöst. Insgesamt verbringt Elisabeth zwischen 1870 und 1878 dreieinhalb Jahre bei Nietzsche – fast könnte man von einer Art Geschwister-Ehe sprechen, Verhältnisse, die der Umwelt reichlich Stoff zum nicht immer wohlwollenden Nachdenken geben und vor allem die Mutter in Sorge versetzen. Ihr Heilungsrezept ist gleichermaßen gutgemeint-naiv wie aufdringlich-bedrängend: Hat ihr Bruder Edmund Oehler nicht auch an einem rätselhaften körperlichen Leiden gelitten, und ist er nicht durch die Verheiratung mit einer liebenswerten jungen Dame zum gesunden und schaffensfrohen Manne geworden? So schreibt sie dem Sohn: »Ich kann aber nicht von den Gedanken loskommen, daß wenn Du Dich verheirathetest, Dein Leiden gehoben wäre, Du hast mehr das Oehlersche Blut und Edmund litt ja ganz in der Art [. . .] Kopfschmerzen und Verstimmtheit, so daß er *durchaus* aus seinem Amte wollte usw., und jetzt ist er der gesündeste Mann den es auf Gottes Erde giebt und es thut ihm keine Ader weh [. . .] Gieb etwas mein Herzenssohn auf den Rath Deiner Mutter welche leider auch hierin den Vater vertreten muß. Komm zu mir, ich wüßte ein köstliches Frauchen für Dich, höchst liebenswürdig, gescheudt, hübsch, wohlhabend und dabei höchst einfach und sauber.« (KGB II/6, 680) Ein einfältiger Plan; die Mutter ahnt nichts von den tiefsten Gründen, die den Sohn daran hindern, diesen bequemen, vielleicht gesundheitsfördernden Weg zu beschreiten. Und doch denkt Nietzsche zeitweilig nach über die Möglichkeit, die Ehe mit einer finanziell so gutgestellten Frau einzugehen, daß er, ökonomisch abgesichert, seine Professur aufgeben und als freier Schriftsteller arbeiten könnte. Es ist ihm aber bewußt, daß er sich letztlich Hirngespinsten hingibt und nie ernsthaft willens und fähig ist, in eine solche Richtung ganz konkret aktiv zu werden; der Schwester muß er bekennen: »Die Verheirathung, sehr wünschenswerth zwar – ist doch die *unwahrscheinlichste* Sache, das weiss ich *sehr* deutlich!« (KSB 5, 241) Er ist stets höflich, fast galant in der Gesellschaft von Frauen – aber er schafft zugleich immer eine Distanz, die deutlich macht, daß er erotischen Beziehungen ausweichen möchte. Nur *eine* Frau durchbricht, bedenkenlos und liebesentflammt, die von Nietzsche errichteten Schranken und unternimmt den tragikomischen Versuch, sein Herz im Frontalangriff zu erobern: Rosalie Nielsen, »die geschiedene Gattin eines sei es skandinavischen, sei es holsteinischen Seeoffiziers und von Geburt Holsteinerin oder wohl auch Dänin [. . .] enorm abstoßend und schmuddelig [. . .] in einem gewißen Sinne eine dionysische Person« (Kurt Hezel, bei BER/I, 117). Von Nietzsches »Geburt der Tragödie« ist sie so ergriffen, daß sie glaubt, sich in den Autor verlieben und als Gefährtin an seine Seite treten zu müssen. Tatsächlich erscheint sie in Basel; Franz Overbeck, Nietzsches aufrichtig-treuer Freund und »Beschützer«, liefert folgenden Bericht: »Bald nach Erscheinen seiner ›Geburt der Tragödie‹ hatte ein schon recht ältliches und halb wahnsinnig aussehendes Frauenzimmer aus Holstein, Frau Rosalie Nielsen, ihm anfangs in Briefen und durch Übersendung symbolischer Photographien [. . .] mit einer Verfolgung zuzusetzen begonnen, die sich freilich schon von vornherein unheimlich genug anließ. Doch hatte es erst ihres persönlichen Erscheinens bei Nietzsche bedurft, um ihm einen unüberwindlichen Schrecken vor dieser Adeptin einzujagen, und ihn unter anderem endlich zu veranlassen, einen ihrer Besuche mit meiner Einwilligung, auf meinem Zimmer – [. . .] und in meiner Gegenwart zu empfangen. Welche durch Unverhältnismäßigkeit ihrer Gewaltsamkeit lächerliche Szene führte Nietzsche da auf! Sie spielte sich fast ohne Worte in lauter mehr oder weniger grandiosen Gebärden ab, und schloß damit, daß Frau Nielsen [. . .] buchstäblich der Stuhl vor die Tür des Zimmers gestellt wurde [. . .] und als nun nach wenigen Tagen Frau Nielsen sich [. . .] wieder meldete, entschloß ich mich, gegen sie, wieder für meinen guten Freund einzutreten [. . .] ich erschien im Pedellzimmer, um Nietzsche von der ihn nun arg plagenden Sache endgültig zu befreien und hatte mit der widrigen Exekution wenigstens Erfolg.« (Bei JNZ I, 550) Das dionysisch erregte Weib – in der kalten, prosaischen Wirklichkeit einer Basler Gelehrtenstube eine lächerliche Erscheinung, für Nietzsche aber nichts weiter als ein Schreckgespenst, das Angst- und Fluchtreaktionen auslöst.

Zeigt sich der neue, dem Dionysos ergebene Mensch nur in der Gestalt einer bemitleidenswert überspannten, psychisch leicht verwirrten Frau? Oder gelingt es vielleicht dem angebeteten Wagner, mittels seiner künstlerisch-politischen Aktivitäten eine dionysisch-revolutionär gestimmte Kunstelite zu schaffen? Ende Juli 1876 reist Nietzsche hoffnungsfroh zu den ersten Wagner-Festspielen nach Bayreuth; schon in den ersten Tagen wird ihm schmerzlich deutlich, daß dort nun keineswegs hochfahrend-idealistisch ein Tempel des Dionysos errichtet und das Zeitalter einer im griechischen Geiste geläuterten neuen deutschen Kultur verkündet wird – viel eher ist hier wohl ein Treffpunkt entstanden jener flachen, halbgebildeten Bourgeoisie, die er stets aufs tiefste verachtet hat: Bayreuth, ein künstlerisches Mekka der Schlotbarone und Kommerzienräte, und Wagner liefert den ästhetischen Überbau für eine Gesellschaft, der doch, nach Nietzsches Verständnis, eigentlich der Kampf angesagt werden sollte: »Ich sehne mich weg, es ist zu unsinnig wenn ich bleibe [. . .] Ich habe es ganz satt. Auch zur ersten Vorstellung will ich nicht da sein. Sondern irgendwo, nur nicht hier, wo es mir nichts als Qual ist.« (KSB 5, 181) Er verschenkt die Eintrittsbillets und flieht nach Bad Klingenbrunn ins Fichtelgebirge.

Ist es nur der geistlos-leere Festspiel-Zirkus, der ihn zweifeln läßt an seinem großen Idol Wagner? Oder muß Nietzsche den Meister auch meiden, weil dieser inzwischen auf gefährliche Weise seinem sorgsam gehüteten Lebensgeheimnis auf die Spur gekommen ist? Schon im Jahre 1874 gibt Wagner ihm einen »väterlichen« Rat, der dem der Mutter nicht unähnlich, aber kaum sorgender Liebe entsprungen ist: »Unter Anderem fand ich, dass ich einen solchen männlichen Umgang, wie Sie ihn in Basel für die Abendstunden haben, in meinem Leben nicht hatte [. . .] Nun scheinen aber den jungen Herren Frauen zu fehlen: da heisst es dann allerdings, wie mein alter Freund Sulzer einst meinte, wo hernehmen und nicht stehlen? Indess, man könnte ja auch einmal in der Noth stehlen. Ich meinte, Sie müssten heirathen, oder eine Oper komponieren; Eines würde Ihnen so gut und schlimm wie das andere helfen. Das Heirathen halte ich für besser. – [. . .] Ach, Gott, heirathen Sie eine reiche Frau!« (KGB II4, 654) Es ist nicht »feine Ironie« (STE, 26), die diese Zeilen prägt – viel eher sind die hier vorgestellten und anempfohlenen Lebensalternativen der Ausdruck einer besonderen Bosheit und Perfidie: Wagner weiß nur allzu genau, daß Nietzsches kompositorische Fähigkeiten nicht ausreichen, um eine Oper zu schreiben; er ahnt auch schon längst – und läßt es raffiniert-bedrohlich durchblicken –, daß in der Sexualität seines jungen Verehrers »ungesunde«, »abartige« Tendenzen enthalten sind, die eine Heirat äußerst problematisch machen – aber auf unterhaltsame Weise auch Anlaß geben zu hämischem Spott und übler Nachrede. Pater Seraphicus ist ja nicht nur ein genialer Tonkünstler, der morgens im karnevalistisch anmutenden Gewande die Leitmotive aufeinandertürmt; abends, im Kreis der andächtig-dämlich lauschenden Vertrauten, wird er zu einer heimtückischen, primitiv-antisemitischen Klatschliese, die sich im sächselnden Tonfall über die Schwächen und Besonderheiten anderer Menschen zu belustigen weiß. Ernst Schmeitzner, Wagners und Nietzsches gemeinsamer Verleger, liefert ein aufschlußreiches Stimmungsbild: »Wagner ist rücksichtslos und herrisch genug um Nietzschen vermeintlich todt zu schweigen. Mir sagte er daß man Nietzschen doch nur lese, soweit er sich an ihn (Wagner) anschmiege. Wagner ist ganz fabelhaft eingebildet. Er erging sich auch noch in Gemeinheiten über Nietzschen, die ich nie vergessen werde, die aber Nietzsche und seine Freunde nie von mir erfahren sollten. Ich habe zahllose Veranlassungen gehabt Wagnern (den Menschen) zu *verachten*. Man muß Wagners Reden sehr mit dem Verkleinerungsglase ansehen, aber trotzdem kann man nicht anders als sich über ihn ärgern [. . .] Die Schimpferei auf die Juden und auf ›Schnapp auf‹ (Bismarck) hätten Sie in Bayreuth hören sollen! Juden: ›Es giebt Wanzen, es giebt Läuse. Gut, sie sind da! Aber die brennt man aus! Die Leute die das nicht thun sind *Schweine*!‹ Das ist scheinbar ganz schön gesagt, ist aber doch ein Unsinn [. . .] Ich kann das leere Gedrätsche nicht leiden.« (KSA 15, 84 f.)

Auch wenn der Verleger Wagners Gedrätsch über Nietzsche nobel verschweigt – auf verwickelten Wegen (vgl. KOE, 174 ff.) erreicht der widerwärtige Intim-Klatsch schließlich doch sein wehrloses Opfer; erst nach dem Tode des Meisters wagt Nietzsche darüber zu sprechen: »Wagner ist reich an bösen Einfällen; aber was sagen Sie dazu, daß er Briefe darüber gewechselt hat (sogar mit meinen Ärzten) um seine *Überzeugung* auszudrücken, meine veränderte Denkweise sei die Folge unnatürlicher Ausschweifungen, mit Hindeutungen auf Päderastie.« (KSB 6, 365) Wenn Nietzsche einen solchen Verdacht als unverschämte Erfindung und als tödliche Beleidigung (vgl. KSB 6, 335) mit aller Kraft zurückweist, so scheint gerade diese Abwehr darauf hinzudeuten, daß Wagner mit seiner hinterhältig-intelligenten Menschenkenntnis und Beobachtungsgabe eine schmerzende Wunde berührt hat. Ludwig von Scheffler erzählt von seinen Begegnungen mit Nietzsche im Sommersemester 1876 – es ist der vornehm-zurückhaltend verfaßte Bericht über eine homoerotische Annäherung auf höchstem Niveau: »Selbst heute noch vermag ich nicht ohne Scheu davon zu sprechen. Am allerwenigsten freilich, weil ich einen unverständigen Leser dabei fürchte. Wer in das Herz Michelangelos so tief geblickt und von Platons Selbstbekenntnissen den Schleier gezogen, der wird auch vor Nietzsches rätselhafter Psyche nicht zagend stille stehen. Aber was ich selbst damals erfahren, erlitten, legt sich mir wie eine schmerzliche Erinnerung auf die Seele.« (GIL, 271 f.) Scheffler besucht Nietzsches Kolleg über die griechischen Philosophen; es kommt zu näheren Kontakten – gemeinsam besucht man die Gemälde-Galerie: »Was waren das dann aber auch für Wandelgänge, die uns Sonntags vormittags in den Kunstsälen des Museums zusammenführten! [. . .] Kein Autoritätenzwang hielt uns in freien und frohen Urteilen zurück. Nur vor einem Eindrucke gab es bloß ein Verstummen. Auch der Keckste wurde hier still: Holbeins Selbstporträt in dem Saale der Zeichnungen! Und die Magie der Anziehungskraft jenes wunderbaren Bildnisses zu definieren, rang ich nun eben auch vor Nietzsche vergebens nach Worten. Es half mir nichts, daß ich Linie für Linie des Gesichtes sozusagen nachzog. Den Ausdruck voll erschlossener Männlichkeit mit dem Reize frischer Jugend zugleich (Holbeins Porträt zeigt ihn bekanntlich bartlos) zu schildern, war dieses Verfahren machtlos. Und selbst nur die Einzelzüge ihrem vollen Wert nach zu erfassen, gelang mir nicht. Ich stockte beim Munde. Ich sah vor mir die Lippen. Sie, die so voll sich wölbten und so energisch wiederum sich schlossen! Die nicht durstig waren und zum Genusse doch wie geschaffen! . . . ›Ein Mund,‹ stammelte ich ratlos . . . ›Ein Mund zum Küssen!‹ Betroffen blickte ich zur Seite. Wirklich, Nietzsche war es, der gesprochen hatte. Und das in einer Haltung, in einem Tone, die mit der leise sinnlichen Färbung seiner Worte im sonderbarsten Gegensatze erschienen. Denn tief in den Sessel zurückgelehnt, den Kopf auf die Brust gebeugt, die Arme schlaff auf die Lehnen gesenkt, schien er eher aus dem Traume heraus, als zur Ergänzung meines Berichts geredet zu haben.« (GIL, 270 f.) Schefflers Irritation wird noch gesteigert, als Nietzsche ihm kurz darauf, nach Beendigung des Kollegs, ankündigt, »daß er mich in meine Wohnung begleiten werde. Er habe mit meinem Hauswirt, der sein Versicherungsbeamter sei, geschäftlich zu tun, und dann reize es ihn auch zu erfahren, wie es sich am ›Blumenrain‹ lebe. So hieß nämlich das Stück Rheinufer am linksseitigen Brückenkopfe, wo ich wohnte. Ich war verdutzt über die gesteigerte Liebenswürdigkeit meines Begleiters, scherzte jedoch auch alsbald über den poetischen Namen jener Straße und bot Nietzsche sogar meinen Arm, als wir die Universität verlassen hatten. Denn sein tragikomisches Lamentieren über das schlechte Pflaster, das uns zur Rheinbrücke herabführte, war wirklich nur zu berechtigt. Ich suchte denn auch seine Aufmerksamkeit von den schmerzenden Füßen weg auf den Himmel zu lenken. Dickgeballte weiße Sommerwolken zogen da am blauen Grunde langsam ihren Weg. ›Wie Paul Veronese sie malt!‹ machte ich halb für ihn, halb für mich die Bemerkung. Nietzsche sah hinauf, blieb sinnend stehen: ›und sie wandern!‹, fügte er dann noch wie im Selbstgespräch hinzu. Da aber ließ er plötzlich meinen Arm fahren, um ihn ebenso heftig mit beiden Händen wieder zu erfassen: ›Ich reise bald ... Die Ferien stehen vor der Tür ... Kommen Sie mit mir?! Wollen wir die Wolken in Veroneses Heimat ziehen sehen?!‹ Ich war so betroffen über diese so unvermutete, dringende Einladung, daß ich zuerst kein Wort über die Lippen brachte. Dann schoß es mir blitzartig durch den Kopf, wie ich doch eigentlich gar kein Recht zu solcher Auszeichnung besäße. [...] Ich senkte also verlegen den Blick und brachte eine ablehnende Entschuldigung hervor, die frostig genug geklungen haben mochte. Die Hände Nietzsches glitten auch alsbald von meinem Arme. Ich sah verwirrt zu ihm hinüber und fuhr sogleich zurück vor der Veränderung, die sich in seinen Zügen vollzogen hatte. Das war nicht mehr der mir bekannte Professor, nein, wie eine leblose Maske starrte mir das verzerrte Gesicht des Mannes entgegen! Aber verstehe man mich recht: nicht die Grimasse als solche war es, die mich erschreckte – im Gegenteil, Nietzsches Züge sind mir nie so groß, nie so anziehend selbst in ihrer Art erschienen! – der Eindruck der Tragik vor mir wirkte auf mich nur erschütternd! [...] Was soll ich weiter berichten, was dann noch geschah? Nietzsche begleitete mich, wie er versprochen hatte, bis vor meine Zimmertür. Hier trat er jedoch nicht ein, verabschiedete sich vielmehr schnell, mich allein nur meinen Gedanken über das Vorgefallene überlassend.« (GIL, 273 f.)

Ludwig von Scheffler bleibt zurück in einer großen »Verwirrung der Gefühle« (und das, was er erzählt, ist ja in der Tat der dichterische Kern jener gleichnamigen Stefan Zweigschen Novelle): er hat mit seiner jugendlichen Unbekümmertheit, seiner naiven Verehrung ganz geheime Erwartungen geweckt, vor deren Folgerungen er erschreckt und hilflos zurückweicht und so bei dem, der sich ihm nähern will, tiefe Enttäuschung und Verzweiflung auslöst. Scheffler beschließt seinen Erlebnisbericht mit einem äußerst hellsichtigen Kommentar: »Jener Einblick in die Seele Nietzsches hat mir indes späterhin nicht nur viele seiner scheinbaren Absonderlichkeiten erklärt, auch für die Ergründung ähnlicher psychischer Probleme ist mir seine Bekanntschaft von größtem Vorteil gewesen. Ich nannte schon Platen! Wie groß die Ähnlichkeit beider Männer in ihrer Gemütsanlage sei, war mir von jeher Überzeugung. Bei Platen sprechen dafür die alles sagenden Memoiren, bei Nietzsche hat mich das Leben, die Erfahrung selbst darüber belehrt! Und wie ich zu einer Zeit schon bei der Lektüre Nietzsches aushielt, wo alle Welt entrüstet an ihr vorüberging, an diesen ›Widersprüchen, diesen Blasphemien, dieser Selbstüberhebung, die in der hochtönenden Sprache keine Grenze fand!‹ – so ist mir sein großes warmes Herz auch fernerhin der alleinige Erklärungsgrund für diese vermeintlichen oder wohl auch selbst von mir empfundenen Inkongruenzen geblieben. Ich fühlte, daß, wer von Anfang an mit seinem besten Empfinden sich vom Nächsten zurückgestoßen sieht, von Haus aus sozusagen ›jenseits von Gut und Böse‹ steht. Er anerkennt keine ›göttliche Ordnung der Dinge‹, die für ihn keinen Platz besitzt. Er empfindet nur sein Schicksal, gegen dessen Härte selbst sein bitterster Hohn wie ein unschuldiges Kinderwort berührt. Denn er ist allein!!« (GIL, 274 f.) Der Brief Nietzsches vom Juli 1876 an den geliebten Erwin Rohde – geschrieben, nachdem dieser ihm seine Verlobung mitgeteilt hatte – kann als Bestätigung der Schefflerschen Charakter-Studie angesehen werden:

Sei es zum Guten, lieber getreuer Freund, was Du mir da meldest, zum wahrhaft Guten: das wünsche ich Dir aus ganzem vollen Herzen. So willst Du denn im Jahre des

Heils 1876 Dein Nest bauen, wie unser Overbeck, und ich meine, Ihr werdet mir dadurch, dass Ihr *glücklicher* werdet, nicht abhanden kommen. Ja, ich werde ruhiger an Dich denken können: wenn ich Dir auch in diesem Schritte vielleicht nicht folgen sollte. Denn Du hattest die *ganz vertrauende* Seele so *nöthig* und hast *sie* und damit *Dich* selbst auf einer höheren Stufe gefunden. *Mir* geht es anders, der Himmel weiss es oder weiss es nicht. Mir scheint das alles nicht so nöthig – seltne Tage ausgenommen. –

Vielleicht habe ich da eine böse Lücke in mir. Mein Verlangen und meine Noth ist anders: ich weiss kaum es zu sagen und zu erklären.

Diese Nacht fiel's mir ein einen Vers daraus zu machen; ich bin kein Dichter, aber Du wirst mich schon verstehen.

Es geht ein Wandrer durch die Nacht
Mit gutem Schritt;
Und krummes Thal und lange Höhn –
Er nimmt sie mit.
Die Nacht ist schön –
Er schreitet zu und steht nicht still,
Weiß nicht, wohin sein Weg noch will.
Da singt ein Vogel durch die Nacht. –
– »Ach Vogel, was hast Du gemacht?
Was hemmst Du meinen Sinn und Fuß
Und gießest süßen Herz-verdruß
Auf mich, daß ich nun stehen muß
Und lauschen muß,
Zu deuten Deinen Ton und Gruß?«

Der gute Vogel schweigt und spricht:
»Nein, Wandrer, nein! *Dich* grüß ich nicht
Mit *dem* Getön!
Ich singe, weil die Nacht so schön:

Doch *Du* sollst immer weiter gehn
Und nimmermehr mein Lied verstehn!
Geh nur von dann' –
Und klingt Dein Schritt von fern nur an,
Heb' ich mein Nachtlied wieder an,
So gut ich kann.
Leb wohl, Du armer Wandersmann!«

So geredet zu mir, Nachts nach der Ankunft deines Briefs. [59]

Die Glückwunsch-Floskeln überdecken kaum die große Enttäuschung, die aus diesen Zeilen spricht. Keine Erkundigung nach Rohdes zukünftiger Frau, nur mühsam zurückgehaltene Verbitterung darüber, daß der Freund durch seine Verlobung noch unerreichbarer geworden, ferner gerückt ist. Das bietet Anlaß genug für eine hoffnungslose Selbst-Definition; sein »anderes« Verlangen, das dunkel-pessimistisch als eine Not erfahren wird, macht ihn zum heimatlosen, aber immer Heimat suchenden Wanderer – so wie der romantische Jüngling in Schuberts »Winterreise« durch Liebesunglück in die Flucht gezwungen wird: »Und ich wand're sonder Maßen,/ Ohne Ruh', und suche Ruh'.« Der Waldvogel singt von der Liebe zwischen Mann und Frau, und dieses Lied ist nicht für ihn gemacht.

Aus dieser (vermeintlich selbstgewählten) Position des Ausgeschlossenen blickt er nun auf das andere, weibliche Geschlecht, das ansonsten den Männern erotische Erlösung verheißt, ihm aber diese Ruhe und Beruhigung nicht zu gewähren vermag. Es ist der kalte, manchmal boshafte, dann wieder hellsichtige Blick eines Danebenstehenden – in dem, was Nietzsche in den nächsten Jahren niederschreibt, wird immer wieder über die Frauen gehandelt, des öfteren ganz unvermittelt, unsystematisch, widersprüchlich, ohne

»Theorie« im Hintergrund, stets aus der Perspektive eines gnadenlosen Moral-Psychologen, der sich auf absurd verschleiernde und irreführende Weise die Maske des lebens- und liebeserfahrenen »Frauenkenners« aufgezogen hat. Aber der griechische Traum wird weiter geträumt:

Die *sinnliche Freundschaft* in untadelhafter Gestalt, deren Verzerrung jetzt fast nur bekannt ist. Die zeigt den Wahnwitz der höchsten Verliebtheit und edle bis zum Tode gehende Aufopferung bei den Griechen z. B. bei Plato. Die Liebe nicht nur als Aphrodite, sondern auch als Eros objektivirt: Eros ist keineswegs das Ideal der Liebe des Weibes zum Manne, sondern das Ideal jener zweiten Gestalt. Es scheint die nahe Verwandtschaft des Weiblichen mit der zarten Blüthe des anderen Geschlechts: und überall wo durch Alter- oder Charakterverschiedenheit ein Gegensatz besteht wie zwischen Mann und Weib, möchte er in der Empfindung auch wohl einen Ausdruck erhalten. Dühring erinnert an die Freundschaften der allerersten Jugend mit sinnlicherem Charakter; der Altersunterschied gering, die Naturen stark verschieden. Die Beziehungen im vorgerückten Alter sollen nach Dühring entweder Entartungen eines Naturtriebes oder das von der frühesten Jugend an gebliebene Band der Zuneigung sein.

Die erotische Liebe beweist die Überschwänglichkeit des Gefühls *unabhängig* vom Naturzweck. Nach Schopenhauer soll die Leidenschaft der Liebe nur der Ausdruck des Strebens der Natur sein, in einem zweiten Individuum fortzuleben. (Dühring nennt dies »Streben nach Benutzung einer günstigen Conjunktur«.) Aber auch Eros spornte zu jeglicher Tat, scheute den Tod nicht – kann man da von einem Irrthum der Natur reden? Die habe die Leistungen ihrer Leidenschaft nur aus Versehen vollbracht? [60]

Andere Perspective des Gefühles. – Was ist unser Geschwätz von den Griechen! Was verstehen wir denn von ihrer Kunst, deren Seele – die Leidenschaft für die *männliche* nackte Schönheit ist! – Erst *von da aus* empfanden sie die weibliche Schönheit. So hatten sie also für sie eine völlig andere Perspective, als wir. Und ähnlich stand es mit ihrer Liebe zum Weibe: sie verehrten anders, sie verachteten anders. [61]

Züchtung der Griechen:

Die Männer schöner als die Frauen. [62]

Natürlich-unnatürlich – ist nichts! Die Griechen haben die Liebe innerhalb desselben Geschlechtes zu dem höchsten Grade von Idealität gehoben, sie heißen die Knabenliebe eben *gut*. [63]

Böse denken heißt böse machen. – Die Leidenschaften werden böse und tückisch, wenn sie böse und tückisch betrachtet werden. So ist es dem Christentum gelungen, aus Eros und Aphrodite – grossen idealfähigen Mächten – höllische Kobolde und Truggeister zu schaffen, durch die Martern, welche es in dem Gewissen der Gläubigen bei allen geschlechtlichen Erregungen entstehen liess. Ist es nicht schrecklich, nothwendige und regelmässige Empfindungen zu einer Quelle des inneren Elends zu machen und dergestalt das innere Elend *bei jedem Menschen* nothwendig und regelmäßig machen zu wollen! Noch dazu bleibt es ein geheim gehaltenes und dadurch tiefer wurzelndes Elend; denn nicht Alle haben den Muth Shakespeare's, ihre christliche Verdüsterung in diesem Puncte so zu bekennen, wie er es in seinen Sonetten getan hat. – Muss denn etwas, gegen das man zu kämpfen, das man in Schranken zu halten oder sich unter Umständen ganz aus dem Sinne zu schlagen hat immer *böse* heißen! Ist es nicht *gemeiner* Seelen Art, sich einen *Feind* immer *böse* zu denken! Und darf man Eros einen Feind nennen! An sich ist den geschlechtlichen wie den mitleidenden und anbetenden Empfindungen gemeinsam, dass hier der eine Mensch durch sein Vergnügen einem anderen Menschen wohlthut, – man trifft derartige wohlwollende Veranstaltungen nicht zu häufig in der Natur! Und gerade eine solche verlästern und sie durch das böse Gewissen verderben! Die Zeugung des Menschen mit dem bösen Gewissen verschwistern! – Zuletzt hat diese Verteufelung des Eros einen Komödien-Ausgang bekommen: der »Teufel« Eros ist allmählich den Menschen interessanter als alle Engel und Heiligen geworden. Dank der Munkelei und Geheimnisthuerei der Kirche in allen erotischen Dingen: sie hat bewirkt, bis in unsere Zeiten hinein, dass die *Liebesgeschichte* das einzige wirkliche Interesse wurde, das *allen* Kreisen gemein ist, – in einer dem Alterthum unbegreiflichen Übertreibung, der später einmal auch noch das Gelächter nachfolgen wird. Unsere ganze Dichterei und Denkerei, vom Grössten bis zum Niedrigsten, ist durch die ausschweifende Wichtigkeit, mit der die Liebesgeschichte darin als Hauptgeschichte auftritt, gezeichnet und mehr als gezeichnet: vielleicht dass ihrethalben die Nachwelt urtheilt, auf der ganzen Hinterlassenschaft der christlichen Cultur liege etwas Kleinliches und Verrücktes. [64]

Ganz verständlich werden Nietzsches Frauentexte vielleicht nur dann, wenn man sie betrachtet auf dem Hintergrunde seiner von ihm als vorbildhaft, dem Menschen angemessen imaginierten »griechischen« Liebes- und Morallehre, die der bedrückend-inhumanen Sexualethik des Christentums radikal entgegengestellt wird: Es geht nicht um Verteufelung, sondern um Bejahung der Leidenschaften – und zwar in allen ihren Formen, wie sie zum Beispiel in den Sonetten Shakespeares dichterisch zum Ausdruck kommen; denn neben der mann-weiblichen Attraktion, die sich mit dem Namen der Göttin Aphrodite verbindet, steht die mann-männliche Liebe, oder besser: die des Mannes zum Jüngling: Sie ist dem Eros zugeordnet – auf diese Weise wird deutlich, daß sie nicht nur gleichwertig, sondern vielleicht sogar höheren Ranges ist: Obwohl im neuzeitlich-christlichen Verständnis contra naturam, erblickt sie gerade deshalb der griechische Geist als großes Humanum, denn in ihr scheint die unbegreiflich-unbegriffene Natur menschlich-idealisch überwunden zu werden. Aus dieser von ihm selbst konstruierten, historisch kaum zu verifizierenden hellenisch-homoerotischen Perspektive betrachtet Nietzsche nun die Frauen seiner Zeit: als mindere Liebesobjekte, als Wesen, die der unmenschlich-unberechenbaren, männlich zu überwindenden »Natur« noch allzu nahe stehen und damit immer auch Gefahr und Bedrohung bedeuten. So sind seine Frauentexte stets geprägt von fundamentaler Abwehr – es ist der Geist der Negation, der all das bestimmt, was er über den Charakter der Frau meint aussagen zu müssen, über ihre verschiedenen Rollen als Geliebte und Ehefrau, als in der Gesellschaft Handelnde, als Mutter und Erzieherin:

Es giebt Frauen, welche wo man auch gräbt, kein Inneres haben, sondern reine Masken sind: fast gespenstische Wesen, blutsaugerisch, nie befriedigend. [65]

Wenn ich überall eine Erniedrigung der Deutschen finde, so nehme ich als Grund an, dass seit vier Jahrzehnten ein gemeiner Geist bei den Ehestiftungen gewaltet hat, zum Beispiel in den mittleren Klassen die reine Kuppelei um Geld und Rang; die Töchter sollen versorgt werden und die Männer wollen Vermögen oder Gunst erheirathen; dafür sieht man den Kindern auch den gemeinen Ursprung dieser Ehen an. [66]

Das Beste an der Ehe ist die Freundschaft. Ist diese gross genug, so vermag sie selbst über das Aphrodisische mildernd hinwegzusehen und hinwegzukommen. Ohne Freundschaft macht die Ehe beide Theile gemein denkend und verachtungsvoll. [67]

Das Beisammenleben der Ehegatten ist das Hauptmittel, um eine gute Ehe selten zu machen, denn selbst die besten Freundschaften vertragen diess nur selten. [68]

Zu dem Rührensten in der guten Ehe gehört das gegenseitige Mitwissen um das widerliche Geheimnis, aus welchem das neue Kind gezeugt und geboren wird. Man empfindet namentlich in der Zeugung die Erniedrigung des Geliebtesten aus Liebe. [69]

Wären die Weiber so beflissen auf die Schönheit der Männer, so würden endlich der Regel nach die Männer schön und eitel sein – wie es jetzt der Regel nach die Weiber sind. Es zeigt die Schwärmerei und vielleicht die höhere Gesinnung des Mannes, dass er das Weib schön will. Es zeigt den größeren Verstand und die Nüchterheit der Weiber (vielleicht auch ihren Mangel an ästhetischem Sinne), dass die Weiber auch die hässlichen Männer annehmen; sie sehen mehr auf die Sache, das heisst hier: Schutz, Versorgung; die Männer mehr auf den schönen Schein, auf Verklärung der Existenz, selbst wenn diese dadurch mühsäliger werden sollte. [70]

Und was kam ihrer Tugend zu Huelfe? Die Stimme des Gewissens? – O nein, die Stimme der Nachbarin. [71]

Ich finde den Gerechtigkeitssinn bei Frauen *empörend*. Wie sie mit ihrem dolchspitzen Verstand verdächtigen usw. [72]

Was mich gegen die Frauen gelegentlich ungeduldig macht, ist, dass sie das Gute ja Ausgezeichnete verleugnen und verunglimpfen, wenn es nicht auf den Namen getauft ist, welcher ihnen als der höchste gilt. Die daraus folgende elende Vergeudung von Geist, um das Gute schlecht und das Unbedeutende zu etwas Ungemeinem Vielbedeutendem zu machen. [73]

Das vollkommene Weib. – Das vollkommene Weib ist ein höherer Typus des Menschen als der vollkommene Mann: auch etwas viel Selteneres. – Die Naturwissenschaft der Tiere bietet ein Mittel, diesen Satz wahrscheinlich zu machen. [74]

Irrthum vornehmer Frauen. – Die vornehmen Frauen denken, daß eine Sache gar nicht da ist, wenn es nicht möglich ist, von ihr in der Gesellschaft zu sprechen. [75]

Frauenfreundschaft. – Frauen können recht gut mit einem Manne Freundschaft schließen; aber um diese aufrecht zu erhalten – dazu muß wohl eine kleine psychische Antipathie mithelfen. [76]

Langeweile. – Viele Menschen, namentlich Frauen, empfinden die Langeweile nicht, weil sie niemals ordentlich arbeiten gelernt haben. [77]

Schamhaftigkeit. – Mit der Schönheit der Frauen nimmt im allgemeinen ihre Schamhaftigkeit zu. [78]

Proteus-Natur. – Weiber werden aus Liebe ganz zu dem, als was sie in der Vorstellung der Männer, von denen sie geliebt werden, leben. [79]

Lieben und besitzen. – Frauen lieben meistens einen bedeutenden Mann so, daß sie ihn allein haben wollen. Sie würden ihn gern in Verschluß legen, wenn nicht ihre Eitelkeit widerriethe: diese will, daß er auch vor anderen bedeutend erscheine. [80]

Mittel, Alle zu Allem zu bringen. – Man kann jedermann so durch Unruhen, Aengste, Überhäufung von Arbeit und Gedanken abmatten und schwach machen, daß er einer Sache, die den Schein des Complizirten hat, nicht mehr widersteht, sondern ihr nachgiebt, – das wissen die Diplomaten und die Weiber. [81]

Ehrbarkeit und Ehrlichkeit. – Jene Mädchen, welche allein ihrem Jugendreize die Versorgung für's ganze Leben verdanken wollen und deren Schlauheit die gewitzigsten Mütter noch souffliren, wollen ganz das Selbe wie die Hetären, nur dass sie klüger und unehrlicher als diese sind. [82]

Masken. – Es giebt Frauen, die, wo man bei ihnen auch nachsucht, kein Inneres haben, sondern reine Masken sind. Der Mann ist zu beklagen, der sich mit solchen fast gespenstischen Wesen einläßt, aber gerade sie vermögen das Verlangen des Mannes auf das stärkste zu erregen: er sucht nach ihrer Seele – und sucht immer fort. [83]

Ohne Nebenbuhlerinnen. – Frauen merken es einem Manne leicht an, ob seine Seele schon in Besitz genommen ist; sie wollen ohne Nebenbuhlerinnen geliebt sein und verargen ihm die Ziele seines Ehrgeizes, seine politischen Aufgaben, seine Wissenschaften und Künste, wenn er eine Leidenschaft zu solchen Sachen hat. Es sei denn, daß er durch diese glänze, – dann erhoffen sie, im Falle einer Liebesverbindung mit ihm, zugleich einen Zuwachs *ihres* Glanzes; wenn es so steht, begünstigen sie den Liebhaber. [84]

Der weibliche Intellect. – Der Intellect der Weiber zeigt sich als vollkommene Beherrschung, Gegenwärtigkeit des Geistes, Benutzung aller Vortheile. Sie vererben ihn als ihre Grundeigenschaft auf ihre Kinder, und der Vater gibt den dunkleren Hintergrund des Willens dazu. Sein Einfluß bestimmt gleichsam Rhythmus und Harmonie, mit denen das neue Leben abgespielt werden soll; aber die Melodie desselben stammt vom Weibe. – Für solche gesagt, welche Etwas sich zurecht zu legen wissen: die Weiber haben den Verstand, die Männer das Gemüth und die Leidenschaft. Dem widerspricht nicht, daß die Männer thatsächlich es mit ihrem Verstande so viel weiterbringen: sie haben die tieferen, gewaltigeren Antriebe; diese tragen ihren Verstand, der an sich etwas Passives ist, so weit. Die Weiber wundern sich im Stillen oft über die große Verehrung, welche die Männer ihrem Gemüthe zollen. Wenn die Männer vor allem nach einem tiefen, gemüthvollen Wesen, die Weiber aber nach einem klugen, geistesgegenwärtigen und glänzenden Wesen bei der Wahl ihres Ehegenossen suchen, so sieht man im Grunde deutlich, wie der Mann nach dem idealisierten Manne, das Weib nach dem idealisierten Weibe sucht, also nicht nach Ergänzung, sondern nach Vollendung der eigenen Vorzüge. [85]

Ein Urtheil Hesiod's bekräftigt. – Ein Zeichen für die Klugheit der Weiber ist es, daß sie es fast überall verstanden haben, sich ernähren zu lassen, wie Drohnen im Bienenkorbe. Man erwäge doch aber, was das ursprünglich bedeuten will und warum die Männer sich nicht von den Frauen ernähren lassen. Gewiss weil die männliche Eitelkeit und Ehrsucht grösser als die weibliche Klugheit ist; denn die Frauen haben es verstanden, sich durch Unterordnung doch den überwiegenden Vortheil, ja die Herrschaft zu sichern. Selbst das Pflegen der Kinder könnte ursprünglich von der Klugheit der Weiber als Vorwand benutzt sein, um sich der Arbeit möglichst zu entziehen. Auch jetzt noch verstehen sie, wenn sie wirklich thätig sind, zum Beispiel als Haushälterinnen, davon ein sinnverwirrendes Aufheben zu machen, so dass von den Männern das Verdienst ihrer Thätigkeit zehnfach überschätzt zu werden pflegt. [86]

Frauen im Hass. – Im Zustande des Hasses sind Frauen gefährlicher, als Männer; zuvörderst weil sie durch keine Rücksicht auf Billigkeit in ihrer einmal erregten feindseligen Empfindung gehemmt werden, sondern ungestört ihren Hass bis zu den letzten Consequenzen anwachsen lassen, sodann weil sie darauf eingeübt sind, wunde Stellen (die jeder Mensch, jede Partei hat) zu finden und dort hinein zu stechen: wozu ihr dolchspitzer Verstand treffliche Dienste leistet (während die Männer beim Anblick von Wunden zurückhaltend, oft grossmüthig und versöhnlich gestimmt werden). [87]

Liebe. – Die Abgötterei, welche die Frauen mit der Liebe treiben, ist im Grunde und ursprünglich eine Erfindung der Klugheit, insofern sie ihre Macht durch alle jene Idealisierungen der Liebe erhöhen und sich in den Augen der Männer als immer begehrenswerther darstellen. Aber durch die Jahrhundertelange Gewöhnung an diese übertriebene Schätzung der Liebe ist es geschehen, dass sie in ihr eigenes Netz gelaufen sind und jenen Ursprung vergessen haben. Sie selber sind jetzt noch mehr die Getäuschten der

Männer, und leiden desshalb auch mehr an der Enttäuschung, welche fast nothwendig im Leben jeder Frau eintreten wird – sofern sie überhaupt Phantasie und Verstand genug hat, um getäuscht und enttäuscht zu werden. [88]

Die Inspiration im Urtheile der Frauen. – Jene plötzlichen Entscheidungen über das Für und Wider, welche Frauen zu geben pflegen, die blitzschnellen Erhellungen persönlicher Beziehungen durch ihre hervorbrechenden Neigungen und Abneigungen, kurz die Beweise der weiblichen Ungerechtigkeit, sind von liebenden Männern mit einem Glanz umgeben worden, als ob alle Frauen Inspirationen von Weisheit hätten, auch ohne den delphischen Kessel oder die Lorbeerbinde; und ihre Aussprüche werden noch lange nachher wie sibyllinische Orakel interpretiert und zurechtgelegt. Wenn man aber erwägt, dass für jede Person, für jede Sache sich etwas geltend machen lässt, aber ebenso gut auch Etwas gegen sie, dass alle Dinge nicht nur zwei-, sondern drei- und vierseitig sind, so ist es beinahe schwer, mit solchen plötzlichen Entscheidungen gänzlich fehl zu greifen; ja man könnte sagen: die Natur der Dinge ist so eingerichtet, dass die Frauen immer Recht behalten. [89]

Widersprüche in weiblichen Köpfen. – Weil die Weiber so viel mehr persönlich als sachlich sind, vertragen sich in ihrem Gedankenkreise Richtungen, die logisch mit sich im Widerspruch sind: sie pflegen sich eben für die Vertreter dieser Richtungen der Reihe nach zu begeistern und nehmen deren Systeme in Bausch und Bogen an; doch so, dass überall dort eine todte Stelle entsteht, wo eine neue Persönlichkeit später das Übergewicht bekommt. Es kommt vielleicht vor, dass die ganze Philosophie im Kopf einer alten Frau aus lauter solchen todten Stellen besteht. [90]

Wer leidet mehr? – Nach einem persönlichen Zwiespalt und Zanke zwischen einer Frau und einem Manne leidet der eine Theil am meisten bei der Vorstellung, dem anderen Wehe gethan zu haben; während jener am meisten bei der Vorstellung leidet, dem anderen nicht genug Wehe gethan zu haben, weshalb er sich bemüht, durch Thränen, Schluchzen und verstörte Mienen, ihm noch hinterdrein das Herz schwer zu machen. [91]

Zu nahe. – Leben wir zu nahe mit einem Menschen zusammen, so geht es uns so, wie wenn wir einen guten Kupferstich immer wieder mit blossen Fingern anfassen: eines Tages haben wir schlechtes beschmutztes Papier und Nichts weiter in den Händen. Auch die Seele eines Menschen wird durch beständiges Angreifen endlich abgegriffen: mindestens *erscheint* sie uns endlich so, – wir sehen ihre ursprüngliche Zeichnung und Schönheit nie wieder. – Man verliert immer durch den allzuvertraulichen Umgang mit Frauen und Freunden; und mitunter verliert man die Perle seines Lebens dabei. [92]

Freiwilliges Opferthier. – Durch Nichts erleichtern bedeutende Frauen ihren Männern, falls diese berühmt und gross sind, das Leben so sehr, als dadurch dass die gleichsam das Gefäss der allgemeinen Ungunst und gelegentlichen Verstimmung der übrigen Menschen werden. Die Zeitgenossen pflegen ihren grossen Männern viel Fehlgriffe und Narrheiten, ja Handlungen grober Ungerechtigkeit nachzusehen, wenn sie nur Jemanden finden, den sie als eigentliches Opferthier zur Erleichterung ihres Gemüthes misshandeln und schlachten dürfen. Nicht selten findet eine Frau den Ehrgeiz in sich, sich zu dieser Opferung anzubieten, und dann kann freilich der Mann sehr zufrieden sein, – falls er nämlich Egoist genug ist, um sich einen solchen freiwilligen Blitz-, Sturm- und Regenableiter in seiner Nähe gefallen zu lassen. [93]

Angenehme Widersacher – Die naturgemässe Neigung der Frauen zu ruhigem, gleichmässigem, glücklich zusammenstimmenden Dasein und Verkehren, das Oelgleiche und Beschwichtigende ihrer Wirkungen auf dem Meere des Lebens arbeitet unwillkürlich dem heroischeren Drange des Freigeistes entgegen. Ohne dass sie es merken, handeln die Frauen so, als wenn man dem wandernden Mineralogen die Steine vom Weg nimmt, damit sein Fuss nicht daran stosse – während er gerade ausgezogen ist, *um* daran zu stossen. [94]

Missklang zweier Consonanten. – Die Frauen wollen dienen und haben darin ihr Glück; und der Freigeist will nicht bedient sein und hat darin sein Glück. [95]

Xanthippe. – Sokrates fand eine Frau, wie er sie brauchte – aber auch er hätte sie nicht gesucht, falls er sie gut gekannt hätte: so weit wäre auch der Heroismus dieses freien Geistes nicht gegangen. Thatsächlich trieb ihn Xanthippe in seinen eigenthümlichen Beruf immer mehr hinein, indem sie ihm Haus und Heim unhäuslich und unheimlich machte: sie lehrte ihn, auf den Gassen und überall dort zu leben, wo man schwätzen und müssig sein konnte, und bildete ihn damit zum grössten Gassen-Dialektiker aus: der sich zuletzt selber mit einer zudringlichen Bremse vergleichen musste, welche dem schönen Pferde Athen von einem Gotte auf den Nacken gesetzt sei, um es nicht zur Ruhe kommen zu lassen. [96]

Macht und Freiheit. – So hoch Frauen ihre Männer ehren, so ehren sie doch die von der Gesellschaft anerkannten Gewalten und Vorstellungen noch mehr: sie sind seit Jahrtausenden gewohnt, vor allem Herrschenden gebückt, die Hände auf die Brust gefaltet, einherzugehen und missbilligen alle Auflehnung gegen die öffentliche Macht. Desshalb hängen sie sich, ohne es auch nur zu beabsichtigen, vielmehr wie aus Instinct, als Hemmschuh in die Räder eines freigeisterischen unabhängigen Strebens und machen unter Umständen ihre Gatten auf's Höchste ungeduldig, zumal wenn diese sich noch vorreden, dass Liebe es sei, was die Frauen im Grunde dabei antreibe. Die Mittel der Frauen missbilligen und grossmüthig die Motive dieser Mittel ehren – das ist Männer-Art und oft genug Männer-Verzweiflung. [97]

Für die Ferne blind. – Ebenso wie die Mütter eigentlich nur Sinn und Auge für die augen- und sinnfälligen Schmerzen ihrer Kinder haben, so vermögen die Gattinnen hoch strebender Männer es nicht über sich zu gewinnen, ihre Ehegenossen leidend, darbend und gar missachtet zu sehen, – während vielleicht alles diess nicht nur die Wahrzeichen einer richtigen Wahl ihrer Lebenshaltung, sondern schon die Bürgschaften dafür sind, dass ihre grossen Ziele irgendwann einmal erreicht werden *müssen.* Die Frauen intriguieren im Stillen immer gegen die höhere Seele ihrer Männer; sie wollen dieselbe um ihre Zukunft, zu Gunsten einer schmerzlosen, behaglichen Gegenwart, betrügen. [98]

Ceterum censeo. – Es ist zum Lachen, wenn eine Gesellschaft von Habenichtsen die Abschaffung des Erbrechts decretirt, und nicht minder zum Lachen ist es, wenn Kinderlose an der praktischen Gesetzgebung eines Landes arbeiten: – sie haben ja nicht genug Schwergewicht in ihrem Schiffe, um sicher in den Ocean der Zukunft hineinsegeln zu können. Aber ebenso ungereimt erscheint es, wenn der, welcher die allgemeinste Erkenntnis und die Abschätzung des gesamten Daseins zu seiner Aufgabe erkoren hat, sich mit persönlichen Rücksichten auf eine Familie, auf Ernährung, Sicherung, Achtung von Weib und Kind belastet und vor sein Teleskop jenen trüben Schleier aufspannt, durch welchen kaum einige Strahlen der fernen Gestirnwelt hindurchzudringen vermögen. So komme auch ich zu dem Satze, daß in den Angelegenheiten der höchsten philosophischen Art alle Verheiratheten verdächtig sind. [99]

Zuletzt. – Es giebt mancherlei Arten von Schierling, und gewöhnlich findet das Schicksal eine Gelegenheit, dem Freigeiste einen Becher dieses Giftgetränkes an die Lippen zu setzen – um ihn zu »strafen«, wie dann alle Welt sagt. Was thun dann die Frauen um ihn? Sie werden schreien und wehklagen und vielleicht die Sonnenuntergangs-Ruhe des Denkers stören: wie sie es im Gefängniss von Athen thaten. »O Kriton, heisse doch Jemanden diese Weiber da fortführen!« sagte endlich Sokrates. [100]

Am Webstuhle. – Den Wenigen, welche eine Freude daran haben, den Knoten der Dinge zu lösen und sein Gewebe aufzutrennen, arbeiten Viele entgegen (zum Beispiel alle Künstler und Frauen), ihn immer wieder neu zu knüpfen, zu verwickeln und so das Begriffene in's Unbegriffene, womöglich Unbegreifliche umzubilden. Was dabei auch sonst herauskomme – das Gewebte und Verknotete wird immer etwas unreinlich aussehen müssen, weil zu viele Hände daran arbeiten und ziehen. [101]

Zur Mischung der Gefühle. – Gegen die Wissenschaft empfinden Frauen und selbstsüchtige Künstler Etwas, das aus Neid und Sentimentalität zusammengesetzt ist. [102]

Vom Geiste der Frauen. – Die geistige Kraft einer Frau wird am besten dadurch bewiesen, dass sie aus Liebe zu einem Manne und dessen Geiste ihren eigenen zum Opfer bringt, und dass trotzdem ihr auf dem neuen, ihrer Natur ursprünglich fremden Gebiete, wohin die Sinnesart des Mannes sie drängt, *sofort ein zweiter Geist* nachwächst. [103]

Erhöhung und Erniedrigung im Geschlechtlichen. – Der Sturm der Begierde reisst den Mann mitunter in eine Höhe hinauf, wo alle Begierde schweigt: dort wo er wirklich *liebt* und noch mehr in einem besseren Sein als besserem Wollen lebt. Und wiederum steigt ein gutes Weib häufig aus wahrer Liebe bis hinab zur Begierde und *erniedrigt* sich dabei vor sich selber. Namentlich das Letztere gehört zu dem Herzbewegensten, was die Vorstellung einer guten Ehe mit sich zu bringen vermag. [104]

Das Weib erfüllt, der Mann verheißt. – Durch das Weib zeigt die Natur, womit sie bis jetzt bei ihrer Arbeit am Menschenbilde fertig wurde; durch den Mann zeigt sie, was sie dabei zu überwinden hatte, aber auch, was sie noch alles mit dem Menschen *vorhat*. – Das vollkommene Weib jeder Zeit ist der Müssiggang des Schöpfers an jedem siebenten Tage der Cultur, das Ausruhen des Künstlers in seinem Werke. [105]

Das Lachen als Verrätherei. – Wie und wann eine Frau lacht, das ist ein Merkmal ihrer Bildung: aber im Klange des Lachens enthüllt sich ihre Natur, bei sehr gebildeten Frauen vielleicht sogar der letzte unlösbare Rest ihrer Natur. – Desshalb wird der Menschenprüfer sagen wie Horaz, aber aus verschiedenem Grunde: ridete puellae. [106]

Mitleidige Frauen. – Das Mitleiden der Frauen, welches geschwätzig ist, trägt das Bett der Kranken auf offenen Markt. [107]

Bausch- und Bogen-Seelen. – Die Frauen und Künstler meinen, dass wo man ihnen nicht widerspreche, man nicht widersprechen könne; Verehrung in zehn Puncten und stillschweigende Nichtbilligung in anderen zehn scheint ihnen neben einander unmöglich, weil sie Bausch- und Bogen-Seelen haben. [108]

Ekel an der Wahrheit. – Die Frauen sind so geartet, dass alle Wahrheit (in Bezug auf Mann, Liebe, Kind, Gesellschaft, Lebensziel) ihnen Ekel macht und dass sie sich an Jedem zu rächen suchen, welcher ihnen das Auge öffnet. [109]

Die Quelle der grossen Liebe. – Woher die plötzlichen Leidenschaften eines Mannes für ein Weib entstehen, die tiefen, innerlichen? Aus Sinnlichkeit allein am wenigsten: aber wenn der Mann Schwäche, Hülfsbedürftigkeit und zugleich Übermuth in einem Wesen zusammen findet, so geht Etwas in ihm vor, wie wenn seine Seele überwallen wollte: er ist im selben Augenblicke gerührt und beleidigt. Aus diesem Puncte entspringt die Quelle der grossen Liebe. [110]

Benutzung des Neuen. – Männer benutzen Neu-Erlerntes fürderhin als Pflugschar, vielleicht auch als Waffe: aber Weiber machen sofort daraus einen Putz für sich zurecht. [111]

Recht haben bei den zwei Geschlechtern. – Giebt man einem Weibe zu, dass es Recht habe, so kann es sich nicht versagen, erst noch die Ferse triumphirend auf den Nacken des Unterworfenen zu setzen, – es muss den Sieg auskosten; während Mann gegen Mann sich in solchem Falle gewöhnlich des Rechthabens schämt. Dafür ist der Mann an das Siegen gewöhnt, das Weib erlebt damit eine Ausnahme. [112]

Entsagung im Willen zur Schönheit. – Um schön zu werden, darf ein Weib nicht für hübsch gelten wollen: das heisst, es muss in neunundneunzig Fällen, wo es gefallen könnte, es verschmähen und hintertreiben, zu gefallen, um Ein Mal das Entzücken Dessen einzuernten, dessen Seelenpforte gross genug ist, um Grosses aufzunehmen. [113]

Tiefe Erklärungen. – Wer die Stelle eines Autors »tiefer erklärt«, als sie gemeint war, hat den Autor nicht erklärt, sondern *verdunkelt.* So stehen unsere Metaphysiker zum Texte der Natur; ja noch schlimmer. Denn um ihre tiefen Erklärungen anzubringen, richten sie sich häufig den Text erst daraufhin zu: das heisst, sie *verderben* ihn. Um ein kurioses Beispiel für Textverderbnis und Verdunkelung des Autors zu geben, so mögen hier Schopenhauer's Gedanken über die Schwangerschaft der Weiber stehen: Das Anzeichen des steten Daseins des Willens zum Leben in der Zeit, sagt er, ist der Coitus; das Anzeichen des diesem Willen auf's Neue zugesellten, die Möglichkeit der Erlösung offen haltenden Lichtes der Erkenntniss, und zwar im höchsten Grade der Klarheit, ist die erneuerte Menschwerdung des Willens zum Leben. Das Zeichen dieser ist die Schwangerschaft, welche daher frank und frei, ja stolz einhergeht, während der Coitus sich verkriecht wie ein Verbrecher. Er behauptet, dass *jedes Weib*, wenn beim Generationsact überrascht, vor Scham vergehn möchte, aber »*ihre Schwangerschaft, ohne eine Spur von Scham, ja mit einer Art Stolz, zur Schau trägt.*« Vor Allem lässt sich dieser Zustand nicht so leicht *mehr* zur Schau tragen, als er sich selber zur Schau trägt; indem Schopenhauer aber gerade *nur* die Absichtlichkeit des zur-Schau-Tragens hervorhebt, bereitet er sich den Text vor, damit dieser zu der bereit gehaltenen »Erklärung« passe. Sodann ist Das, was er über die Allgemeinheit des zu erklärenden Phänomens sagt, nicht wahr: er spricht von

»jedem Weibe«: viele, namentlich die jüngeren Frauen, zeigen aber in diesem Zustande, selbst vor den nächsten Anverwandten, oft eine peinliche Verschämtheit; und wenn Weiber reiferen und reifsten Alters, zumal solche aus dem niederen Volke, in der That sich auf jenen Zustand Etwas zu Gute thun sollten, so geben sie wohl damit zu verstehen, dass sie *noch* von ihren Männern begehrt werden. Dass bei ihrem Anblick der Nachbar und die Nachbarin oder ein vorübergehender Fremder sagt oder denkt: »sollte es möglich sein –«, dieses Almosen wird von der weiblichen Eitelkeit bei geistigem Tiefstande immer noch gern angenommen. Umgekehrt würden, wie aus Schopenhauer's Sätzen zu folgern wäre, gerade die klügsten und geistigsten Weiber am meisten über ihren Zustand öffentlich frohlocken: sie haben ja die meiste Aussicht, ein Wunderkind des Intellects zu gebären, in welchem »der Wille« sich zum allgemeinen Besten wieder einmal »verneinen« kann; die dummen Weiber hätten dagegen allen Grund, ihre Schwangerschaft noch schamhafter zu verbergen, als Alles, was sie verbergen. – Man kann nicht sagen, dass diese Dinge aus der Wirklichkeit genommen sind. Gesetzt aber, Schopenhauer hätte ganz im Allgemeinen darin Recht, dass die Weiber im Zustande der Schwangerschaft eine Selbstgefälligkeit mehr zeigen, als sie sonst zeigen, so läge doch eine Erklärung näher zur Hand, als die seinige. Man könnte sich ein Gackern der Henne auch *vor* dem Legen des Eies denken, des Inhaltes: Seht seht! ich werde ein Ei legen! ich werde ein Ei legen! [114]

Der Geist der Frauen in der jetzigen Gesellschaft. – Wie die Frauen jetzt über den Geist der Männer denken, erräth man daraus, dass sie bei ihrer Kunst des Schmückens an alles eher denken, als den Geist ihrer Züge oder die geistreichen Einzelheiten ihres Gesichts noch besonders zu unterstreichen: sie verbergen derartiges vielmehr und wissen sich dagegen, zum Beispiel durch eine Anordnung des Haars über der Stirn, den Ausdruck einer lebendig begehrenden Sinnlichkeit und Ungeistigkeit zu geben, gerade wenn sie diese Eigenschaften nur wenig besitzen. Ihre Überzeugung, dass der Geist bei Weibern die Männer erschrecke, geht so weit, dass sie selbst die Schärfe des geistigen Sinnes gern verleugnen und den Ruf der *Kurzsichtigkeit* absichtlich auf sich laden; dadurch glauben sie wohl die Männer zutraulicher zu machen: es ist, als ob sich eine einladende sanfte Dämmerung um sie verbreite. [115]

Gross und vergänglich. – Was den Betrachtenden zu Thränen rührt, das ist der schwärmerische Glückes-Blick, mit dem eine schöne junge Frau ihren Gatten ansieht. Man empfindet alle Herbst-Wehmuth dabei, über die Grösse sowohl, als über die Vergänglichkeit des menschlichen Glückes. [116]

Opfer-Sinn. – Manche Frau hat den intelletto del sacrifizio und wird ihres Lebens nicht mehr froh, wenn der Gatte sie nicht opfern will: sie weiss dann mit ihrem Verstande nicht mehr wohin? und wird unversehens aus dem Opferthier der Opferpriester selber. [117]

Das Unweibliche. – »Dumm wie ein Mann« sagen die Frauen: »feige wie ein Weib« sagen die Männer. Die Dummheit ist am Weibe das *Unweibliche.* [118]

Männliches und weibliches Temperament und die Unsterblichkeit. – Dass das männliche Geschlecht ein schlechteres Temperament hat, als das weibliche, ergiebt sich auch daraus, dass die männlichen Kinder der Sterblichkeit mehr ausgesetzt sind, als die weiblichen, offenbar weil sie leichter »aus der Haut fahren«: ihre Wildheit und Unverträglichkeit verschlimmert alle Uebel leicht bis in's Tödtliche. [119]

Sitte und Schönheit. – Zu Gunsten der Sitte sei nicht verschwiegen, dass bei Jedem, der sich ihr völlig und von ganzem Herzen und von Anbeginn an unterwirft, die Angriffs- und Vertheidigungsorgane – die körperlichen und geistigen – verkümmern: das heisst, er wird zunehmend schöner! Denn die Übung jener Organe und der ihnen entsprechenden Gesinnung ist es, welche hässlich erhält und hässlicher macht. Der alte Pavian ist darum hässlicher, als der junge, und der weibliche junge Pavian ist dem Menschen am ähnlichsten: also am schönsten. – Hiernach mache man einen Schluss auf den Ursprung der Schönheit der Weiber! [120]

Nicht europäisch und nicht vornehm. – Es ist etwas Orientalisches und etwas Weibliches im Christenthum: das verräth sich in dem Gedanken »wen Gott lieb hat, den züchtigt er,« denn die Frauen im Orient betrachten Züchtigungen und strenge Abschliessung ihrer Person gegen die Welt als ein Zeichen der Liebe ihres Mannes und beschweren sich, wenn diese Zeichen ausbleiben. [121]

Weiberfeinde. – »Das Weib ist unser Feind« – wer so als Mann zu Männern spricht, aus dem redet der ungebändigte Trieb, der nicht nur sich selber, sondern auch seine Mittel hasst. [122]

Verschiedener Stolz. – Die Frauen sind es, welche bei der Vorstellung erbleichen, ihr Geliebter möchte ihrer nicht werth sein; die Männer sind es, welche bei der Vorstellung erbleichen, sie möchten ihrer Geliebten nicht werth sein. Es ist hier von ganzen Frauen, ganzen Männern die Rede. Solche Männer, als die Menschen der Zuversichtlichkeit und des Machtgefühls *für gewöhnlich*, haben im Zustande der Passion ihre Verschämtheit, ihren Zweifel an sich; solche Frauen aber fühlen sich sonst immer als die Schwachen, zur

Hingebung Bereiten, aber in der hohen *Ausnahme* der Passion haben sie ihren Stolz und ihr Machtgefühl, – als welches frägt: wer ist *meiner* würdig? [123]

Der unfreiwillige Verführer.
Er schoss ein leeres Wort zum Zeitvertreib
In's Blaue – und doch fiel darob ein Weib. [124]

Mann und Weib.
»Raub dir das Weib, für das dein Herze fühlt!« –
So denkt der Mann; das Weib raubt nicht, es stiehlt. [125]

Die Frauen und ihre Wirkung in die Ferne. – Habe ich noch Ohren? Bin ich nur noch Ohr und nichts weiter mehr? Hier stehe ich inmitten des Brandes der Brandung, deren weisse Flammen bis zu meinem Fusse heraufzüngeln – von allen Seiten heult, droht, schreit, schrillt es auf mich zu, während in der tiefsten Tiefe der alte Erderschütterer seine Arie singt, dumpf wie ein brüllender Stier: er stampft sich dazu einen solchen Erderschütterer-Tact, dass selbst diesen verwetterten Felsunholden hier das Herz darüber im Leib zittert. Da, plötzlich, wie aus dem Nichts geboren, erscheint vor dem Thore dieses höllischen Labyrinthes, nur wenige Klafter weit entfernt – ein grosses Segelschiff, schweigsam wie ein Gespenst dahergleitend. Oh diese gespenstische Schönheit! Mit welchem Zauber fasst sie mich an! Wie? Hat alle Ruhe und Schweigsamkeit der Welt sich hier eingeschifft? Sitzt mein Glück selber an diesem stillen Platze, mein glücklicheres Ich, mein zweites verewigtes Selbst? Nicht todt sein und doch auch nicht mehr lebend? Als ein geisterhaftes, stilles, schauendes, gleitendes, schwebendes Mittelwesen? Dem Schiffe gleichend, welches mit seinen weissen Segeln wie ein ungeheurer Schmetterling über das dunkle Meer hinläuft? Ja! *Ueber* das Dasein hinlaufen! Das ist es! Das wäre es! – – Es scheint, der Lärm hier hat mich zum Phantasten gemacht? Aller grosse Lärm macht, dass wir das Glück in die Stille und Ferne setzen. Wenn ein Mann inmitten *seines* Lärmes steht, inmitten seiner Brandung von Würfen und Entwürfen; da sieht er wohl auch stille zauberhafte Wesen an sich vorübergleiten, nach deren Glück und Zurückgezogenheit er sich sehnt – *es sind die Frauen*. Fast meint er, dort bei den Frauen wohne sein besseres Selbst: an diesen stillen Plätzen werde auch die lauteste Brandung zur Todtenstille und das Leben selber zum Traume über das Leben. Jedoch! Jedoch! Mein edler Schwärmer, es giebt auch auf dem schönsten Segelschiffe so viel Geräusch und Lärm und leider so viel kleinen erbärmlichen Lärm! Der Zauber und die mächtige Wirkung der Frauen ist, um die Sprache der Philosophen zu reden, eine Wirkung in der Ferne, eine actio in distans: dazu gehört aber, zuerst und vor allem – *Distanz*! [126]

Das Weib in der Musik. – Wie kommt es, dass warme und regnerische Winde auch die musikalische Stimmung und die erfinderische Lust der Melodie mit sich führen? Sind es nicht die selben Winde, welche die Kirchen füllen und den Frauen verliebte Gedanken geben? [127]

Skeptiker. – Ich fürchte, dass altgewordene Frauen im geheimsten Verstecke ihres Herzens skeptischer sind, als alle Männer: sie glauben an die Oberflächlichkeit des Daseins als an sein Wesen, und alle Tugend und Tiefe ist ihnen nur Verhüllung dieser »Wahrheit«, die sehr wünschenswerthe Verhüllung eines pudendum –, also eine Sache des Anstandes und der Scham, und nicht mehr! [128]

Hingebung. – Es giebt edle Frauen mit einer gewissen Armuth des Geistes, welche, um ihre tiefste Hingebung *auszudrücken*, sich nicht anders zu helfen wissen, als so, dass sie ihre Tugend und Scham anbieten: es ist ihnen ihr Höchstes. Und oft wird diess Geschenk angenommen, ohne so tief zu verpflichten, als die Geberinnen voraussetzen, – eine sehr schwermüthige Geschichte! [129]

Die Stärke der Schwachen. – Alle Frauen sind fein darin, ihre Schwäche zu übertreiben, ja sie sind erfinderisch in Schwächen, um ganz und gar als zerbrechliche Zierathen zu erscheinen, denen selbst ein Stäubchen wehe thut: ihr Dasein soll dem Manne seine Plumpheit zu Gemüthe führen und ins Gewissen schieben. So wehren sie sich gegen die Starken und alles »Faustrecht«. [130]

Sich selber heucheln. – Sie liebt ihn nun und blickt seitdem mit so ruhigem Vertrauen vor sich hin wie eine Kuh: aber wehe! Gerade diess war seine Bezauberung, dass sie durchaus veränderlich und unfassbar schien! Er hatte eben schon zu viel beständiges Wetter an sich selber! Sollte sie nicht gut thun, ihren alten Charakter zu heucheln? Räth ihr also nicht – die Liebe? Vivat comoedia! [131]

Wille und Willigkeit. – Man brachte einen Jüngling zu einem weisen Mann und sagte: »Siehe, das ist Einer, der durch die Weiber verdorben wird!«, Der weise Mann schüttelte den Kopf und lächelte. »Die Männer sind es, rief er, welche die Weiber verderben: und Alles, was die Weiber fehlen, soll an den Männern gebüsst und gebessert werden, – denn der Mann macht sich das Bild des Weibes, und das Weib bildet sich nach diesem Bilde.« – »Du bist zu mildherzig gegen die Weiber, sagte einer der Umstehenden, du kennst sie nicht!« Der weise Mann antwortete: »Des Mannes Art ist Wille, des Weibes Art Willigkeit – so ist es das Gesetz der Geschlechter, wahrlich! ein hartes Gesetz für das Weib! Alle Menschen sind unschuldig für ihr Dasein, die Weiber aber sind unschuldig im zweiten Grade: wer könnte für sie des Oels und der Milde genug haben.« – Was Oel! Was Milde! rief ein anderer aus der Menge; man muss die Weiber besser erziehen! – »Man muss die Männer besser erziehen,« sagte der weise Mann und winkte dem Jünglinge, dass er ihm folge. – Der Jüngling aber folgte ihm nicht. [132]

Fähigkeit zur Rache. – Dass Einer sich nicht vertheidigen kann und folglich auch nicht will, gereicht ihm in unseren Augen noch nicht zur Schande: aber wir schätzen Den gering, der zur Rache weder das Vermögen noch den guten Willen hat, – gleichgültig ob Mann oder Weib. Würde uns ein Weib festhalten (oder wie man sagt »fesseln«) können, dem wir nicht zutrauten, dass es unter Umständen den Dolch (irgend eine Art von Dolch) *gegen* uns gut zu handhaben wüsste? Oder gegen sich: was in einem bestimmten Falle die empfindlichere Rache wäre (die chinesische Rache). [133]

Die Herrinnen der Herren. – Eine tiefe mächtige Altstimme, wie man sie bisweilen im Theater hört, zieht uns plötzlich den Vorhang vor Möglichkeiten auf, an die wir für gewöhnlich nicht glauben: wir glauben mit Einem Male daran, dass es irgendwo in der Welt Frauen mit hohen, heldenhaften, königlichen Seelen geben könne, fähig und bereit zu grandiosen Entgegnungen, Entschliessungen und Aufopferungen, fähig und bereit zur Herrschaft über Männer, weil in ihnen das Beste vom Manne, über das Geschlecht hinaus, zum leibhaften Ideal geworden ist. Zwar sollen solche Stimmen nach der Absicht des Theaters gerade *nicht* diesen Begriff vom Weibe geben: gewöhnlich sollen sie den idealen männlichen Liebhaber, zum Beispiel einen Romeo, darstellen; aber nach meiner Erfahrung zu urtheilen, verrechnet sich dabei das Theater und der Musiker, der von einer solchen Stimme solche Wirkungen erwartet, ganz regelmässig. Man glaubt nicht an *diese* Liebhaber: diese Stimmen erhalten immer noch eine Farbe des Mütterlichen und Hausfrauenhaften, und gerade dann am meisten, wenn Liebe in ihrem Klange ist. [134]

Von der weiblichen Keuschheit. – Es ist etwas ganz Erstaunliches in der Erziehung der vornehmen Frauen; ja vielleicht gibt es nichts Paradoxeres. Alle Welt ist darüber einverstanden, sie in eroticis so unwissend wie möglich zu erziehen und ihnen eine tiefe Scham vor dergleichen und die äusserste Ungeduld und Flucht beim Andeuten dieser Dinge in die Seele zu geben. Alle »Ehre« des Weibes steht im Grunde nur hier auf dem Spiele: was verziehe man ihnen sonst nicht! Aber hierin sollen sie unwissend bis in's Herz hinein bleiben – sie sollen weder Augen noch Ohren noch Worte noch Gedanken für diess ihr »Böses« haben: ja das Wissen ist hier schon das Böse. Und nun! Wie mit einem grausigen Blitzschlage in die Wirklichkeit und das Wissen geschleudert werden, mit der Ehe – und zwar durch Den, welchen sie am meisten lieben und hochhalten: Liebe und Scham im Widerspruch ertappen, ja Entzückung, Preisgebung, Pflicht, Mitleid und Schrecken über die unerwartete Nachbarschaft von Gott und Thier und was Alles sonst noch! in Einem empfinden müssen! – Da hat man in der That sich einen Seelen-Knoten geknüpft, der seines Gleichen sucht! Selbst die mitleidige Neugier des weisesten Menschenkenners reicht nicht aus, zu errathen, wie sich dieses und jenes Weib in diese Lösung des Räthsels und in diess Räthsel von Lösung zu finden weiss, und was für schauerliche, weithin greifende Verdachte sich dabei in der armen aus den Fugen gerathenen Seele regen müssen, ja wie die letzte Philosophie und Skepsis des Weibes an diesem Puncte ihre Anker wirft! – Hinterher das selbe tiefe Schweigen wie vorher: und oft ein Schweigen vor sich selber, ein Augen-Zuschliessen vor sich selber. – Die jungen Frauen bemühen sich sehr darum, oberflächlich und gedankenlos zu erscheinen; die feinsten unter ihnen erheucheln eine Art Frechheit. – Die Frauen empfinden leicht ihre Männer als ein Fragezeichen ihrer Ehre und ihre Kinder als eine Apologie oder Busse, – sie bedürfen der Kinder und wünschen sie sich, in einem ganz anderen Sinne als ein Mann sich Kinder wünscht. – Kurz, man kann nicht mild genug gegen die Frauen sein! [135]

Die Erfolglosen. – Jenen armen Frauen fehlt es immer an Erfolg, welche in Gegenwart Dessen, den sie lieben, unruhig und unsicher werden und zu viel reden: denn die Männer werden am sichersten durch eine gewisse heimliche und phlegmatische Zärtlichkeit verführt. [136]

Das dritte Geschlecht. – »Ein kleiner Mann ist eine Paradoxie, aber doch ein Mann, – aber die kleinen Weibchen scheinen mir, im Vergleich mit hochwüchsigen Frauen, von einem anderen Geschlechte zu sein« – sagte ein alter Tanzmeister. Ein kleines Weib ist niemals schön – sagte der alte Aristoteles. [137]

Kein Altruismus! – Ich sehe an vielen Menschen eine überschüssige Kraft und Lust, Function sein zu wollen; sie drängen sich dorthin und haben die feinste Witterung für alle jene Stellungen, wo gerade *sie* Function sein können. Dahin gehören jene Frauen, die sich in die Function eines Mannes verwandeln, welche an ihm gerade schwach entwickelt ist, und dergestalt zu seinem Geldbeutel oder zu seiner Politik oder zu seiner Geselligkeit werden. Solche Wesen erhalten sich selber am besten, wenn sie sich in einen fremden Organismus einfügen; gelingt es ihnen nicht, so werden sie ärgerlich, gereizt und fressen sich selber auf. [138]

Vita femina. – Die letzten Schönheiten eines Werkes zu sehen – dazu reicht alles Wissen und aller guter Wille nicht aus; es bedarf der seltensten glücklichen Zufälle, damit einmal der Wolkenschleier von diesen Gipfeln für uns weiche und die Sonne auf ihnen glühe. Nicht nur müssen wir gerade an der rechten Stelle stehen, diess zu sehen: es muss gerade unsere Seele selber den Schleier von ihren Höhen weggezogen haben und eines äusseren Ausdruckes und Gleichnisses bedürftig sein, wie um einen Halt zu haben und ihrer selbst mächtig zu bleiben. Diess Alles aber kommt so selten gleichzeitig zusammen, dass ich glauben möchte, die höchsten Höhen alles Guten, sei es Werk, That, Mensch, Natur, seien bisher für die meisten und selbst für die Besten etwas Verborgenes und Verhülltes gewesen: – was sich aber uns enthüllt, *das enthüllt sich uns Ein Mal*! – Die Griechen beteten wohl: »Zwei und drei Mal alles Schöne!« Ach, sie hatten da einen guten Grund, Götter anzurufen, denn die ungöttliche Wirklichkeit giebt uns das Schöne gar nicht oder Ein Mal! Ich will sagen, dass die Welt übervoll von schönen Dingen ist, aber trotzdem arm, sehr arm an schönen Augenblicken und Enthüllungen dieser Dinge. Aber vielleicht ist dies der stärkste Zauber des Lebens: es liegt ein goldgewirkter Schleier von schönen Möglichkeiten über ihm, verheissend, widerstrebend, schamhaft, spöttisch, mitleidig, verführerisch. Ja, das Leben ist ein Weib! [139]

Wie jedes Geschlecht über die Liebe sein Vorurtheil hat. – Bei allem Zugeständnisse, welches ich dem monogamischen Vorurtheile zu machen Willens bin, werde ich doch niemals zulassen, dass man bei Mann und Weib von *gleichen* Rechten in der Liebe redet: diese giebt es nicht. Das macht, Mann und Weib verstehen unter Liebe Jeder etwas Anderes, – und es gehört mit unter die Bedingungen der Liebe bei beiden Geschlechtern, dass das eine Geschlecht beim andren Geschlechte *nicht* das gleiche Gefühl, den gleichen Begriff »Liebe« voraussetzt. Was das Weib unter Liebe versteht, ist klar genug: vollkommene Hingabe (nicht nur Hingebung) mit Seele und Leib, ohne jede Rücksicht, jeden Vorbehalt, mit Scham und Schrecken vielmehr vor dem Gedanken einer verklausulirten, an Bedingungen geknüpften Hingabe. In dieser Abwesenheit von Bedingungen ist eben seine Liebe ein *Glaube*: Das Weib hat keinen anderen. – Der Mann, wenn er ein Weib liebt, *will* von ihm eben diese Liebe, ist folglich für seine Person selbst am entferntesten von der Voraussetzung der weiblichen Liebe; gesetzt aber, dass es auch Männer geben sollte, denen ihrerseits das Verlangen nach vollkommener Hingebung nicht fremd ist, nun, so sind das eben – keine Männer. Ein Mann, der liebt wie ein Weib, wird damit Sklave; ein Weib aber, das liebt wie ein Weib, wird damit ein *vollkommeneres* Weib . . . Die Leidenschaft des Weibes, in ihrem unbedingten Verzichtleisten auf eigne Rechte, hat gerade zur Voraussetzung, dass auf der andren Seite *nicht* ein gleiches Pathos, ein gleiches Verzichtleisten-Wollen besteht: denn wenn Beide aus Liebe auf sich selbst verzichteten, so entstünde daraus – nun, ich weiss nicht was, vielleicht ein leerer Raum? – Das Weib will genommen, angenommen werden als Besitz, will aufgehn in den Begriff »Besitz«, »besessen«; folglich will es Einen, der *nimmt*, der sich nicht selbst giebt und weggiebt, der umgekehrt vielmehr gerade reicher an »sich« gemacht werden soll – durch den Zuwachs an Kraft, Glück, Glaube, als welchen ihm das Weib sich selbst giebt. Das Weib giebt sich weg, der Mann nimmt hinzu – ich denke, über diesen Natur-Gegensatz wird man durch keine socialen Verträge, auch nicht durch den allerbesten Willen zur Gerechtigkeit hinwegkommen: so wünschenswerth es sein mag, dass man das Harte, Schreckliche, Räthselhafte, Unmoralische dieses Antagonismus sich nicht beständig vor Augen stellt. Denn die Liebe, ganz, gross, voll gedacht, ist Natur und als Natur in alle Ewigkeit etwas »Unmoralisches«. – Die *Treue* ist demgemäss in die Liebe des Weibes eingeschlossen, sie folgt aus deren Definition; bei dem Manne *kann* sie leicht im Gefolge seiner Liebe entstehn, etwa aus Dankbarkeit oder als Idiosynkrasie des Geschmacks und sogenannte Wahlverwandtschaft, aber sie gehört nicht in's *Wesen* seiner Liebe, – und zwar so wenig, dass man beinahe mit einigem Recht von einem natürlichen Widerspiel zwischen Liebe und Treue beim Mann reden dürfte: welche Liebe eben ein Haben-Wollen ist und *nicht* ein Verzichtleisten und Weggeben; das Haben-Wollen geht aber jedes Mal mit dem *Haben* zu Ende ... Thatsächlich ist es der feinere und argwöhnerischere Besitzdurst des Mannes, der dies »Haben« sich selten und spät eingesteht, was seine Liebe fortbestehn macht; insofern ist es selbst möglich, dass sie noch nach der Hingebung wächst, – er giebt nicht leicht zu, dass ein Weib für ihn Nichts mehr »hinzugeben« hätte. – [140]

Das Gefühl der Lust der *Ergebung* ist vielleicht *weiblich* – und beider Gefühle sind beide Geschlechter fähig, aber ein Überschuß in jedem besonders. Gott weiß, mit welchen Eigenheiten der geschlechtlichen weiblichen Funktion es zu thun haben mag, daß ihre sinnliche Erregung nicht wesentlich als Wille der Macht sich äußert: beherrscht werden, dienen, sie fühlen sich schwächer durch die Liebe. Die Ernährung des Eierstockes fordert Kraft ab. [141]

Die Alten trauten den Frauen in der Leidenschaft das eigentlich Unmenschliche und Unglaubliche zu – zur Zeit des Aeschylus. [142]

die Frauen sehen in der Wissenschaft einen Vampyr bei einem Manne. [143]

Das Leben der Frauen hat eine sehr anreizende Paradoxie: es läuft auf einen Akt hinaus, der gerade das Gegentheil aller Schamhaftigkeit und ihres ganzen durch Erziehung angestrebten Denkens ist. Was Wunder, daß für sie alles Mirakel wird, und mit dieser Paradoxie zusammenhängt! [144]

Frauen, die allzu lebhaft sind und den Eindruck davon dämpfen möchten, wählen *blaue* Farben: und ebenso gibt es in Büchern blaue Farbtöne, mit denen ihr Urheber seine springende Reizbarkeit zu balanciren sucht. [145]

Die Moralität der Männer nimmt im Leben ab; als Kinder sind wir am moralischsten, weil ohne Furcht, von Liebe umgeben und der Anmaßung fremd. Die Moralität der Frauen, welche in ähnlichen Verhältnissen wie Kinder zeitlebens leben, nimmt deshalb mit den Jahren eher zu, als ab. [146]

Wenn die Geschlechter sich suchen und locken, entsteht ein Gegensatz von Antipathie: hier ist die Heimat der Moral als sympathischer Regungen. »Miteinander ein Vergnügen haben« – nach einander verlangen, nicht um sich zu fressen. – Die Moralität als sympathisches Verhalten der Tiere steht im Verhältnis zum Grade der Sinnlichkeit. – Unter Menschen auch? Die Religionen, welche Mitleid und Liebe am höchsten geachtet haben, sind unter sehr sinnlichen Völkern entstanden, was sich schon dadurch beweist, daß sie in Bezug auf Sinnlichkeit das asketische Ideal aufstellten: ein Beweis, daß sie sich in dieser Hinsicht maßlos und ungebändigt fühlten (Inder und Juden). [147]

Die Naturen, welche überhaupt nicht *über* sich denken, namentlich aber gewisse Dinge an sich nicht ins Auge fassen mögen (Frauen z. B. schon die Thätigkeit des Magens nicht, geschweige den Geschlechtstrieb) – diese deuten sich alle Phänomene anders und *wollen* den einfachen Grund nicht sehen und nicht zugeben. So erlangt ihre Passion etwas Träumerisches und für sie selber Mystisches, sie unterliegen ihr viel eher und heftiger, weil sie idealistisch von sich denken. Was wissen unvermählte Frauen von dem abartenden Geschlechtstrieb, in ihrer Leidenschaft für die Kunst und gewisse Richtungen derselben, oder im Mitleid oder in der Art von blinder Hingebung an einen Gedanken! [148]

»Es war Mode, daß die jungen Frauen, wenn sie Voltaire begegnen, erbleichen, sich aufregen, gerührt und selbst unwohl werden, sich ihm in die Arme werfen, stammeln, weinen, kurz in einen Zustand gerathen, der der leidenschaftlichsten Liebe ähnelt.« *Huldigen!* [149]

Wer die Krallen jener schönen Katzen erfahren hat, die um die großen Künstler schwärmen, ist nicht mehr der Meinung, daß das Genie den Charakter seiner Umgebung verbessere. [150]

Ein Weib mit einer großen Seele und einem ihr nicht unebenbürtigen Geiste, stark genug um zu fliegen und fein genug, um durch ein Nadeloehr zu kriechen – [151]

Hohe Zimmer!

Viele dumme Frauen halten Milch für keine Nahrung, wohl aber Rüben. [152]

Ein Weib ist das Geschöpf, welches seinen Feind und Räuber *lieben soll* – und liebt. [153]

Um die Schönheit dieser Frau ganz zu sehen, muß man sie mit schwachen Augen ansehen: um aber ihren Geist ganz zu sehen, wird man das schärfste Augenglas anwenden müssen – denn sie verbirgt ihn aus Eitelkeit in ihrem Gesichte, so weit er nur zu verbergen ist: denn Geist macht Frauen alt. [154]

Mit einem Klange mitleidig spöttisch und verführerisch zu sein – verstehen nur die Frauen. [155]

Frauen in Colonien – Die Achtung und Artigkeit, welche die Amerikaner den Frauen erweisen, ist vererbt aus jener Zeit, in der diese bedeutend in der Minderheit waren: sie ist eine Eigenthümlichkeit colonialer Staaten. Manches bei den Griechen erklärt sich hieraus. Ein Ausnahmefall: wo die Colonisten viele Weiber antreffen, entsteht gewöhnlich ein Sinken der Schätzung der Weiber. [156]

Aussterben von Faust und Gretchen. – Nach der sehr einsichtigen Bemerkung eines Gelehrten ähneln die gebildeten Männer des gegenwärtigen Deutschland einer Mischung von Mephistopheles und Wagner, aber durchaus nicht Fausten, welchen die Grossväter (in ihrer Jugend wenigstens) in sich rumoren fühlten. Zu ihnen passen also – um jenen Satz fortzusetzen – aus zwei Gründen die *Gretchen* nicht. Und weil sie nicht mehr begehrt werden, so sterben sie, scheint es, aus. [157]

Mädchen als Gymnasiasten. – Um alles in der Welt nicht noch unsere Gymnasialbildung auf die Mädchen übertragen! Sie, die häufig aus geistreichen, wiss begierigen, feurigen Jungen – Abbilder ihrer Lehrer macht! [158]

Zur Emancipation der Frauen. – Können die Frauen überhaupt gerecht sein, wenn sie so gewohnt sind, zu lieben, gleich für oder wider zu empfinden? Daher sind sie auch seltener für Sachen, mehr für Personen eingenommen: sind sie es aber für Sachen, so werden sie sofort deren Parteigänger und verderben damit die reine unschuldige Wirkung derselben. So entsteht eine nicht geringe Gefahr, wenn ihnen die Politik und einzelne Theile der Wissenschaft anvertraut werden (zum Beispiel Geschichte). Denn was wäre seltener, als eine Frau, welche wirklich wüsste, was Wissenschaft ist? Die besten nähren sogar im Busen gegen sie eine heimliche Geringschätzung, als ob sie irgend wodurch ihr überlegen wären. Vielleicht kann diess Alles anders werden, einstweilen ist es so. [159]

Sturm- und Drangperiode der Frauen. – Man kann in den drei oder vier civilisirten Ländern Europa's aus den Frauen durch einige Jahrhunderte von Erziehung Alles machen, was man will, selbst Männer, freilich nicht in geschlechtlichem Sinne, aber doch in jedem anderen Sinne. Sie werden unter einer solchen Einwirkung einmal alle männlichen Tugenden und Stärken angenommen haben, dabei allerdings auch deren Schwächen und Laster mit in den Kauf nehmen müssen: so viel, wie gesagt, kann man erzwingen. Aber wie werden wir den dadurch herbeigeführten Zwischenzustand aushalten, welcher vielleicht selber ein paar Jahrhunderte dauern kann, während denen die weiblichen Narrheiten und Ungerechtigkeiten, ihr uraltes Angebinde, noch die Uebermacht über alles Hinzugewonnene, Angelernte behaupten? Diese Zeit wird es sein, in welcher der Zorn den eigentlichen männlichen Affect ausmacht, der Zorn darüber, dass alle Künste und Wissenschaften durch einen unerhörten Dilletantismus überschwemmt und verschlammt sind, die Philosophie durch sinnverwirrendes

Geschwätz zu Tode geredet, die Politik phantastischer und parteiischer als je, die Gesellschaft in voller Auflösung ist, weil die Bewahrerinnen der alten Sitte sich selber lächerlich geworden und in jeder Beziehung ausser der Sitte zu stehen bestrebt sind. Hatten nämlich die Frauen ihre größte Macht *in* der Sitte, wonach werden sie greifen müssen, um eine ähnliche Fülle der Macht wiederzugewinnen, nachdem sie die Sitte aufgegeben haben? [160]

Unser Glaube an eine Vermännlichung Europa's. – Napoleon verdankt man's (und ganz und gar nicht der französischen Revolution, welche auf »Brüderlichkeit« von Volk zu Volk und allgemeinen blumichten Herzens-Austausch ausgewesen ist), dass sich jetzt ein paar kriegerische Jahrhunderte auf einander folgen dürften, die in der Geschichte nicht ihres Gleichen haben, kurz dass wir in's *klassische Zeitalter des Kriegs* getreten sind, des gelehrten und zugleich volksthümlichen Kriegs im grössten Massstabe (der Mittel, der Begabungen, der Disciplin), auf den alle kommenden Jahrtausende als auf ein Stück Vollkommenheit mit Neid und Ehrfurcht zurückblicken werden: – denn die nationale Bewegung, aus der diese Kriegs-Glorie herauswächst, ist nur der Gegenchoc gegen Napoleon und wäre ohne Napoleon nicht vorhanden. Ihm also wird man einmal es zurechnen dürfen, dass der *Mann* in Europa wieder Herr über den Kaufmann und Philister geworden ist; vielleicht sogar über »das Weib«, das durch das Christenthum und den schwärmerischen Geist des achtzehnten Jahrhunderts, noch mehr durch die »modernen Ideen«, verhätschelt worden ist. Napoleon, der in den modernen Ideen und geradewegs in der Civilisation Etwas wie eine persönliche Feindin sah, hat mit diser Feindschaft sich als einer der grössten Fortsetzer der Renaissance bewährt: er hat ein ganzes Stück antiken Wesens, das entscheidende vielleicht, das Stück Granit, wieder heraufgebracht. Und wer weiss, ob nicht dies Stück antiken Wesens auch endlich wieder über die nationale Bewegung Herr werden wird und sich im *bejahenden* Sinne zum Erben und Fortsetzer Napoleon's machen muss: – der das Eine Europa wollte, wie man weiss, und dies als *Herrin der Erde*. – [161]

die Herrschaft der Frauen habe die Könige von Frankreich geschwächt: an Napoleon's Hofe sollten sie nur Zierath sein. [162]

Napoleon war überzeugt, daß die Frauen in Frankreich mehr Geist hätten als die Männer – er sagte es oft. Die Erziehung, die man ihnen gebe, disponire sie zu einer gewissen Geschicklichkeit, gegen die man sich vertheidigen müsse. [163]

Die Lebensweise der Frauen, welche im wesentlichen ernährt werden und nicht arbeiten, könnte *sofort* in eine philosophische Existenz umgewandelt werden! Aber man sehe sie vor einem Schauladen voller Putz und Wäsche! [164]

Um die Monogamie und ihre große Wucht zu erklären, soll man sich ja vor feierlichen Hypothesen hüten, wozu die erwähnte Scham vor einem Mysterium verführt. Zunächst ist an einen moralischen Ursprung gar nicht zu denken; auch die Thiere haben sie vielfach. Überall wo das Weibchen seltener ist als das Männchen oder seine Auffindung dem Männchen Mühe gemacht hat, entsteht die Begierde, den Besitz desselben gegen neue Ansprüche anderer Männchen zu vertheidigen. Das Männchen läßt das einmal erworbene Weibchen nicht wieder los, weil es weiß, wie schwer ein neues zu finden ist, wenn es dies verloren hat. Die Monogamie ist nicht freiwillige Beschränkung auf *ein Weib*, während man unter vielen die Auswahl hat, sondern die

Behauptung eines Besitzthums in weiberarmen Verhältnissen. Deshalb ist die Eifersucht bis zu der gegenwärtigen Stärke angeschwollen und aus dem Thierreich her in überaus langen Zeiträumen auf uns vererbt. In den Menschenstaaten ist das Herkommen der Monogamie vielfach aus verschiedenen Rücksichten der Nützlichkeit sanktioniert worden, vor allem zum Wohle der möglichst fest zu organisirenden Familie. Auch wuchs die Schätzung des Weibes in derselben, so daß es *von sich aus* später das Verhältniß der Monogamie allen übrigen vorzog. – Wenn thatsächlich das Weib ein Besitzstück nach Art eines Haussklaven war, so stellte sich doch bei dem Zusammenleben zweier Menschen, bei gemeinsamen Freuden und Leiden, und weil das Weib auch manches verweigern konnte, in manchem der Mann als Stellvertreter dienen konnte, eine höhere Stellung des Eheweibes ein. – Jetzt, wo die Weiber in den civilisirten Staaten thatsächlich in der Mehrheit sind, ist die Monogamie nur noch durch die allmählich übermächtig gewordene Sanktion des Herkommens geschützt; die natürliche Basis ist gar nicht mehr vorhanden. Ebendeshalb besteht hinter dem Rücken der feierlich behandelten und geheiligten Monogamie thatsächlich eine Art Polygamie. [165]

Die Natur weist den Mann auf mehrfache Verheirathung nach einander an: zuerst ein älteres Mädchen. Übergang derselben später in's Mütterliche.

»Alcestis will sterben für ihren Gatten«, spendet ihm mütterliche Liebe: sie will eine zweite Verheirathung zulassen. Sie wird aus dem Hades zurückgeholt. [166]

Wenn Männer mit starken geistigen Bedürfnissen an die Verbindung mit Frauen denken, so überkommt sie das Gefühl als ob sie sich einem Netz näherten, welches sich immer mehr zusammenzieht, und sie argwöhnen einen immer währenden Zwang, ja zuletzt, wenn es sich um Erziehung der Kinder handelt, einen immer neu auflodernden Kampf. [167]

Nicht die Abwesenheit der Liebe, sondern die Abwesenheit der Freundschaft macht die unglücklichen Ehen. [168]

Freundschaft und Ehe. – Der beste Freund wird wahrscheinlich die beste Gattin bekommen, weil die gute Ehe auf dem Talent zur Freundschaft beruht. [169]

Eine Männerkrankheit. – Gegen die Männerkrankheit der Selbstverachtung hilft es am sichersten, von einem klugen Weibe geliebt zu werden. [170]

Verschiedene Seufzer. – Einige Männer haben über die Entführung ihrer Frauen geseufzt, die meisten darüber, dass niemand sie ihnen entführen wollte. [171]

Liebesheirathen. – Die Ehen, welche aus Liebe geschlossen werden (die sogenannten Liebesheirathen) haben den Irrthum zum Vater und die Noth (das Bedürfniss) zur Mutter. [172]

Die Einheit des Ortes und das Drama. – Wenn die Ehegatten nicht beisammen lebten, würden die guten Ehen häufiger sein. [173]

Gewöhnliche Folgen der Ehe. – Jeder Umgang, der nicht hebt, zieht nieder, und umgekehrt; deshalb sinken die Männer gewöhnlich etwas, wenn sie Frauen nehmen, während die Frauen etwas gehoben werden. Allzu geistige Männer bedürfen eben so sehr der Ehe, als sie ihr wie einer widrigen Medicin widerstreben. [174]

Ehe von gutem Bestand. – Eine Ehe, in der Jedes durch das Andere ein individuelles Ziel erreichen will, hält gut zusammen, zum Beispiel wenn die Frau durch den Mann berühmt, der Mann durch die Frau beliebt werden will. [175]

Probe einer guten Ehe. – Die Güte einer Ehe bewährt sich dadurch, dass sie einmal eine »Aussnahme« verträgt. [176].

Die Ehe als langes Gespräch. – Man soll sich beim Eingehen einer Ehe die Frage vorlegen: glaubst du, dich mit dieser Frau bis in's Alter hinein gut zu unterhalten? Alles Andere in der Ehe ist transitorisch, aber die meiste Zeit des Verkehrs gehört dem Gespräche an. [177]

Mädchenträume. – Unerfahrene Mädchen schmeicheln sich mit der Vorstellung, dass es in ihrer Macht stehe, einen Mann glücklich zu machen; später lernen sie, dass es so viel heisst als: einen Mann geringschätzen, wenn man annimmt, dass es nur eines Mädchens bedürfe, um ihn glücklich zu machen. – Die Eitelkeit der Frauen verlangt, dass ein Mann mehr sei, als ein glücklicher Gatte. [178]

Sich lieben lassen. – Weil die eine von zwei liebenden Personen gewöhnlich die liebende, die andere die geliebte Person ist, so ist der Glaube entstanden, es gäbe in jedem Liebeshandel ein gleichbleibendes Mass von Liebe: je mehr eine davon an sich reiße, um so weniger bleibe für die andere Person übrig. Ausnahmsweise kommt es vor, dass die Eitelkeit jede der beiden Personen überredet, sie sei die, welche geliebt werden müsse; so dass sich beide lieben lassen wollen: woraus sich namentlich in der Ehe mancherlei halb drollige, halb absurde Scenen ergeben. [179]

Gelegenheit zu weiblicher Grossmut. – Wenn man sich über die Ansprüche der Sitte einmal in Gedanken hinwegsetzt, so könnte man wohl erwägen, ob nicht Natur und Vernunft den Mann auf mehrfache Verheirathung nacheinander anweist, etwa in der Gestalt, dass er zuerst im Alter von zwei und zwanzig Jahren ein älteres Mädchen heirathet, das ihm geistig und sittlich überlegen ist und seine Führerin durch die Gefahren der zwanziger Jahre (Ehrgeiz, Hass, Selbstverachtung, Leidenschaften aller Art) werden kann. Die Liebe dieser würde später ganz in das Mütterliche übertreten, und sie ertrüge es nicht nur, sondern förderte es auf die heilsamste Weise, wenn der Mann in den dreissiger Jahren mit einem ganz jungen Mädchen eine Verbindung eingienge, dessen Erziehung er selber in die Hand nähme. – Die Ehe ist für die zwanziger Jahre ein nöthiges, für die dreissiger ein nützliches, aber nicht nöthiges Institut: für das spätere Leben wird sie oft schädlich und befördert die geistige Rückbildung des Mannes. [180]

Aus der Zukunft der Ehe. – Jene edlen, freigesinnten Frauen, welche die Erziehung und Erhebung des weiblichen Geschlechtes sich zur Aufgabe stellen, sollen einen Gesichtspunct nicht übersehen: die Ehe, in ihrer höheren Auffassung gedacht, als Seelenfreundschaft zweier Menschen verschiedenen Geschlechts, also so, wie sie von der Zukunft erhofft wird, zum Zweck der Erzeugung und Erziehung einer neuen Generation geschlossen, – eine solche Ehe, welche das Sinnliche gleichsam nur als ein seltenes, gelegentliches Mittel für einen grösseren Zweck gebraucht, bedarf wahrscheinlich, wie man besorgen muss, einer natürlichen Beihülfe, des *Concubinats*; denn wenn aus Gründen der Gesundheit des Mannes das Eheweib auch zur alleinigen Befriedigung des geschlechtlichen Bedürfnisses dienen soll, so wird bei der Wahl einer Gattin schon ein falscher, den angedeuteten Zielen entgegengesetzter Gesichtspunct massgebend sein: die Erzielung der Nachkommenschaft wird zufällig, die glückliche Erziehung höchst unwahrscheinlich. Eine gute Gattin, welche Freundin, Gehülfin, Gebärerin, Mutter, Familienhaupt, Verwalterin sein soll, ja vielleicht abgesondert von dem Manne ihrem eigenen Geschäft und Amte vorzustehen hat, kann nicht zugleich Concubine sein: es hiesse im Allgemeinen zu viel von ihr verlangen. Somit könnte in Zukunft das Umgekehrte dessen eintreten, was zu Perikles' Zeiten in Athen sich begab: die Männer, welche damals an ihren Eheweibern nicht viel mehr als Concubinen hatten, wandten sich nebenbei zu den Aspasien, weil sie nach den Reizen einer kopf- und herzbefreienden Geselligkeit verlangten, wie eine solche nur die Anmuth und geistige Biegsamkeit der Frauen zu schaffen vermag. Alle menschlichen Institutionen, wie die Ehe, gestatten nur einen mässigen Grad von praktischer Idealisirung, widrigenfalls sofort grobe Remeduren nöthig werden. [181]

Wodurch haben sich die adligen Geschlechter so gut erhalten, zu allen Zeiten?

Dadurch daß der junge Mann in der Ehe nicht vor allem Geschlechtsbefriedigung suchte, und in Folge dessen sich hierin berathen ließ und *nicht* von der amour passion oder amour physique sich fortreißen ließ, unpassende Ehen zu schließen. Erstens waren es in Sachen der Liebe *erfahrene* junge Männer, welche sich verheiratheten: und dann hatten sie an Repräsentation usw. zu denken, kurz mehr an ihr Geschlecht als an sich zu denken. Ich bin dafür, moralische Aristokratien wieder zu züchten und außerhalb der Ehe etwas Freiheit zu geben. [182]

Die Männer gründen die Ehe, um das Gefühl der M(acht) zu haben: die Frauen auch (unabhängig sein) Aber sie irren sich beide. Die Liebe ist kein Grund zur Ehe, eher ein Gegengrund: ein tiefes Gefühl verbirgt sich. [183]

Man soll die Befriedigung des Triebes nicht zu einer Praxis machen, bei der die Rasse leidet d. h. gar keine Auswahl mehr stattfindet, sondern alles sich paart und Kinder zeugt. Das *Aussterben* vieler Arten von Menschen ist ebenso *wünschenswert* als irgendeine Fortpflanzung. – Und man sollte sich durch diese enge Verbindung mit einer Frau seine ganze Entwicklung durchkreuzen und stören lassen – um jenes Triebes willen!! Wenn man nicht einmal so enge Freundschaften nützlich (im höchsten Sinne) fände! Die »Ergänzung« des M(annes) durch das Weib zum vollen Menschen ist Unsinn: *daraus* läßt sich also auch nichts ableiten. – Vielmehr: nur heirathen: 1) zum Zwecke höherer Entwicklung 2) um Früchte eines solchen Menschenthums zu hinterlassen. – Für alle übrigen genügt Concubinat, mit Verhinderung der Empfängniß. – Wir müssen dieser plumpen Leichtfertigkeit ein Ende machen. Diese Gänse sollen nicht heirathen! Die Ehen sollen *viel seltener* werden! Geht durch die großen Städte und fragt euch, ob dies Volk sich fortpflanzen soll! Mögen sie zu ihren Huren gehen! – Die Prostitution nicht sentimental! Es soll *nicht* das Opfer sein, das den Damen oder dem jüdischen Geldbeutel gebracht wird – sondern der Verbesserung der Rasse. Und überdies soll man diese Opferung nicht falsch beurtheilen: die Huren sind ehrlich und thun, was ihnen lieb ist und ruiniren nicht den Mann durch das »Band der Ehe« – diese Erdrosselung! [184]

Während in sehr vielen Fällen das erste Kind einer Ehe einen genügenden Grund abgiebt, keine weiteren Kinder in die Welt zu setzen: wird doch die Ehe dadurch nicht gelöst, sondern trotz des voraussichtlichen Nachtheils neuer Kinder (zum Schaden aller Späteren!) *festgehalten*! Wie kurzsichtig! Aber der Staat will und wollte keine bessere Qualität sondern *Masse*! Deshalb liegt ihm an der *Züchtung der Menschen* nichts! – Einzelne ausgezeichnete Männer sollten bei mehreren Frauen Gelegenheit haben, sich fortzupflanzen; und einzelne Frauen, mit besonders günstigen Bedingungen, sollten auch nicht an den Zufall Eines Mannes gebunden sein. Die Ehe wichtiger zu nehmen! Weil der Staat nicht mehr nöthig ist. [185]

Ein M(ensch) sinkt in meiner Achtung 1) wenn er 200-300 Thaler jährlich hat und trotzdem Kaufmann Beamter oder Soldat noch *wird*, bei der Wahl eines Lebensberufs 2) wenn er soviel verdient und trotzdem ein noch zeitraubendes Amt sucht (auch als Gelehrter). Wie! Sind das intellektuelle Menschen! Sich verheirathen wollen und den *Sinn* des Lebens darüber verlieren! [186]

Eine Frau, die begreift, daß sie den Flug ihres Mannes hemmt, soll sich trennen – warum hört man von *diesem* Akt der Liebe nicht? [187]

Eine Art der Eifersucht. – Mütter sind leicht eifersüchtig auf die Freunde ihrer Söhne, wenn diese besondere Erfolge haben. Gewöhnlich liebt eine Mutter *sich* mehr in ihrem Sohn, als den Sohn selber. [188]

Mütterliche Güte. – Manche Mutter braucht glückliche geehrte Kinder, manche unglückliche: sonst kann sich ihre Güte als Mutter nicht zeigen. [189]

Ein Element der Liebe. – In jeder Art der weiblichen Liebe kommt auch Etwas von der mütterlichen Liebe zum Vorschein. [190]

Tragödie der Kindheit. – Es kommt vielleicht nicht selten vor, dass edel- und hochstrebende Menschen ihren härtesten Kampf in der Kindheit zu bestehen haben: etwa dadurch, dass sie ihre Gesinnung gegen einen niedrig denkenden, dem Schein und der Lügnerei ergebenen Vater durchsetzen müssen, oder fortwährend, wie Lord Byron, im Kampfe mit einer kindischen und zornwüthigen Mutter leben. Hat man so etwas erlebt, so wird man sein Leben lang es nicht verschmerzen, zu wissen, wer Einem eigentlich der grösste, der gefährlichste Feind gewesen ist. [191]

Die goldene Wiege. – Der Freigeist wird immer aufathmen, wenn er sich endlich entschlossen hat, jenes mutterhafte Sorgen und Bewachen, mit welchem die Frauen um ihn walten, von sich abzuschütteln. Was schadet ihm denn ein rauherer Luftzug, den man so ängstlich von ihm wehrte, was bedeutet ein wirklicher Nachtheil, Verlust, Unfall, eine Erkrankung, Verschuldung, Bethörung mehr oder weniger in seinem Leben, verglichen mit der Unfreiheit der goldenen Wiege, des Pfauenschweif-Wedels und der drückenden Empfindung, noch dazu dankbar sein zu müssen, weil er wie ein Säugling gewartet und verwöhnt wird? Desshalb kann sich die Milch, welche die mütterliche Gesinnung der ihn umgebenden Frauen reicht, so leicht in Galle verwandeln. [192]

Die Sesshaften und die Freien. – Erst in der Unterwelt zeigt man uns Etwas von dem düsteren Hintergrunde aller jener Abenteurer-Seligkeit, welche um Odysseus und Seinesgleichen wie ein ewiges Meeresleuchten liegt, – von jenem Hintergrunde, den man dann nicht mehr vergisst: die Mutter des Odysseus starb aus Gram und Verlangen nach ihrem Kinde! Den einen treibt es von Ort zu Ort, und dem Andern, dem *Sesshaften* und Zärtlichen, bricht das Herz darüber: so ist es immer! Der Kummer bricht denen das Herz, welche es erleben, dass gerade ihr Geliebtester ihre Meinung, ihren Glauben verlässt, – es gehört diess in die Tragödie, welche die freien Geister *machen*, – um die sie mitunter auch *wissen*! Dann müssen sie auch wohl einmal, wie Odysseus, zu den Todten steigen, um ihren Gram zu heben und ihre Zärtlichkeit zu beschwichtigen. [193]

Nietzsches Selbstentwurf als Freigeist – ein entlastender, stabilisierender Akt der Persönlichkeitsfindung? Oder wird hier eine Kunstfigur geschaffen, mit deren Hilfe man sich scheinhaft der bedrängenden Lebenswirklichkeit zu entziehen vermag? Diese Gestalt bringt sich ganz unvermittelt, »undialektisch« in einen heroisch-kämpferisch empfundenen Gegensatz zu allen bisherigen Werten und Schätzungen, um auf diese Weise den letztlich intendierten, psychisch notwendigen Bruch mit der immer noch bedrohlichen Sphäre der Mutter herbeizuzwingen – sie gerät damit aber auch in einen tragisch-existentiellen, kommunikativ-»diesseitig« nicht mehr aufzulösenden Dissens zu allen anderen Menschen, zu jeder sozialen Gemeinschaft, vor allem aber zu dem, was als »weiblicher« Bereich qualifiziert werden kann. Die dringend gebotene innere Abwehr der Mutter scheint so die Negation alles Weiblichen nach sich zu ziehen; am Ende zeichnet sich der über den Vorurteilen schwebende Freigeist dadurch aus, daß er seine Freiheit in einem großen Paradox nur im vorurteilsbeladenen, selbstisolierenden Haß auf die Frauen gewinnt. Es bleibt nur die Flucht in das hohle, heldisch klingende Pathos der angeblich souverän gewählten Einsamkeit:

Freigeist und Ehe. – Ob die Freigeister mit Frauen leben werden? Im Allgemeinen glaube ich, dass sie, gleich den wahrsagenden Vögeln des Alterthums, als die Wahrdenkenden, Wahrheit-Redenden der Gegenwart es vorziehen müssen, *allein zu fliegen.* [194]

Glück der Ehe. – Alles Gewohnte zieht ein immer fester werdendes Netz von Spinnweben um uns zusammen; und alsobald merken wir, dass die Fäden zu Stricken geworden sind und dass wir selber als Spinne in der Mitte sitzen, die sich hier gefangen hat und von ihrem eigenen Blute zehren muss. Desshalb hasst der Freigeist alle Gewöhnungen und Regeln, alles Dauernde und Definitive, desshalb reisst er, mit Schmerz, das Netz um sich immer wieder auseinander: wiewohl er in Folge dessen an zahlreichen kleinen und grossen Wunden leiden wird, – denn jene Fäden muss er *von sich*, von seinem Leibe, seiner Seele abreissen. Er muss dort lieben lernen, wo er bisher hasste, und umgekehrt. Ja es darf für ihn nichts Unmögliches sein, auf dasselbe Feld Drachenzähne auszusäen, auf welches er vorher die Füllhörner seiner Güte ausströmen liess. – Daraus lässt sich abnehmen, ob er für das Glück der Ehe geschaffen ist. [195]

Ich hasse den Ruhm, der nur die Liebe der Frauen, Ansehen Reichthum Glück bringt. Ich *will* nicht klug, mäßig, weise sein! Einsam, wild – – – [196]

Der emphatisch Wahrheit suchende und Wahrheit liebende Freigeist Nietzsche, der ruhe- und heimatlose Wanderer, der die Gewöhnlichkeit und das von bequemen Kompromissen bestimmte konventionelle Leben flieht und haßt – dort, wo sein Blick auf die Frauen gerichtet ist, scheint ihm die sonst so ausgeprägte denkerische Kraft und Intensität gänzlich verlorenzugehen. Trotz der bisweilen großen sprachlichen Schönheit ist der aus diesen Texten sich ergebende Erkenntniswert zumeist enttäuschend gering. Fragwürdig ist vor allem Nietzsches gleichsam impressionistisch-punktuelle Reflexionsmethode: vom Verhalten einer Frau in einer ganz konkreten Situation glaubt er verallgemeinerbare Erkenntnisse über den Charakter und das Wesen des Weiblichen ableiten zu können. Dabei agiert die Frau bei ihm stets als Naturwesen, aber nie als Person, die in einem historisch begründ- und erklärbaren sozialen System einer zwar festgelegten, grundsätzlich aber modifizierbaren Rolle zu genügen hat. Kennzeichnend ist das ohne geistige Skrupel eingesetzte Denkmodell einer naiven »Verhaltenstheorie«: der tierisch-»natürlichen« Welt werden regulierende, normstiftende Erkenntnisse für den menschlich-weiblichen Existenz-Modus abgewonnen – so scheint jede Aussage über das Wesen der Frau von der Natur beglaubigt und damit unverrückbar »wahr« zu sein. Auf dieser methodisch schwankenden Grundlage bestimmt Nietzsche nun das Weibliche als eine mindere, stets nur in der Differenz zum Männlichen aufscheinende Daseinsform – es ist ja augenfällig, daß in seinen Frauentexten meistens auch vom Mann und dessen hohen Qualitäten die Rede ist. Dieser Sachverhalt ist wohl der Ausdruck jener natürlichen Rangordnung, die Nietzsche in der Beziehung der Geschlechter glaubt aufstellen zu müssen: die Frau lebt eine Existenz »aus zweiter Hand«, sie hat sich der Herrschaft des Mannes zu fügen, ihr fehlt die Fähigkeit der »Eigengestaltung«, ihr »Geist« ist dem des Mannes unterlegen. Allerdings besitzt sie einen spezifisch weiblichen »Verstand«, eine hinterhältige Klugheit, die sich der männlichen Dominanz zuweilen entgegenstellt und kämpferisch vom Mann bezwungen und unschädlich gemacht werden muß – so ist die mann-weibliche Beziehung immer auch ein Kampfverhältnis, ein ständiger Prozeß des Unterwerfens und Überwältigtwerdens, in dem die sogenannte Liebe zwischen Mann und Frau nur den ewigen, naturhaften Machtkampf der Geschlechter

»idealistisch-unrealistisch« verdeckt und verschleiert. Diese pessimistische Lehre versucht Nietzsche dadurch historisch-politisch abzusichern und zu legitimieren, daß er sie auf das antirationalistische, im bewußten Kontrast zu den sozialen Ideen der Französischen Revolution entwickelte »konservative« Gemeinschaftsmodell der Gegenaufklärung projiziert; auch dort wird ja, gegen das Postulat eines allgemeinen Menschheitsfortschritts und der allmählichen Befreiung von den Zwängen der Natur, eine antiemanzipatorische Gesellschaft entworfen, in welcher der Frau aufgrund ihrer als natürlich gesetzten Minderwertigkeit und Erkenntnisunfähigkeit jeder Weg zu Selbstbestimmung und politischer Teilhabe abgeschnitten werden soll. Am Ende mag sie dann nur noch erscheinen als Züchtungsmaterial und Regenerationsinstanz für eine angeblich im wahren Einklang mit der Natur lebende Herren- und Kriegerrasse. In Ansehung dieser »Lebensborn«-Perspektive muß heute der neckische Ton von Nietzsches Nausikaa-Lied, in dem er seine vermeintlich althergebrachte, letzte Weisheit über die Frau verkündet, äußerst dissonant, ja schaurig klingen:

Gestern, Mädchen, ward ich weise,
Gestern ward ich siebzehn Jahr: –
Und dem gräulichsten der Greise
Gleich ich nun – doch nicht auf's Haar!

Gestern kam mir ein Gedanke –
Ein Gedanke? Spott und Hohn!
Kam euch jemals ein Gedanke?
Ein Gefühlchen eher schon!

Selten, daß ein Weib zu denken
Wagt, denn alte Weisheit spricht:

Folgen soll das Weib, nicht lenken;
Denkt sie, nun, dann folgt sie nicht.

Was sie noch sagt, glaubt' ich nimmer;
Wie ein Floh, so springt's, so sticht's!
»Selten denkt das Frauenzimmer,
Denkt es aber, taugt es nichts!«

Alter hergebrachter Weisheit
Meine schönste Reverenz!
Hört jetzt meiner neuen Weisheit
Allerneuste Quintessenz!

Gestern sprach's in mir, wie's nimmer
In mir sprach – nun hört mich an:
»Schöner ist das Frauenzimmer,
Interessanter ist – der Mann!« [197]

V. DER PROPHET MIT DER PEITSCHE

Der hochfliegende Freigeist, der sich der Dinge der Welt souverän zu bemächtigen und sein Dasein aus eigener Kraft zu gestalten weiß – eine selbstbetrügerische Überwindungsphantasie, ein träumerischer Entwurf, der den leidvoll empfundenen Gegensatz von Lebenswunsch und Lebenswirklichkeit nicht überwindet, sondern radikal verschärft, so daß am Ende nur noch *eine* Lösung offenbleibt: die endgültige Flucht in Scheinparadiese, Kunstfiguren, Wahnsysteme. Dem trotzig-heroisch formulierten Daseinsideal steht eine gänzlich anders geartete, traurige Realität gegenüber, so düster und bedrohlich, daß eine Katastrophe unausweichlich scheint. Die ständig fortschreitende Krankheit zwingt Nietzsche, sein Basler Professoren-Amt aufzugeben; Ende des Jahres 1879 sitzt er – im äußersten Widerspruch zu dem, was er in seiner Freigeist-Rolle laut verkündigt hatte – als Frühpensionär und nach bourgeoisen Maßstäben gescheiterte Existenz bei der Mutter in Naumburg, um sich von ihr umsorgen und trösten zu lassen. Das rätselhafte Leiden nimmt gefährliche Formen an; dem Freunde Overbeck berichtet er: »Der Zustand war zum Entsetzen, der letzte Anfall von *drei*tägigem Erbrechen begleitet, gestern eine bedenklich lange Bewußtlosigkeit.« (KSB 5, 473) War er zunächst nach Naumburg zurückgekehrt, um dort längere Zeit zu leben und »mögliche *Ruhe* [zu finden] vor meinen beständigen inneren Arbeiten, *Erholung* von mir selber, die ich seit Jahren nicht gehabt« (KSB 5, 445), so treibt ihn doch die bedrückende Nähe der Mutter bald wieder zur Flucht; nun begründet er seine ruhelose italienische Wander-Existenz – äußerer, »gelebter« Ausdruck einer inneren Zerrissenheit, die schließlich dahin führt, daß er, der elend Kranke, Schwache und Hilfsbedürftige, sich am Ende in einem wahnhaften Akt scheinbarer Selbstrettung in die Rolle des großen Propheten und Welterneuerers, des zweiten, »dionysischen« Christus phantasiert.

Mag dieser Prozeß des Ich-Verfalls und der Persönlichkeitsspaltung auch stattfinden auf der somatischen Grundlage einer venerischen Infektion – ganz entscheidend wird er gefördert und beschleunigt von den tiefen seelischen Verletzungen, die Nietzsche psychisch nicht mehr bewältigen kann. Da ist vor allem der endgültige Bruch mit Richard Wagner. In Erwartung von Lob und Anerkennung wird die Schrift »Menschliches Allzumenschliches« nach Bayreuth geschickt – der große Meister aber zeigt sich indigniert und angewidert von der neuen »empirisch-positivistischen«, an der französischen Moralphilosophie orientierten Denkmethode des kränklichen Professors, der nun kaum noch taugt zum kraftvollen Propagandisten und Nachbeter eines neudeutsch-reaktionären Kunstideals. Die Trennung von Wagner bedeutet für Nietzsche aber auch: Abschied von Cosima, mit der er sich doch immer auf eine schmerzlich-geheimnisvolle Weise verbunden fühlte. Ihr Urteil ist vernichtend, wohl auch deshalb, weil sie in manchen Aphorismen, die das Verhältnis zwischen Mann und Frau ganz allgemein behandeln, die konkreten Mechanismen ihrer Beziehung zu Wagner treffend, aber allzu indezent widergespiegelt findet. Ihre kühle, innerlich jedoch erregte Abwehr ist verräterisch: »Das Buch von Nietzsche habe ich nicht gelesen. Das Durchblättern und einige prägnante Sätze daraus genügten mir und ich legte es ad acta. Bei dem Autor hat sich ein Prozeß vollzogen, welchen ich schon längst habe kommen sehen, gegen welchen ich nach meinen geringen Kräften gekämpft habe [. . .] Es ist sehr traurig durch den Eindruck, den es auf unsere Freunde macht. Der junge Dr. Schemann beklagt das Buch, aber findet es das Schönste, welches geschrieben worden ist. [...] Ich finde von alledem nichts darin, finde nur eine traurigste, einige Jahre aufgehaltene Erfahrung. Wagner selbst meinte von Nietzsche, daß aus dieser Knolle eine Blume getrieben hätte. Nun bliebe die Knolle zurück, eigentlich ein garstiges Ding.« (KSA 15, 83 f.) Diese überheblichen, fast gehässig klingenden Zeilen lassen das große, tragikomische Mißverständnis deutlich werden, das dem Verhältnis Nietzsche–Cosima von Anfang an zu eigen ist. Sie nimmt ihn wahr nur im Medium seiner Beziehung zu Wagner, es gibt keine emotionale Bindung irgendeiner Art; für sie ist dieser brillante, aber äußerst labile Intellektuelle immer nur ein nützlicher Idiot gewesen, der aber nun bedauerlicherweise unnütz geworden ist – fraglich, ob sie je geahnt hat, auf welch anderer Ebene Nietzsche sich ihr nähern wollte, welche verborgenen Wünsche, Hoffnungen und Träume er mit ihrem Namen immer verknüpfte. Wenn der einstmals kritiklose, gänzlich bezauberte Verehrer jetzt begreift, daß diese »Hohe Frau« sich niemals erbarmend-liebevoll zu ihm geneigt hätte, daß er im Gegenteil böse getäuscht worden ist und einem Trugbild, einer schönen, aber unrealistisch-phantastischen Projektion verfallen war, so kann er diese schmerzliche Erfahrung nur allzu leicht verstehen als weiteren praktischen, vom eigenen Leben beglaubigten Beweis für eine wertende Geschlechter-Theorie: daß nämlich alles Weibliche begleitet sei von Heuchelei, falscher Moral und heimtückischer Unaufrichtigkeit – niedere Qualitäten, mit denen der soviel edlere, höhere männliche Geist verwirrt und letztendlich zerstört werde.

Im auffälligen Widerspruch zu dieser Einsicht, die immer wieder auch seine schriftlich fixierten Reflexionen über das andere Geschlecht prägt und unangemessen dunkel einfärbt, ist Nietzsche im täglichen Leben stets von Frauen umgeben und von ihnen abhängig: Nie hört er auf, sich von Naumburg aus versorgen zu lassen; auf posttechnisch manchmal komplizierten und kuriosen Wegen werden Nahrungsmittel, Bekleidung, Schreibzeug, ja sogar kleine Öfen von Deutschland nach Italien befördert. In den zahlreichen, mehr oder minder komfortablen Hotels und Pensionen, die er im Laufe seiner Wanderschaft bewohnt, sucht er meistens die Nähe der weiblichen Gäste, die er mit seinem geistreichen Geplauder auf charmante Weise unterhält; es gelingt ihm sogar, die Depressionsanfälle einer russischen Großfürstin zu lindern. Ganz wichtig auch die Rolle der Malwida von Meysenbug, dieser beeindruckenden, milden und human gestimmten, in sanfter Art »emanzipatorischen« Idealistin – bei ihr kann er Zuflucht finden, sie gibt ihm Ratschläge für die Gesundheit, sie versucht (erfolglos) zwischen ihm und Wagner zu vermitteln. In dieser Frau erblickt er eine »mütterliche« Instanz, vor der er aber nun gerade nicht jenen quälenden Rechtfertigungszwang verspürt, den die leibliche Mutter mit ihren unausgesprochenen, jedoch stets präsenten Forderungen immer wieder bei ihm auslösen muß. Nach einem Aufenthalt in Sorrent – er trifft dort auch zum letzten Mal das Ehepaar Wagner – schreibt er ihr folgende Widmung:

> Ist von Sorrento's Duft Nichts hängen blieben?
> Ist alles wilde, kühle Bergnatur,
> Kaum herbstlich sonnenwarm und ohne Lieben?
> So ist ein Theil von mir im Buche nur:
> Den bessern Theil, ihn bring ich zum Altar
> Für sie die Freundin Mutter Arzt mir war. [198]

Aber erscheint an seinem Lebenshorizont die Frau auch als Geliebte? Es gibt genügend Zeugnisse, die deutlich machen, daß Nietzsche durchaus nicht ohne Erfolg geblieben wäre, wenn er sich eindeutig, »männlich-erobernd« als Liebhaber und Sexualpartner angeboten hätte – trotz (oder gerade wegen?) seiner negativen Einschätzung des weiblichen Geschlechts sind manche Frauen fasziniert von seiner Erscheinung. So seufzt Louise Rothpletz, eine Basler Bekannte, ihm brieflich entgegen: ». . . welch' schwärmerisches Frauengemüth könnte *Ihnen* widerstehen?« (KGB III/2, 441) – und die Erinnerungen der Isabella von Pahlen (spätere Baronin von Ungern-Sternberg) sind edel durchglüht von einer Verliebtheit, deren Objekt jedoch Distanz zu wahren versucht, indem es sich hinter die Mauer allgemeiner Erörterungen über das Geschlechterverhältnis zurückzieht: »Seine Rede handelte von Liebe und Ehe, von der Pflicht so zu wählen, dass aus der Vereinigung ein höheres Geschlecht erblühen möge und könne [. . .] Es gelte die Zuchtwahl der Natur durch die bewusste Zuchtwahl das in die Ferne Liebenden [?] zu unterstützen, zu erhöhn. Als erste Bedingung zum Fortschritte der Menschen sollte der ideale Staat Ehehindernisse aufrichten, um Kranke, Schwächlinge und Blöde von der Zeugung auszuschliessen und durch diese Maassregel der unendlichen Fortpflanzung physischen und sittlichen Elends Einhalt zu thun. Den Ehen zwischen Geschwisterkindern wehren, die Mischung – ›auf Mischung kommt es an‹ – von Nord und Süd, von Glut und Kälte, nordischer Bedachtsamkeit und italienischem Feuer, dies und Mehreres noch warf er hin. Das grausame Aussetzen der schwächlichen Kinder wie in Sparta, dem jene streitbare Republik ihre Mannhaftigkeit und lange Dauer zum grössten Theile zu danken gehabt, fiele damit im modernen Staate fort. Wenige Jahrhunderte nur, – und eine Auslese des Menschengeschlechts werde an die Stelle der in Skrofulose, Schwindsucht u.s.w. verkümmerten Menschheit treten. Begeistert pflichtete ich ihm bei. [. . .] Unser Zwiegespräch wandelte sich in einen Monolog

Nietzsches, einen Dityrambus [!], getragen vom Feuer und der Überzeugungskraft eines Propheten. Jedes dieser Worte trank ich durstig in mich und bewahrte es auf dem Grund meiner Seele [...] Eine heilige Glut wehte mich an aus diesem Munde, zugleich aber eine Milde, Weichheit und Zartheit des Wesens, eine Reinheit des Sinnes, die Alles berühren, Alles andeuten durfte. [...] Der Funke, den Nietzsche in meine Seele geworfen, glühte fort und weckte den brennenden Wunsch, Durchgangspunkt zu werden für einen Genius. [...] Eine unvergessliche Stunde wars, eine goldene, fruchtbare Saat, die, so hoffe ich, schon in den Gemüthern meiner jugendlichen Söhne Wurzeln geschlagen hat.« (GIL, 306 f.) In ihrem Überschwang gerät Isabella von Pahlen hart an die Grenze dessen, was einer vornehmen, literarisch gebildeten baltischen Adelsdame öffentlich zu sagen erlaubt ist; man spürt ihr Bedauern, daß nur ein ehrbar-einfacher Ostjunker, nicht aber der große Denker sie zum Durchgangspunkt erkor – bleibt nur der Trost, daß dieser Genius, wenn denn schon nicht die körperliche, so doch zumindest die geistige Vaterschaft für ihre Kinder angetreten hat und so auf gleichsam metaphysische Art der Nietzsche-Samen in ihr aufgegangen ist.

Mag diese leicht überspannte Verehrungssucht auf Nietzsche eher abstoßend wirken – dort, wo er einer klugen, souveränen, geistig unabhängigen Frau begegnet, kann er, trotz aller inneren Abwehr, empfänglich werden für erotische Signale, um dann aber doch vor den »praktischen«, realen Folgerungen ängstlich zurückzuweichen. In Bayreuth lernt er Louise Ott kennen, eine »ungewöhnlich hübsche, blonde junge Frau [...] feingebildet, hochmusikalisch, vorzügliche Kennerin der deutschen und der russischen Musik, Sängerin« (JNZ I, 727). Die überlieferten Zeugnisse deuten darauf hin, daß hier eine ernsthafte, länger dauernde feste Verbindung, welcher Art auch immer, möglich gewesen wäre. Aber diese Frau ist verehelicht; sie lebt als Gattin eines reichen Protestanten (und Mutter eines kleinen Sohnes) in der besten Pariser Gesellschaft – ein Umstand, der Nietzsche die Gelegenheit gibt, sich schnell wieder zurückzuziehen. »Vielleicht wäre ihm diese Frau gefolgt, wenn er sie ernstlich gerufen hätte« (JNZ I, 727); dieses Engagement bleibt allerdings aus, und es entwickelt sich eine tiefe, für Nietzsche letztlich jedoch unverbindliche Fernliebe, die ihren Ausdruck findet in einem elegisch getönten Briefwechsel – wobei es dem männlichen Partner vor allem darum geht, der erotischen Dimension durch die Anrufung einer »reinen« Geistesfreundschaft zu entkommen:

Meine liebe Frau Ott,

es wurde dunkel um mich, als Sie Bayreuth verliessen, es war mir, als ob jemand das Licht mir weggenommen hätte. Ich musste mich erst wiederfinden, aber das *habe* ich gethan, und Sie können ohne Besorgniss diesen Brief in Ihre Hand nehmen.

Wir wollen an der Reinheit des Geistes festhalten, der uns zusammenführte, wir wollen in allem Guten uns gegenseitig treu bleiben.

Ich denke mit einer solchen brüderlichen Herzlichkeit an Sie, dass ich Ihren Gemahl lieben könnte, weil er *Ihr* Gemahl ist, und werden Sie es glauben, dass Ihr kleiner Marcel mir zehnmal des Tages in den Sinn gekommen ist? [. . .]

Bleiben Sie mir gut und helfen Sie mir in dem, was meine Aufgabe ist. In reiner Gesinnung der Ihrige [199]

Die Formulierungen des Antwortbriefes lassen erkennen, daß es Louise Ott sehr schwerfällt, sich auf diese Freundschaftsebene einzustellen: »Ihre Worte, die so edel, rein und treu zu mir herüberklingen, konnten nicht anders, als tief und stark in mein Herz dringen. Ich war so glücklich! Wie gut, daß es nun zu einer treuen, gesunden Freundschaft zwischen uns kommen kann, so daß wir so recht vom Herzen, ohne daß unser Gewissen es verbietet, eines an das andere denken können . . . Ihre Augen kann ich aber nicht vergessen: immer ruht Ihr liebevoller Blick auf mir wie damals – – –.« (KGB II/1, 382) Und noch sieben Jahre später schreibt sie, nach Übersendung eines Fotos: »Von diesem Bilde kann ich mich nicht trennen. Wie ausgezeichnet ist es! wie gut! So ganz, mein Freund, wie ich Sie sah – – dans le regard un monde. Was trifft hier meines Freundes Sehn? Die Menschheit? Oh! nicht wahr, dies Aug' wird sich nicht immer von mir wenden wie jetzt? Ce que je dis là, est bien féminin – – for shame!« (KGB III/2, 306)

In dieser Verbindung ist wohl Louise Ott die zurückhaltend und schließlich ergebnislos Werbende; bei der Begegnung mit Mathilde Trampedach tritt dagegen Nietzsche in der Rolle eines krampfhaft stürmischen, zum (vielleicht insgeheim vorausgeplanten) Scheitern verurteilten Eroberers auf: Diese dreiundzwanzigjährige junge Frau lernt er in Genf kennen, durch die Vermittlung eines Bekannten, des Dirigenten Hugo von Senger; sie ist, was Nietzsche nicht zu spüren scheint, mit jenem Manne liiert (und wird ihn später heiraten). Gerade ihn macht er nun zum Übermittler eines Heiratsantrages, dessen fast unverschämter, lächerlich ultimativer Ton eine entschiedene Ablehnung geradezu herausfordern muß:

Mein Fräulein

Sie schreiben heute Abend etwas für mich, ich will auch etwas für Sie schreiben. –

Nehmen Sie allen Muth Ihres Herzens zusammen, um vor der Frage nicht zu erschrecken, die ich hiermit an Sie richte: Wollen Sie meine Frau werden? Ich liebe Sie und mir ist es als ob Sie schon zu mir gehörten: Kein Wort über das Plötzliche meiner Neigung! Wenigstens ist keine Schuld dabei, es braucht also auch nichts entschuldigt zu werden. Aber was ich wissen möchte, ist ob Sie ebenso empfinden wie ich – dass wir uns überhaupt nicht fremd gewesen sind, keinen Augenblick! Glauben Sie nicht auch daran, dass in einer Verbindung jeder von uns freier und besser werde als er es vereinzelt werden könnte, also excelsior? Wollen Sie es wagen mit mir zusammen zu gehen als mit einem, der recht herzlich nach Befreiung und Besserwerden strebt? Auf alle Pfade des Lebens und des Denkens?

Nun seien Sie freimüthig und halten Sie nichts zurück. Um diesen Brief und meine Anfrage weiss niemand als unser gemeinsamer Freund Herr von Senger. Ich reise morgen um 11 Uhr mit dem Schnellzuge nach Basel zurück, ich muss zurück; meine Adresse für Basel lege ich bei. Können Sie auf meine Frage Ja! sagen, so werde ich sofort Ihrer Frau Mutter schreiben, um deren Adresse ich Sie dann bitten würde. Gewinnen Sie es über sich, sich schnell zu entschliessen, mit Ja! oder Nein – so trifft mich ein briefliches Wort von Ihnen bis morgen um 10 Uhr Hotel garni de la Poste. [200]

Die geschäftsmäßige Abwicklung einer Gefühlsangelegenheit mit klarer Daten-Vorgabe; dieser Brief enthält in der Tat eine merkwürdige Liebeserklärung: unbeholfen, dumm, für die Umworbene geradezu beleidigend. Und doch liegt ihm ein raffiniertes Arrangement zugrunde – die durch die Form des Antrags gleichsam vorprogrammierte Ablehnung ist für Nietzsche eine Art Entlastung und Befreiung: Er hat einer von der Umwelt eingeforderten Konvention Genüge getan, er kann sich nach außen präsentieren als unglücklich und erfolglos in eine Frau Verliebter, dem Anteilnahme und Mitgefühl gewiß sind. Er unternimmt auf diese Weise ein grandioses Täuschungsmanöver, das vermeintlich überzeugend ablenken soll von seinen eigentlichen erotischen Intentionen, die keineswegs gerichtet sind auf die stürmische Eroberung eines weiblichen Wesens. Denn in diese Zeit des Werbens um Mathilde Trampedach fällt ja auch die erste Phase seiner Freundschaft mit Paul Rée, über dessen angeblich verderblichen Einfluß Cosima Wagner in unübertrefflich primitiver antisemitischer Manier räsonniert, wenn sie in ihm den entscheidenden Auslöser für Nietzsches Abfall vom Meister und Ehegatten erblickt: »Schließlich kam noch Israel hinzu in Gestalt eines Dr. Rée, sehr glatt, sehr kühl, gleichsam durchaus eingenommen und unterjocht durch Nietzsche, in Wahrheit aber ihn überlistend, im Kleinen das Verhältnis von Judäa und Germania.« (KSA 15, 84)

Die Atmosphäre des Briefwechsels zwischen den beiden Männern legt die Vermutung nahe, daß dieser Beziehung, außer der intellektuellen Übereinstimmung, eine gewisse homoerotische Dimension zu eigen ist (vgl. KOE 245 ff.) – und sei es auch nur insoweit, als Rée sich behilflich zeigt, den griechischen Traum seines Freundes dadurch in Erfüllung gehen zu lassen, daß er für ihn nach einem ebenbürtigen, verehrenden Jünger (wohl besser: Jüngling) sucht, mit dem das platonische Liebesideal endlich lebenspraktische Gestalt annehmen kann. So gelingt es ihm, den schönen, begabten Heinrich von Stein aufzuspüren: »Einen Welttheil, einen Kometen oder sonst Etwas zu entdecken, mag verdienstlich sein, – aber was sagen Sie zu der Entdeckung eines Menschen? Eine solche habe ich heute vor 8 Tagen Mittags zwischen 12 und 1 Uhr gemacht: Ein Jüngling von 19 Jahren, mit einer Feuerseele, einer edlen Erscheinung, leuchtenden Augen und einer tiefen Empfänglichkeit für alles Große in jedem Genre, besonders Musik! Im Grunde aber ist dieses Prachtexemplar, – was mich denn doch am meisten freut – ein Philosoph. Sie werden es auch zu sehen bekommen; denn ich habe ihm Basel bereits so schön ausgemalt, daß er vor Begierde brennt, sich dort einzufinden.« (KGB II G/1, 338) Später verlaufen die Begegnungen Nietzsches mit diesem jungen Mann jedoch zerquält und unerfreulich, aber dessen früher Tod stürzt ihn in tiefe Trauer.

Paul Rée setzt seine Bemühungen, die man nicht unbedingt abwertend als kupplerisch zu klassifizieren braucht, beständig fort. Anfang des Jahres 1882 scheint er in Rom einen passenden Partner für den Freund gefunden zu haben; dieser vermeinlich ideale Jünger ist jedoch – eine junge Frau. Und damit bringt er, gewollt oder ungewollt, ein Satyrspiel in Gang, das Nietzsche an den Rand des Selbstmords führt und seine innere Einstellung zum weiblichen Geschlecht weiter verdüstert und radikalisiert. Nach einem (nicht erhaltenen) Brief Rées, in dem wohl die besonderen Vorzüge dieser neuen, aufregenden Gestalt ausführlich gepriesen werden, schreibt er dem Freund nach Rom: »Grüssen Sie diese Russin von mir wenn dies irgend einen Sinn hat: ich bin nach dieser Gattung von Seelen lüstern. Ja ich gehe nächstens auf Raub darnach aus.« (KSB 6, 185) Die Russin – das ist Lou von Salomé aus Petersburg, zart, gebrechlich, von aparter Häßlichkeit, gemeinsam mit der Mutter auf einer Bildungs- und Erholungsreise durch den Westen Europas. Ludwig Hüter, junger Verehrer der Malwida von Meysenbug, zeichnet ein bemerkenswertes, vorsichtig-kritisches Porträt: »Eine so ganz andere Art trat mir in ihr entgegen, als ich sie bis jetzt bei irgend einer Frau gesehen [. . .] Wenn man eine doppelte Art, die Welt zu begreifen, feststellen wollte, eine männliche und eine weibliche, so würde ich sagen: Frl. Salomé begreift sie wie ein Mann, und das war mir gerade das Auffällige und doch so Interessante an ihr [. . .] Nun tritt mir ein liebenswürdiges, gewinnendes, ächt weibliches Wesen entgegen, das auf alle die Mittel verzichtet, die die Frau anzuwenden hat, dagegen die Waffen, mit denen der Mann den Kampf des Lebens aufnimmt, in einer gewissen herben Ausschließlichkeit führt. Über Alles scharfes Urtheilen und, wie es so geht, scharfes Aburtheilen; von Verzeihen, was das Weib so gern thut, keine Spur; eine klare Bestimmtheit characterisiert jedes Wort, je bestimmter sich aber der Character nach einer Richtung zeigt, desto einseitiger erscheint er anderen gegenüber; Musik, Kunst, Dichtung werden wohl besprochen, aber mit sonderbarem Maßstab bemessen: nicht die reine Freude am Schönen, die Lust an der Form, das Verständniß des Inhalts, der poetische Genuß des Gegebenen mit Herz und Gemüth, nein ein kaltes, leider zu oft negatives, zersetzendes Philosophiren darüber.« (Bei PFE, 309 f.) Ein hier als »männlich« definierter, scharfer, kritischer Intellekt kennzeichnet also dieses seltsam weiblich-unweibliche Wesen – vor allem auch eine gewisse moralische Kälte und Unbedenklichkeit im Umgang mit anderen Menschen, wie sie in einer Anekdote, die Anacleto Verrechia überliefert, ein wenig unglaubwürdig-überspitzt zum Ausdruck kommt: »Als kleines Mädchen sah sie einmal der Mutter beim Schwimmen zu und sagte artig zu ihr: ›Mütterchen, mein Schatz, ertrinke, bitte!‹ – ›Aber da werde ich sterben‹, anwortete die Mutter. Darauf sie: ›Das macht nichts‹.« (VER, 53) Ein später Interpret wirft allerdings einen sehr verklärten Blick auf diese Frau; er glaubt fest zu wissen, daß Nietzsche, wäre er nicht philosophisch-denkerisch von den Profanitäten der Ehe abgelenkt gewesen, in ihr die ideale Gattin gefunden hätte – wobei er flugs auch noch eine (hier jedoch ganz sinnige) Geschlechtsumwandlung vornimmt: »Lou gehörte zu den wenigen Frauen ihres Jahrhunderts, die sich zu den Gipfeln des Sonnengeistes der Epoche hatten erheben können, ohne dabei zu vermännlichen. Sie verfügte über das Maß an Empfindsamkeit, Esprit und Künstlertum, das ein Genie sich als Partner wünschen konnte.« (KRE, 74) Eine unangemessene Glorifizierung, denn der Raubzug des nach einer gleichgesinnten Seele lüsternen Nietzsche gerät, nicht zuletzt durch das moralisch-menschlich fragwürdige Verhalten der ins Auge gefaßten Beute, zu einer unwürdigen Farce: Ende April 1882 sieht er Lou zum ersten Mal – im Petersdom. Nun gilt es, unter den Augen der hilflosen, auf Sitte und Anstand bedachten Malwida von Meysenbug, eine Konstellation herzustellen, die sich nicht allzu weit entfernt von dem, was die Moralprinzipien der Gesellschaft fordern. Man einigt sich auf eine Geistes- und Studiengemeinschaft höchsten Niveaus – ein gänzlich unrealistischer Plan, denn Rée ist verliebt in Lou und hat ihr schon die Ehe angetragen, was ihn jedoch nicht hindert, ihr in der Rolle des Brautwerbers einen Heiratsantrag Nietzsches zu übermitteln. Die Angebetete aber sieht keinen Anlaß, dieser Liebeskonfusion zwischen den Freunden, die langsam zu Rivalen werden, ein gnädiges Ende zu bereiten; für sie mag sich das kleine erotische Drama ja auch als ein amüsantes Spiel mit einigem Unterhaltungswert darstellen. Gemeinsam mit der Mutter Salomé reist sie nach Norditalien an den Orta-See, später gefolgt von Rée, dann von Nietzsche, mit dem allein sie den Monte Sacro besteigt, ein Ausflug, der so lange währt, daß Rée von Eifersuchtsanwandlungen geplagt wird. Es folgt ein kurzer Aufenthalt in Luzern, und dort entsteht jene berühmt-berüchtigte Fotografie: Nietzsche zusammen mit Rée vor ein Wägelchen gespannt, das von Lou peitscheschwingend gelenkt wird – ein etwas skandalöses Arrangement, dem manche späteren Nietzsche-Denker und -Deuter eine vielleicht allzutiefe (Sexual-)Symbolik beigemessen haben. Allerdings: in dieser komischen, keineswegs libertären, sondern eher schwül-verklemmten Dreierbeziehung spielt Lou von Salomé die dominante Rolle, vor allem wohl, weil sie, begabt mit psychologisch-analytischem Verstand, gefährlich schnell einen Einblick gewinnt in die erotischen Unsicherheiten und spezifischen sexuellen Dispositionen ihrer Partner. Gute Gelegenheit für solche Explorationen hat sie im kleinen thüringischen Kurort Tautenburg, wo sie mit Nietzsche einige Ferienwochen verbringt – eine Zeit langer, tiefer Gespräche, nicht nur philosophischer Natur: »Wir sprechen uns diese 3 Wochen förmlich todt und sonderbarer Weise hält er [Nietzsche] es jetzt plötzlich aus circa 10 Stunden täglich zu verplaudern [. . .] Seltsam, daß wir unwillkürlich mit unseren Gesprächen in die Abgründe gerathen, an jene schwindligen Stellen, wohin man wohl einsam geklettert ist um in die Tiefe zu schauen. Wir haben stets die Gemsensteige gewählt und wenn uns jemand zugehört hätte, er würde geglaubt haben, zwei Teufel unterhielten sich [. . .] N[ietzsche] hat in seinem Wesen, wie eine Burg, manchen dunklen Verlies und verborgenen Kellerraum, der bei flüchtiger Bekanntschaft nicht auffällt und doch sein Eigentlichstes enthalten kann. Seltsam, mich durchfuhr neulich der Gedanke mit plötzlicher Macht, wir könnten uns sogar einmal als *Feinde* gegenüberstehen.« (KSA 15, 125 f.) Was Lou hier, in verschleiernder Metaphernsprache, ihren Tagebüchern anvertraut, ist der Bericht über eine Entdeckung, die jedoch gleichzeitig wieder dezent verschwiegen wird – denn: was ist verborgen in der Kellerhöhle ihres Freundes? Ist sie, die Nietzsche sich erkoren hatte zur idealen Schülerin und möglichen Lebensgefährtin, seinem streng gehüteten erotischen Geheimnis nahegekommen, so daß sie in der Tat, wenn sie auf bedrohliche Weise Gebrauch machen würde von ihrer Erkenntnis, zu seiner absoluten Feindin werden könnte? Viel später erst, als lernbegierige Schülerin des großen Siegmund Freud, gibt Lou einen Hinweis auf ihre

Tautenburger Entdeckung – innerhalb einer allgemeinen Erörterung über die Zusammenhänge von Bisexualität, Sadismus und Masochismus ist folgendes Bekenntnis zu lesen: »Als ich zum ersten Mal dies Thema mit jemandem besprach, war es Nietzsche (dieser Sadomasochist an sich selber). Und ich weiß, daß wir hinterher nicht wagten, uns anzusehen.« (SAF, 155)

Obwohl sie über die Begrifflichkeit der Psychoanalyse noch keineswegs verfügt, scheint Lou während dieser denkwürdigen Ferienwochen dennoch schon Einblick zu nehmen in Nietzsches dunkle, unüberwundene Euphorion-Welt mit ihrer trüben Mischung aus Homoerotik, Gewalt und Unterwerfung. Muß aber nicht bei dem, den sie entlarvt zu haben glaubt, der Eindruck entstehen, er sei – allzu »männlich« offen und vertrauensselig – durch diese von ihm immer wieder unterstellte weibliche List und Schläue, diesen »dolchspitzen«, männerbedrohenden und männervernichtenden Frauenverstand, in seiner mühsam, mit großer Anstrengung im Gleichgewicht gehaltenen inneren Existenz entscheidend gefährdet? Möglich ist eine Abwehr durch die Flucht in jenes selbstrettende und selbststabilisierende Macht-Postulat, das auf der scheinhaft erlösenden Einsicht beruht, alles furchterregend Weibliche sei nur zu überwinden und »unschädlich« zu machen durch brutal-zwanghafte Züchtigung und Unterdrückung, als deren Instrument, symbolisch oder ganz real, die Peitsche gilt. Die aus Angst und Unsicherheit entstandene Überwältigungsphantasie: ein männliches Denk- und Verhaltensmodell, das nicht nur intersubjektiv die mann-weiblichen Beziehungen belasten und gefährden kann, sondern auch, gleichsam in einem Akt der Übertragung, als Weltanschauung oder Ideologie zur politisch-gesellschaftlichen Manifestation und Realisierung drängt, damit aber einen Staat imaginiert, der geprägt ist von Kampf, Krieg und letzter Entscheidung

– der schwache, seiner sexuellen Identität nie ganz gewisse Mann erträumt sich eine »maskuline«, auf die Freund-Feind-Struktur beschränkte Diktatur des Entweder-Oder, er verachtet und bekämpft das konturlos-fließende, als eigentümlich »weiblich« aufgefaßte demokratische Herrschaftsprinzip. Wie eng die Propagierung autoritärer Staatsmodelle verbunden ist mit radikalem Antifeminismus, zeigt ja gerade Nietzsches denkerisches Werk, so daß er später auf verhängnisvolle Weise zur Identifikationsfigur für jene werden konnte, die bestrebt sein mußten, ihrer Politik der tödlich-männerbündlerischen Vernichtung und (Selbst-)-Zerstörung eine philosophisch-weltanschauliche Rechtfertigung zu verschaffen.

Es scheint, daß dieses für Nietzsche so kennzeichnende, aus subjektiver Not entstandene und dann politisch so schändlich mißbrauchte Syndrom sich gerade im idyllischen und stillen Tautenburg entscheidend verfestigt. Denn dort finden nicht nur, wie er glauben machen möchte, tiefe Gespräche zwischen »Geschwistergehirnen« (KSB 6, 259) statt – er befindet sich vielmehr erneut in einem irritierenden, bedrohlichen Dreiecksverhältnis: Anwesend ist ja auch Elisabeth, die leiblich-reale Schwester, äußerlich in der Funktion einer Art von Anstandsdame, für ihn aber gleichfalls als düstere Repräsentantin der Unlust und Abneigung erzeugenden Naumburger Frauenwelt. Er spürt also noch immer den aus der Kindheit nur allzu bekannten moralisch-behütenden Blick, der um so schärfer ist, als Elisabeth, die sorgende, aber doch etwas kleinstädtisch beschränkte Seele, gepeinigt wird von mühsam zurückgehaltenem, eifersüchtigem Haß auf die frei, unbekümmert und »emanzipatorisch« sich gebende Lou von Salomé. Zwei weibliche Lebensentwürfe geraten miteinander in Konflikt, und Nietzsche darf sich als gequältes Opfer fühlen, dem alle Vorurteile durch das Leben selbst bestätigt werden. Bereits in Bayreuth hatte Elisabeth Gelegenheit, diese neue, »gefährliche« Freundin des Bruders ein wenig näher zu beobachten: ihren neiderregenden Charme, ihr Konversationstalent, vor allem aber ihre Flirts – muß sie aus ihrer Perspektive da nicht denken, der geliebte Fritz sei an eine philosophisch ambitionierte Edel-Dirne geraten, die ihn in den sexuellen Abgrund reißen könnte, womit am Ende ja auch der ganzen protestantisch-sittlichen Familie irreparabler Schaden zugefügt würde? In Jena, kurz vor der Abreise nach Tautenburg, kommt es zu einer ersten Auseinandersetzung, über die Elisabeth ihrer Freundin Clara Gelzer in einem langen, theatralisch formulierten Brief berichtet: Lou falle mit einer Fluth von Schmähungen über ihren Bruder her, er »wäre ein Verrückter der nicht wisse was er wolle, er wäre ein gemeiner Egoist der nur ihre Geistesgaben hätte ausnützen wollen, sie mache sich nicht das Geringste aus ihm. Übrigens Fritz wäre verrückt wenn er dächte sie solle sich seinen Zielen opfern oder daß sie überhaupt dasselbe Ziel hätten sie wisse nichts von seinen Zielen. Übrigens wenn sie das gemeinschaftlich verfolgten, so würde es nicht vierzehn Tage dauern und sie wären in einer wilden Ehe drin, die Männer wollten überhaupt nur das, pah Geistesfreundschaft! sie kenne es aus Erfahrung, sie habe schon *zweimal* in solchen *Verhältnissen* gesteckt. Als ich ihr natürlich nun außer mir sagte, das möchte wohl bei ihren Russen der Fall sein, sie kenne dann aber nicht meinen rein gesinnten Bruder darauf sagte sie voller Hohn wörtlich: ›Wer hat zuerst den Plan des Zusammenseins mit den niedrigsten Absichten beschmutzt, wer hat zuerst mit der Geistesfreundschaft angefangen als er mich nicht zu etwas Anderem haben konnte wer hat zuerst an eine wilde Ehe gedacht das ist dein Bruder!‹ (PFE, 253 f.)« Der von Elisabeth stets edel, rein, asketisch-abstinent gedachte Nietzsche wird durch diese schamlos-offene Lou in »schmutzige« erotische Zusammenhänge gebracht und ihr als Sexualwesen präsentiert – ein Umstand, der sie, aus welchen geheimen inneren Motiven auch immer, aufs höchste irritieren und zornig machen muß und Auslöser wird für einen furiosen, intelligent-intriganten Rache- und Vernichtungsfeldzug, der sich am Ende nicht nur gegen Lou, sondern (ungewollt) auch gegen den Bruder richtet. In den ersten Tautenburger Ferientagen kommt es noch einmal zum Streit; dann zieht sie sich zunächst zurück, grollend, versunken in »namenlosen Kummer« (PFE, 289), geplagt mit »einer Augenentzündung vom vielen Weinen« (PFE, 357). Sie beobachtet dennoch genau Lous »unangenehmes Auftreten und vorzüglich ihren unbeschreibliche[n] Schmutz und Unordnung von dem Wäscherin und Dienstmädchen Schreckensdinge« erzählen (PFE, 289). In der folgenden Zeit wird sie so handeln, als wolle sie einen Aphorismus Nietzsches mit Leben erfüllen:

Kettenträger. – Vorsicht vor allen Geistern, die an Ketten liegen! Zum Beispiel vor den klugen Frauen, welche ihr Schicksal in eine kleine, dumpfe Umgebung gebannt hat und die darin alt werden. Zwar liegen sie scheinbar träge und halb blind in der Sonne da: aber bei jedem fremden Tritt, bei allem Unvermutheten fahren sie auf, um zu beissen; sie nehmen an Allem Rache, was ihrer Hundehütte entkommen ist. [201]

Später noch, im Frühjahr 1888, weckt das Wort »Schwester« unangenehme Gefühle; Nietzsche verbindet ihn, höchst aufschlußreich, mit dem durch die Hebamme signalisierten Bereich des allgemein Weiblichen, das ja nach seiner Auffassung wesentlich durch Geburt und Gebären bestimmt und definiert ist:

Philosoph Pyrrho, der mildeste und geduldigste Mensch, der je unter Griechen gelebt hat, ein Buddhist obschon Grieche, ein Buddha selbst, wurde ein einziges Mal außer Rand und Band gebracht, durch wen? – durch seine Schwester, mit der er zusammenlebte: sie war Hebamme. Seitdem fürchten sich am Allermeisten die Philosophen vor der Schwester – die Schwester! Schwester! 's klingt so fürchterlich! – *und* vor der Hebamme! ... (Ursprung des Coelibats) [202]

Die kluge Elisabeth vermag es in der Tat, trotz ihrer Hundehütten-Existenz, die (vermeintliche) philosophische Ruhe und Abgeklärtheit des Bruders empfindlich zu stören, indem sie jene Frau, die ihn geboren hat, mit der er immer noch in einem Angst- und Abwehrverhältnis lebt, aufmerksam macht auf seinen in der Gestalt der Lou von Salomé sich abzeichnenden Verrat an der Naumburger Moral, der ja gleichzeitig auch ein sündiger Abfall von der Mutter wäre. Indem sie vorgibt, eine edle Tochter- und Schwesterpflicht erfüllen zu müssen, informiert sie Franziska Nietzsche über die angeblich drohende Gefahr, und Elisabeths übertriebene Schilderungen müssen bei der Mutter den Eindruck hervorrufen, daß der geliebte, aber doch stets ein wenig unsichere, sensible Sohn die letzten Regeln christlich-bürgerlichen Anstands über Bord geworfen und sie mit dieser Verletzung der »Familienehre« zum Gespött der Naumburger Gesellschaft gemacht hat. Als Nietzsche in der Absicht, etwas Ruhe zu finden, nach Naumburg kommt, kann sie ihren Zorn, ihre Enttäuschung nicht länger unterdrücken. Es kommt zu einem heftigen Streit – in höchster Wut nennt Franziska den Sohn eine Schande für das Grab des Vaters (vgl. KSB 6, 256). Damit berührt sie aber auf zutiefst verletzende Art seine schöne, von der väterlichen Welt geprägte Utopie der glücklichen Kindheitstage. Nietzsche verläßt fluchtartig Naumburg in Richtung Leipzig. Er will die Mutter nicht mehr wiedersehen – und teilt ihr doch, drei Tage später, seine neue Adresse mit! (Vgl. KSB 6, 257.) Es beginnt ein schlimmer, zermürbender Familienkrieg; mehrmals versucht Nietzsche in der folgenden Zeit, den Kontakt endgültig abzubrechen, ist aber nicht fähig zu diesem letzten, erlösenden Schritt. Er ist ein freier Geist, ein souveräner Denker – und muß trotzdem erkennen, daß er in seiner Seele immer noch gekettet ist an diese kleine, enge Frauenwelt und daß er die befreiende Revolte, die in der Jugend nicht gelungen ist, auch jetzt nicht (und nie!) vollziehen kann. In dieser kritischen, erneut durch »weibliche« Bedrohung verdüsterten Lebensphase entsteht sein vielleicht folgenreichstes Werk: »Also sprach Zarathustra« – eine groß angelegte Macht- und Männerphantasie, in der mit prophetischem, wenn auch zuweilen hohl klingendem Pathos immer wieder auch die Dominanz des Mannes über die Frau, das mindere, durch maskuline Kraft zu züchtigende Wesen postuliert und zukunftweisend verkündet wird. Auf dem realen Lebenshintergrund ihres Autors ist diese Dichtung wohl als eine Art Entlastungsschrift zu lesen, als ein literarisch-künstlerischer Akt der Befreiung im schönen Schein der Kunst: Das schwache, durch alles Weibliche verstörte und darum angstvolle Ich rettet sich mit der Zarathustra-Figur in die Zwangspose männlicher Omnipotenz – ein großartiger, wenn auch traurig-ergebnisloser und letztlich gescheiterter Versuch, den schmerzlichen Widerspruch zwischen Realität und dem utopisch herbeigesehnten »glücklichen« Leben in einer visionären, pseudoreligiösen Erlösergestalt endgültig aufzuheben. –

Wenn im folgenden zunächst die sich auf die Frauen beziehenden nachgelassenen Fragmente des Zarathustra-Umkreises und dann erst die entsprechenden, nur allzu bekannten und mißbrauchten Passagen aus dem Werke selbst vorgestellt werden (beginnend mit der Rede »Vom Freunde«), so geschieht dies vor allem auch, um Nietzsches Denk- und Arbeitsmethode sichtbar zu machen: spontane, manchmal ephemere Einfälle, mehr oder minder geistreiche Gedankensplitter werden – ziemlich willkürlich und unlogisch – miteinander kombiniert und in einen dichterischen Text verwebt – eine Montage-Technik, die eher poetisch denn philosophisch ist und damit einem rationalen, diskursiven Begreifen immer im Wege steht:

Vermöge der Liebe sucht der Mann die unbedingte Sklavin, das Weib die unbedingte Sklaverei – Liebe ist das Verlangen nach einer vergangenen Cultur und Gesellschaft. [203]

Es ist Weiber-Art, seinen Nächsten zu einer guten Meinung über sich zu *verführen* und dann an diese Meinung wie an eine Autorität zu *glauben*. [204]

Die Männer gelten als grausam, aber die Weiber sind es. Die Weiber gelten als gemüthvoll, aber die Männer sind es. [205]

Liebe ist für *Männer* etwas ganz anderes als für Frauen. Den meisten wohl ist Liebe eine Art *Habsucht*; den übrigen Männern ist Liebe die Anbetung einer leidenden und verhüllten Gottheit. [206]

»Ja, ein schwaches Geschlecht!« – so reden die Männer von den Frauen, so reden auch die Frauen von sich selber: aber wer glaubt, daß sie bei dem gleichen Worte das Gleiche denken? Doch lassen wir einmal die Männer hierüber denken, was sie wollen; was meint für gewöhnlich ein Weib, wenn es von der Schwäche seines Geschlechts spricht? – [207]

Die ungeheure Erwartung in Betreff der Geschlechtsliebe verdirbt den Frauen das Auge für alle weiteren Perspektiven. [208]

Alle Mädchen glauben, daß ein Mann nur dann Freundschaft mit einem Weibe schließt, weil er nicht mehr erreichen konnte. [209]

Die Verworrenheit der Mittel, die Ehe aufrecht zu erhalten: das Weib glaubt, *prädestinirt* nur für *diese* zu sein. In Wahrheit ist Alles gemeiner Zufall, und hundert andere Männer thäten ihr ebenso gut. Sie will gehorchen: sie arbeitet für den Mann und denkt und sagt: »was habe ich alles für *dich* gethan!« – aber es war nicht für »dich«, sondern für irgend einen, der ihren Trieben in den Wurf kam. – Der Beruf und die tägliche Arbeit *trennt* die Gatten und hält so die Erträglichkeit aufrecht. – Weil die Männer und Frauen *früher* nicht erfahren haben, *was* eigentlich *Freundschaft* ist, so sind sie auch nicht enttäuscht über den Verkehr: *weder* die Liebe, *noch* die Freundschaft ist ihnen bekannt. Die Ehe ist auf *verkümmerte* Halbmenschen eingerichtet. [210]

Der Mann hat im Hintergrunde aller seiner Empfindungen für ein Weib immer noch die *Verachtung* für das weibliche Geschlecht. [211]

1. Die weibliche Beurtheilung der *Affekte*
– der einzelnen Tugenden und Laster von Mann und Weib.
Weib und Arbeit
Weib und Staat
Weib und Ruhm.
2. Das weibliche Urtheil und der Glaube des Weibes in Betreff seines Urtheils.

3. Die verhehlte Wirklichkeit und – – –
4. Die Unwirklichkeit, welcher ein Weib sich verpflichtet fühlt, als wahr zu behaupten.
5. Die Verführung der Anderen zur guten Meinung über uns und das Sich-Beugen vor dieser Meinung als einer Autorität.
6. Tempo der weiblichen Affekte.
7. *Schwangerschaft* als der Cardinalzustand, welcher allmählich das Wesen des Weibes überhaupt gestaltet hat. Relation aller weiblichen Denk- und Handlungsweisen dazu.
8. Die Pflege der Kinder theils zurückbildend – theils allzu sehr *entkindlichend*. Weiblicher *Rationalismus*.
9. Verschiedenheit der weiblichen und männlichen Herrschsucht.
10. Das weibliche Gefühl der Vollkommenheit – im Gehorchen.
11. Was als unweiblich empfunden wird. Geschichte.
12. Verneinen zerstören hassen sich rächen: warum das Weib darin *barbarischer* ist als der Mann.
13. Sinnlichkeit von Mann und Frau verschieden. [212]

20. Die Weiber haben im Hintergrund alles ihres Ehrgeizes als Weiber immer noch die Verachtung für »*das* Weib«.
[. . .]
23. Die männlichen und die weiblichen Affekte sind im Tempo verschieden: deshalb hören Mann und Weib nie auf, sich mißzuverstehen.
[. . .]
28. Die Weiber verstehen die Kinder besser, aber die Männer sind kindlicher als die Weiber.
[. . .]
50. »Soll das Band nicht reißen,
Mußt du mal drauf beißen.«

Die Ehe, die verlogenste und heuchlerischste Art des Geschlechterverkehrs, mag für solche recht sein, welche weder der Liebe noch der Freundschaft fähig sind und sich und Andere gerne über diesen Mangel täuschen möchten: dazu haben ja Staat und Religion die Ehe heilig gesprochen, und welche, weil sie in Beidem keine Erfahrung haben, auch durch die Ehe nicht enttäuscht werden können.

[. . .]

53. Liebe zum Weibe! Wenn sie nicht Mitleiden mit einem leidenden Gotte ist, so ist sie der Instinkt, welcher nach dem im Weibe verborgenen Thiere sucht.

[. . .]

103. Daß ein »thörichtes Weib mit Güte des Herzens hoch über dem Genie steht«, das klingt sehr artig – im Munde des Genie's. Es ist seine Höflichkeit – es ist auch seine Klugheit.

[. . .]

107. Die Frauen gehen mit ihrer Liebe auf den los, der ihnen Furcht einflößt: das ist ihre Art von Tapferkeit.

[. . .]

128. Die Lösung für das Rätsel »Weib« ist nicht die Liebe, sondern die Schwangerschaft.

[. . .]

133. [. . .] »Alle Frauen sind entweder Vögel oder Katzen oder Kühe« – man sehe ihren Blick darauf an. [. . .]

[. . .]

219. *Herzensbedürfnisse.* – Die Thiere, welche eine Brunstzeit haben, verwechseln nicht so leicht ihr Herz und ihre Begierde: wie es die Menschen und namentlich die Weibchen thun.

220. Das Weib will es vor sich selber nicht Wort haben, wie sehr sie in einem Geliebten »den Mann« (einen Mann) liebt,

deshalb vergöttlicht sie »den Menschen« in ihm – vor sich und Andern.

[...]

239. Auch die Wahrheit verlangt, gleich allen Weibern, daß ihr Liebhaber um ihretwillen zum Lügner werde, – aber nicht ihre Eitelkeit verlangt dies, sondern ihre Grausamkeit.

[...]

303. »Du kennst die W[eiber] nicht: wie kommt es, daß du bisweilen über sie recht hast?« – Bei den W[eibern] ist kein Ding unmöglich.

[...]

316. Das Weib versucht zu lieben, wo es fühlt, gehorchen und dienen zu müssen: es ist sein Kunststück, um das Joch leichter zu tragen.

[...]

325. [...] Das Weib begeht zehnmal weniger Verbrechen als der Mann – folglich ist es moralisch zehnmal besser: sagt die Statistik.

[...]

331. Allen Feiglingen die Fortpflanzung verhindern: das sollte die Moral der Weiber sein.

[...]

351. [...] Musik ist bei Frauen eine Form der Sinnlichkeit.

Die Frauen sind viel sinnlicher als die Männer, gerade weil sie sich der Sinnlichkeit als solcher bei weitem nicht so bewußt werden wie diese.

[...]

367. Du gehst zu Frauen? Vergiß die Peitsche nicht!

[...]

436. Was ist gut? – »Das, was zugleich hübsch und rührend ist« – antwortete ein kleines Mädchen. [...]

437. Muthig, unbekümmert, spöttisch und sogar etwas gewaltthätig: so will uns die Weisheit: sie ist ein Weib und – liebt immer nur einen Kriegsmann.
[. . .]
440. Zweierlei will der ächte Mann: Gefahr und Spiel. Deshalb will er das Weib, als das gefährlichste Spielzeug.

441. Die Aufgabe des Weibes ist, das Kind im Manne zu entdecken und zu erhalten.

442. Man will die Emancipation des Weibes und erreicht dabei nur die Entmännlichung des Mannes.

443. Der Mann soll zum Kriege erzogen werden, und das Weib dazu, die Erholung des Kriegers zu sein: Alles andere ist Thorheit.

444. [. . .] Es giebt zu wenig Männer: und daher vermännlichen sich die Frauen. [213]

[. . .] Man muß aus dem Tode ein Fest machen und dabei ein wenig boshaft gegen das Leben sein: ein Weib, das uns verlassen will, uns! [214]

[. . .] Für Mann »ich will« für Frau »ich muß« [215]

[. . .] Ich rede zu Männern, sprach Zarathustra – heißet die Weiber davongehen. [216]

Der beste Mann ist böse, das beste Weib ist schlecht. [217]

Alles am Weib ist Räthsel – alles am Weibe hat Eine Lösung: Schwangerschaft. [218]

[. . .] Der Mann ist, so lange es Männer gibt, auf Krieg und Jagd eingeübt: deshalb liebt er jetzt die Erkenntniß als die umfänglichste Gelegenheit für Krieg und Jagd. Was ein Weib an der Erkenntniß überhaupt lieben *könnte*, müßte etwas anderes – – – [219]

Als Zarathustra dies gesagt hatte, winkte ihm ein Mütterchen und sprach: »Nun will ich gerne sterben, denn mein Mund hat Zarathustra nichts mehr zu lehren.«

Ich habe alle diese wilden Hunde noch bei mir, aber ich will sie nicht mehr bellen hören.

Winkte ihm ein Mütterchen und sagte: Nun sterbe ich ruhig ich habe Zarathustra erlebt. [220]

[. . .] »Was ist das Schwerste?«

Dies alles habe ich gethan, sprach Zarathustra, und gebe es heute billig – um eines Mädchens Lächeln. [221]

Es giebt genug: die wissen nichts besseres auf Erden als mit einem Weibe zusammen zu liegen. [222]

Das süßeste Weib ist noch bitter von Geschmack. [223]

17. Dieses Jahrhundert liebt es, den geistigen Männern einen Geschmack für unreife, geistig arme und demüthige Volksweiberchen zuzusprechen, den Geschmack Faustens für Gretchen – dies zeugt wider den Geschmack des Jahrhunderts und seiner geistigsten Männer.

18. Schlimm genug! Die Zeit zur Ehe kommt viel früher als die Zeit zur Liebe: letztere gedacht als Zeugnis der Reife, bei Mann und Weib.

19. Wenn ein Weib einen Mann angreift, so ist es nur um sich vor einem Weibe zu vertheidigen. Wenn ein Mann mit einem Weibe Freundschaft schließt, so meint es, er thue es, *weil* er nicht mehr erreichen könne.

[...]

110. Nimm dich vor den Katzen in Acht: sie geben nie, sie vergelten nicht einmal – sie entgegnen nur und schnurren dabei.

[...]

122. [...] Was kümmert mich das Schnurren dessen, der nicht lieben kann gleich der Katze?

[...].

136. Will ich denn Lammseelen und schwärmerische Jungfräulein schaffen? Löwen will ich und Ungeheuer an Kraft und Liebe. [224]

[...] Im Orient bedeckt eine Frau, im Bade überrascht, das Gesicht – so ist es dezent!

Die Scham verbietet in China der Frau den Fuß zu zeigen, unter den Hottentotten muß sie nur den Nacken verhüllen. [...] [225]

39. Das Weib ist der Müßiggang des Schöpfers an jedem siebenten Tage.

[...]

92. Die Frauen sind sinnlicher als die Männer, aber sie wissen weniger um ihre Sinnlichkeit.

[...]

145. Es entkindlicht die Weiber, daß sie sich mit Kindern immer als deren Erzieher abgeben.

[...]

194. Die ungeheure Erwartung in Betreff der Liebe verdirbt den Frauen den Blick für alle anderen – Fernen. [226]

Ein Bild sah ich jüngst im Meere, einer Göttin Bild: träge und tückisch schlich die Welle um ihre weißen Brüste. Halb begrub sie der Sand und halb die Eifersucht der Welle. [. . .] Daß ihr mir nicht des Weibes Bildniß verwischt und verwascht, ihr Zeitgemäßen! [227]

Man soll das Weib im Weibe freigeben! [228]

Das Glück läuft mir nach: das kommt davon, daß ich nicht den Weibern nachlaufe – und das Glück ist ein Weib. [229]

Fragt die Frauen: man gebiert nicht, weil es einem Vergnügen macht. [230]

Wann werden Mann und Weib aufhören, sich mißzuverstehen? Ihre Leidenschaften gehen einen verschiedenen Schritt, – sie messen die Zeit nach anderem Maße. [231]

Die Weiber vermännlichen sich: es giebt der Männer zu wenig. [232]

Nächst jedem Kaufladen sah ich einen Saufladen: ihre Seele fröstelt, sie möchten Wärme finden bei gebrannten Weinen oder auch bei brennenden Weibern. [233]

Weiber-Verwandtschaft: Kinder gehören nicht in die Familie des Vaters, sondern des Bruders ihrer Mutter. Der Vater gehört zu einer anderen Familie: Vater und Sohn in feindseligem Verhältniß. Der Vater heirathet in eine fremde Familie hinein und in ihr ist er lediglich Erzeuger, und kaum mehr als ein Sklave. – Die Vaterschaft nichts Selbstverständliches, sondern ein spät erreichtes Rechtsinstitut. Das sittliche Band zwischen Vater und Kind *fehlt*! Der Vater gilt nicht als blutverwandt mit seinen Kindern. Die *Nabelschnur* ist das Band der Familie.

In den Verbänden von Blutverwandten gibt es weder ein *individuelles* Verbrechen, noch individuelles Eigenthum, noch Ehe. Nur das Geschlecht hat Rechte und Pflichten. Weiber sind wie Kinder Gemeingut. Ja es giebt Zustände, wo es keine Verwandtschaft von Person zu Person giebt, sondern Gruppen verwandt sind. – *Gruppen-Ehen.*

Rechtsubjekte sind *jetzt* die sogenannten »natürlichen Personen«, die Einzelnen: sie sind die Träger von Rechten und Pflichten.

Ein alter Chinese sagte, er habe gehört, wenn Reiche zu Grunde gehen sollen, so hätten sie viele Gesetze.

Die Ehe mit schlechtem Gewissen: das Weib muß, bevor es heirathet, eine Zeit des Hetärism durchmachen, es muß entjungfert sein. Es muß sich den Stammesgenossen preisgeben, bevor es Einem Manne gehört. Letzter Rest das jus primae noctis der Häuptlinge oder auch Priester (wie bei den Buddhisten in Cambodja).

Die Hetäre steht in manchen Theilen Afrika's, in Indien und in Java in hohem Ansehen, sie ist den Volksgöttern treu geblieben. –

Hier erhält der Mann mit der Frau zugleich sämmtliche Schwestern, dort haben sämmtliche Brüder *Eine* Frau.

Bei den Thieren sind die Weibchen nicht geschmückt, die Schönheit gehört den Männchen zu – die Begehrenden und Kämpfenden werden schön.

das Weib macht bei uns »Eroberungen«

Die höhere *Schönheit* der Weiber unter Menschen beweist, daß die Weiber hier die kämpfenden und begehrenden sind; sie verstehen sich leicht darauf, den Mann zu erobern. Bei den Thieren nimmt die männliche Intelligenz zu durch den Geschlechtstrieb. –

In Athen waren die Männer schöner als die Frauen – nach Cicero: dies ist aber wohl eine Folge der großen Arbeit an der Schönheit, unter Einwirkung der Päderastie.

Mit der Entstehung der *individuellen* Ehe entsteht die *neue Pflicht*, nach der Brüder und Schwestern, Schwiegervater und Schwiegertochter, Schwiegermutter und Schwiegersohn, Schwager und Schwägerin nicht miteinander sprechen, essen, ja sich nicht ansehen dürfen. – Früher hat man oft Mutter und Tochter zusammen geheirathet. – Feindseligkeit und Kälte gehört zu den Pflichten überall, wo *individuelle* Pflichten entstehen. Mit der Liebe tritt immer die Abneigung zugleich auf. Menschenliebe im Allgemeinen ist bisher nicht ohne einen ungeheuren Haß dagewesen.

Eheliche Treue erscheint lange als unmoralisch.

Das Weib ein Eigenthum, welches der Stärkere jederzeit dem Schwächeren nehmen kann. Wettkampf der Stärke entscheidet. Nur die Häuptlinge und Priester haben die schönen Frauen. Junge Leute müssen sich mit alten Weiblein begnügen. – Der *Raub* die regelmäßige Form zu einem Weibe zu gelangen.

der Verlobungsring der Rest der Kette, mit der die Geraubte weggeschleppt wurde.

Zwischen Ehegatten ursprünglich die höchste »Kälte und Indifferenz«. Das Weib ist gekauft oder geraubt. Dazu der geheime Gewissensvorwurf, daß die Ehe etwas Naturwidriges und Unsittliches ist: die Gatten leben wesentlich *getrennt*, nicht Gemeinschaft von Tisch und Bett. Trennung der Geschlechter Grundgedanke der *chinesischen* Ehe. Das Haus hat zwei Theile: im äußeren wohnt der Mann, im inneren die Frau. Die Thür soll sorgfältig verschlossen werden. Jeder soll *allein* sterben. Es ist die durchgeführte separatio quoad thronum et mensam. [. . .] [234]

Die Verbrecher im Gefängniß schlafen gut; keine Gewissensbisse. Verlogenheit. Bei Frauen nervöse Anfälle »to break out« (schreien schimpfen fluchen, Alles zerbrechen) [235]

»die Frauen immer weniger civilisiert als die Männer: im Grunde der Seele wild; sie leben im Staate wie die Katzen im Hause, immer bereit zur Thür oder zum Fenster hinauszuspringen und in ihr Element zurückzukehren«. [236]

Ich will die Weiber wieder zurückformen: die Sand und M[adame] de Staël beweisen *gegen* sie. (Sévigné und Eliot sollten mehr sein als Schriftstellerinnen und waren es auch – zum Theil *Nothbehelf*) Ich verdamme sie zum *Handel*: der commis soll in Verachtung! [237]

Die Frau bei den Griechen von Homer bis Pericles immer mehr *zurückgedrängt*: dies gehört zur Cultur der Griechen – eine gewisse Gewalt geübt *gegen* die weichen milden Gefühle. Ausbrechen der Gegenströmung z. B. Pythagoras und die Thiere. Der Schwache leidende Arme – es giebt Sklavenaufstände, die Armut treibt zum Äußersten (Thucydides) *Sonst* sind alle grossen Verbrechen die des Bösen aus *Stärke*. [238]

Vermännlichung der Weiber ist der rechte Name für »Emancipation des Weibs«. Das heißt, sie formen sich nach dem Bilde, welches der Mann jetzt abgiebt, und begehren *seine* Rechte. Ich sehe darin eine *Entartung* im Instinkte der jetzigen Weiber: sie müßten wissen, daß sie ihre Macht zu Grunde richten, auf diesem Wege. – Sobald sie sich nicht mehr erhalten lassen wollen und ernsthaft Concurrenz mit dem Manne im bürgerlich-politischen Sinne machen, folglich auch auf jene milde und nachsichtig-schonende Behandlungsart verzichten wollen, mit der sie bisher behandelt wurden, so – – [239]

Im Orient und in Athen der besten Jahrhunderte schloß man die Frauen ab, man wollte die Phantasie-Verderbniß des Weibes nicht: *das* verdirbt die Rasse, mehr als der leibliche Verkehr mit einem Manne. [240]

»Der Einfluß der Frauen, nicht vom Christenthum her, sondern vom Einfluß der nordischen Barbaren auf die römische Gesellschaft. Die Germanen hatten exaltation, sie liebten die Seele. Die Römer liebten nur den Leib. Es ist wahr, daß die Weiber lange Zeit keine Seelen hatten. Sie haben sie noch nicht im Orient – schade!« Mérimée. [241]

Die Weiber sind viel sinnlicher als die Männer (obschon die angezüchtete Schamhaftigkeit ihnen selber daraus ein Geheimniß macht): für die es zuletzt wichtigere Funktionen giebt als die geschlechtliche. Aber wenn sich ein schöner Mann einem Weibe nähert – Weiber sind überhaupt unfähig, sich ein Verhältniß zwischen Mann und Weib zu denken, das nicht eine Spannung der Geschlechtlichkeit mit sich brächte. [242]

Was das Weib betrifft, so neige ich zur orientalischen Behandlung: die ausnahmsweisen Weiber beweisen immer nur das Gleiche – Unfähigkeit zur Gerechtigkeit und unglaublich reizbare Eitelkeit. Man soll nichts an ihnen zu ernst nehmen, ihre Liebe am wenigsten: zum mindesten soll man wissen, daß die treuest und leidenschaftlichst Liebenden gerade eine kleine Untreue zur Erholung nöthig haben, ja zur Ermöglichung der *Dauer* der Liebe. [243]

buona femmina e mala femmina vuol bastone (Sacchetti Nov. 86) [244]

[. . .] – alle sehr reichen, ungeordneten M[änner] bekommen einen *sittlichen* Charakter durch den Einfluß des Weibes, das sie lieben – erst durch die Berührung des Weibes kommen Viele Große auf ihre große Bahn: sie sehen ihr Bild im vergrößernden und vereinfachenden Spiegel. [. . .] [245]

Allen Schaffenden geweiht

Welt-Unabtrennliche
Laßt uns sein!
Das Ewig-Männliche
Zieht uns hinein. . . . [246]

So sprach ein Weib voll Schüchternheit
Zu mir im Morgenschein:
»Bist schon du selig vor Nüchternheit
Wie selig wirst du – trunken sein!« [247]

Löst mir das Räthsel, das dies Wort versteckt:
»Das Weib *erfindet*, wenn der Mann *entdeckt* – –« [248]

VOM FREUNDE

»Einer ist immer zu viel um mich« – also denkt der Einsiedler. »Immer Einmal Eins – das giebt auf die Dauer Zwei!«

Ich und Mich sind immer zu eifrig im Gespräche: wie wäre es auszuhalten, wenn es nicht einen Freund gäbe?

Immer ist für den Einsiedler der Freund der Dritte: der Dritte ist der Kork, der verhindert, dass das Gespräch der Zweie in die Tiefe sinkt.

Ach, es giebt zu viele Tiefen für alle Einsiedler. Darum sehnen sie sich so nach einem Freunde und nach seiner Höhe.

Unser Glaube an Andre verräth, worin wir gerne an uns selber glauben möchten. Unsre Sehnsucht nach einem Freunde ist unser Verräther.

Und oft will man mit der Liebe nur den Neid überspringen. Und oft greift man an und macht sich einen Feind, um zu verbergen, dass man angreifbar ist.

»Sei wenigstens mein Feind!« – so spricht die wahre Ehrfurcht, die nicht um Freundschaft zu bitten wagt.

Will man einen Freund haben, so muss man auch für ihn Krieg führen wollen: und um Krieg zu führen, muß man Feind sein *können*.

Man soll in seinem Freunde noch den Feind ehren. Kannst du an deinen Freund dicht herantreten, ohne zu ihm überzutreten?

In seinem Freunde soll man seinen besten Feind haben. Du sollst ihm am nächsten mit dem Herzen sein, wenn du ihm widerstrebst.

Du willst vor deinem Freunde kein Kleid tragen? Es soll deines Freundes Ehre sein, dass du dich ihm giebst, wie du bist? Aber er wünscht dich darum zum Teufel!

Wer aus sich kein Hehl macht, empört: so sehr habt ihr Grund, die Nacktheit zu fürchten! Ja, wenn ihr Götter wäret, da dürftet ihr euch eurer Kleider schämen!

Du kannst dich für deinen Freund nicht schön genug putzen: denn du sollst ihm ein Pfeil und eine Sehnsucht nach dem Übermenschen sein.

Sahst du deinen Freund schon schlafen, – damit du erfahrest, wie er aussieht? Was ist doch sonst das Gesicht deines Freundes? Es ist dein eignes Gesicht, auf einem rauhen und unvollkommnen Spiegel.

Sahst du deinen Freund schon schlafen? Erschrakst Du nicht, dass dein Freund so aussieht? Oh, mein Freund, der Mensch ist Etwas, das überwunden werden muss.

Im Errathen und Stillschweigen soll der Freund Meister sein: nicht Alles musst du sehn wollen. Dein Traum soll dir verrathen, was dein Freund im Wachen thut.

Ein Errathen sei dein Mitleiden: dass du erst wissest, ob

dein Freund Mitleiden wolle. Vielleicht liebt er an dir das ungebrochne Auge und den Blick der Ewigkeit.

Das Mitleiden mit dem Freunde berge sich unter einer harten Schale, an ihm sollst du dir einen Zahn ausbeissen. So wird es seine Feinheit und Süsse haben.

Bist du reine Luft und Einsamkeit und Brod und Arznei deinem Freunde? Mancher kann seine eignen Ketten nicht lösen und doch ist er dem Freunde ein Erlöser.

Bist du ein Sclave? So kannst du nicht Freund sein. Bist du ein Tyrann? So kannst du nicht Freunde haben.

Allzulange war im Weib ein Sclave und ein Tyrann versteckt. Desshalb ist das Weib noch nicht der Freundschaft fähig: es kennt nur die Liebe.

In der Liebe des Weibes ist Ungerechtigkeit und Blindheit gegen Alles, was es nicht liebt. Und auch in der wissenden Liebe des Weibes ist immer noch Überfall und Blitz und Nacht neben dem Lichte.

Noch ist das Weib nicht der Freundschaft fähig: Katzen sind immer noch die Weiber, und Vögel. Oder, besten Falles, Kühe.

Noch ist das Weib nicht der Freundschaft fähig: Aber sagt mir, ihr Männer, wer von euch ist denn fähig der Freundschaft?

Oh über eure Armuth, ihr Männer, und euren Geiz der Seele! Wie viel ihr dem Freunde gebt, das will ich noch meinem Feinde geben, und will auch nicht ärmer damit geworden sein.

Es giebt Kameradschaft: möge es Freundschaft geben!

Also sprach Zarathustra. [249]

VOM ALTEN UND JUNGEN WEIBLEIN

»Was schleichst du so scheu durch die Dämmerung, Zarathustra? Und was birgst du behutsam unter deinem Mantel?

»Ist es ein Schatz, der dir geschenkt? Oder ein Kind, das dir geboren wurde? Oder gehst du jetzt selber auf den Wegen der Diebe, du Freund der Bösen?« –

Wahrlich, mein Bruder! sprach Zarathustra, es ist ein Schatz, der mir geschenkt wurde: eine kleine Wahrheit ist's, die ich trage.

Aber sie ist ungebärdig wie ein junges Kind; und wenn ich ihr nicht den Mund halte, so schreit sie überlaut.

Als ich heute allein meines Weges gieng, zur Stunde, wo die Sonne sinkt, begegnete mir ein altes Weiblein und redete also zu meiner Seele:

»Vieles sprach Zarathustra auch zu uns Weibern, doch nie sprach er uns über das Weib.«

Und ich entgegnete ihr: »über das Weib soll man nur zu Männern reden.«

»Rede auch zu mir vom Weibe, sprach sie; ich bin alt genug, um es gleich wieder zu vergessen.«

Und ich willfahrte dem alten Weiblein und sprach also zu ihm:

Alles am Weibe ist ein Räthsel, und Alles am Weibe hat Eine Lösung: sie heisst Schwangerschaft.

Der Mann ist für das Weib ein Mittel: der Zweck ist immer das Kind. Aber was ist das Weib für den Mann?

Zweierlei will der ächte Mann: Gefahr und Spiel. Desshalb will er das Weib, als das gefährlichste Spielzeug.

Der Mann soll zum Kriege erzogen werden und das Weib zu Erholung des Kriegers: alles Andre ist Thorheit.

Allzusüsse Früchte – die mag der Krieger nicht. Darum mag er das Weib; bitter ist auch noch das süsseste Weib.

Besser als ein Mann versteht das Weib die Kinder, aber der Mann ist kindlicher als das Weib.

Im ächten Manne ist ein Kind versteckt: das will spielen. Auf, ihr Frauen, so entdeckt mir doch das Kind im Manne!

Ein Spielzeug sei das Weib, rein und fein, dem Edelsteine gleich, bestrahlt von den Tugenden einer Welt, welche noch nicht da ist.

Der Strahl eines Sternes glänze in eurer Liebe! Eure Hoffnung heiße: »möge ich den Übermenschen gebären!«

In eurer Liebe sei Tapferkeit! Mit eurer Liebe sollt ihr auf Den losgehn, der euch Furcht einflösst!

In eurer Liebe sei eure Ehre! Wenig versteht sich sonst das Weib auf Ehre. Aber diess sei eure Ehre, immer mehr zu lieben, als ihr geliebt werdet, und nie die Zweiten zu sein.

Der Mann fürchte sich vor dem Weibe, wenn es liebt, da bringt es jedes Opfer, und jedes andre Ding gilt ihm ohne Werth.

Der Mann fürchte sich vor dem Weibe, wenn es hasst: denn der Mann ist im Grunde der Seele nur böse, das Weib aber ist dort schlecht.

Wen hasst das Weib am meisten? – Also sprach das Eisen zum Magneten: »ich hasse dich am meisten, weil du anziehst, aber nicht stark genug bist, an dich zu ziehen.«

Das Glück des Mannes heisst: ich will. Das Glück des Weibes heisst: er will.

»Siehe, jetzt eben ward die Welt vollkommen!« – also denkt ein jedes Weib, wenn es aus ganzer Liebe gehorcht.

Und gehorchen muss das Weib und eine Tiefe finden zu seiner Oberfläche. Oberfläche ist des Weibes Gemüth, eine bewegliche stürmische Haut auf einem seichten Gewässer.

Des Mannes Gemüth aber ist tief, sein Strom rauscht in unterirdischen Höhlen: das Weib ahnt seine Kraft, aber begreift sie nicht. –

Da entgegnete mir das alte Weiblein: »Viel Artiges sagte

Zarathustra und sonderlich für die, welche jung genug dazu sind.

»Seltsam ist's, Zarathustra kennt wenig die Weiber, und doch hat er über sie Recht! Geschieht diess desshalb, weil beim Weibe kein Ding unmöglich ist?

«Und nun nimm zum Danke eine kleine Wahrheit! Bin ich doch alt genug für sie!

»Wickle sie ein und halte ihr den Mund: sonst schreit sie überlaut, diese kleine Wahrheit.«

»Gieb mir, Weib, deine kleine Wahrheit!« sagte ich. Und also sprach das alte Weiblein:

»Du gehst zu Frauen? Vergiss die Peitsche nicht!« –

Also sprach Zarathustra. [250]

VON KIND UND EHE

Ich habe eine Frage für dich allein, mein Bruder: wie ein Senkblei werfe ich diese Frage in deine Seele, dass ich wisse, wie tief sie sei.

Du bist jung und wünschest dir Kind und Ehe. Aber ich frage dich: bist du ein Mensch, der ein Kind sich wünschen *darf*?

Bist du der Siegreiche, der Selbstbezwinger, der Gebieter der Sinne, der Herr deiner Tugenden? Also frage ich dich.

Oder redet aus deinem Wunsche das Thier und die Nothdurft? Oder Vereinsamung? Oder Unfriede mit dir?

Ich will, dass dein Sieg und deine Freiheit sich nach einem Kinde sehne. Lebendige Denkmale sollst du bauen deinem Siege und deiner Befreiung.

Über dich sollst du hinausbauen. Aber erst musst du mir selber gebaut sein, rechtwinklig an Leib und Seele.

Nicht nur fort sollst du dich pflanzen, sondern hinauf! Dazu helfe dir der Garten der Ehe!

Einen höheren Leib sollst du schaffen, eine erste Bewegung, ein aus sich rollendes Rad, – einen Schaffenden sollst du schaffen.

Ehe: so heisse ich den Willen zu Zweien, das Eine zu schaffen, das mehr ist, als die es schufen. Ehrfurcht vor einander nenne ich Ehe als vor den Wollenden eines solchen Willens.

Diess sei der Sinn und die Wahrheit deiner Ehe. Aber Das, was die Viel-zu-Vielen Ehe nennen, diese Überflüssigen, – ach, wie nenne ich das?

Ach, diese Armuth der Seelen zu Zweien! Ach, dieser Schmutz der Seelen zu Zweien! Ach, diess erbärmliche Behagen zu Zweien!

Ehe nennen sie diess Alles; und sie sagen, ihre Ehen seien im Himmel geschlossen.

Nun, ich mag ihn nicht, diesen Himmel der Überflüssigen! Nein, ich mag sie nicht, diese im himmlischen Netz verschlungenen Thiere!

Ferne bleibe mir auch der Gott, der heranhinkt, zu segnen, was er nicht zusammenfügte!

Lacht mir nicht über solche Ehen! Welches Kind hätte nicht Grund, über seine Eltern zu weinen?

Würdig schien mir dieser Mann und reif für den Sinn der Erde: aber als ich sein Weib sah, schien mir die Erde ein Haus für Unsinnige.

Ja, ich wollte, dass die Erde in Krämpfen bebte, wenn sich ein Heiliger und eine Gans miteinander paaren.

Dieser gieng wie ein Held auf Wahrheiten aus und endlich erbeutete er sich eine kleine geputzte Lüge. Seine Ehe nennt er's.

Jener war spröde im Verkehre und wählte wählerisch. Aber mit Einem Male verdarb er für alle Male seine Gesellschaft: seine Ehe nennt er's.

Jener suchte eine Magd mit den Tugenden eines Engels.

Aber mit Einem Male wurde er die Magd eines Weibes, und nun thäte es Noth, dass er darüber noch zum Engel werde.

Sorgsam fand ich jetzt alle Käufer, und alle haben listige Augen. Aber seine Frau kauft auch der Listigste noch im Sack.

Viele kurze Thorheiten – das heisst bei euch Liebe. Und eure Ehe macht vielen kurzen Thorheiten ein Ende, als eine lange Dummheit.

Eure Liebe zum Weibe und des Weibes Liebe zum Manne: ach, möchte sie doch Mitleiden sein mit leidenden und verhüllten Göttern! Aber zumeist errathen zwei Thiere einander.

Aber auch noch eure beste Liebe ist nur ein verzücktes Gleichniss und eine schmerzhafte Gluth. Eine Fackel ist sie, die euch zu höheren Wegen leuchten soll.

Über euch hinaus sollt ihr einst lieben! So *lernt* erst lieben! Und darum musstet ihr den bittern Kelch eurer Liebe trinken.

Bitterniss ist im Kelch auch der besten Liebe: so macht sie Sehnsucht zum Übermenschen, so macht sie Durst dir, dem Schaffenden!

Durst dem Schaffenden, Pfeil und Sehnsucht zum Übermenschen: sprich, mein Bruder, ist diess dein Wille zur Ehe?

Heilig heisst mir solch ein Wille und solche Ehe. –

Also sprach Zarathustra. [251]

Nietzsches Zarathustra-Dichtung bezeichnet die dritte Stufe seines philosophischen Denkens: von der »Metaphysik der Wagner-Schopenhauerischen Ästhetik« über das »positivistische Freigeisterthum« zum »Mysterium einer ungeheuren Selbstapotheose« (SAN, 154). Hier werden die Leitbegriffe seiner (angeblich) neuen Lehre entfaltet –

ewige Wiederkunft, Schaffung des Übermenschen, Umwertung aller Werte, Wille zu Macht. Diesem Nietzsche-Zarathustra, der im biblischen Ton zur dumpfen Masse spricht, geht es dabei stets um das, was in der griechischen Antike als »Paideia« bezeichnet wurde: Erziehung, Formung, schließlich Daseinssteigerung des Menschen; die Reden des seltsamen Heiligen sind immer auch Ausdruck eines hochgeführten, sich allerdings sehr unerbittlich artikulierenden pädagogischen Eros. Was er dabei über Mann und Frau und das Verhältnis der Geschlechter zueinander sagt, klingt dennoch enttäuschend unoriginell – es ist eher Erweiterung, Pointierung und Verschärfung dessen, was der Kunstjüngling, später der (unfreie) Freigeist erkannt zu haben glaubte und nun, prophetisch gesteigert, als Wahrheit eines zukünftigen Zeitalters in hoher Sprechlage verkündet: Verherrlichung der mann-männlichen Freundschaft, Abwertung der Frau als minderes, »tierisches« Wesen mit »unreinen« Liebesgefühlen – erträglich dann, wenn es dem Mann sich unterordnet, zu züchtigen, wenn es sich nicht als »Spielzeug« willenlos gebrauchen läßt. Vor allem aber: Fundamentalkritik der Ehe, sofern sie nicht »eugenische« Ziele verfolgt und der Züchtung eines »neuen« (Über-)Menschen dient. Mag der Spott über die trostlosen »empirischen« Erscheinungsformen der vorgeblich idealen und göttlich sanktionierten mann-weiblichen (Ehe-)Beziehung auch treffend und partiell berechtigt sein – Nietzsches Gegenentwurf ist reinste, schrecklichste Inhumanität im schönsten deutschen Sprachgewand. Er spiegelt allerdings auf sehr bemerkenswerte Weise die eigentümliche »Dialektik« seiner Ich-Struktur wider: Das schwache, unsichere, durch sein Triebschicksal isolierte, auch »schuldig« phantasierende Subjekt erschafft, in einem Akt der Selbsterlösung, kraftvoll-heroische, betont »männliche«, autoritäre Lebens- und Herrschaftsmodelle. Hans

Kelsen beschreibt deutlich, wenn auch vielleicht etwas pauschal, die charakteristischen Widersprüchlichkeiten dieses Männer-Typus. Seine auf Plato projizierten Thesen liefern, höchst bemerkenswert, auch einen Schlüssel zum Verständnis Nietzsches und der Zarathustra-Figur: »Viel stärker noch als in dem normalen Eros ist in der homosexuellen Liebe von Mann zu Mann neben dem Wunsch sich unterzuordnen, ja sich verlierender Hingabe der Wille zur Herrschaft über das geliebte Wesen lebendig, zur Macht über Menschen überhaupt. Und so ist es die Eigentümlichkeit dieses Eros, daß er zwiespältig, ebenso wie gesellschaftsfeindlich, ja weltverneinend, zur Flucht von der sozialen Welt, so auch umgekehrt nach einer erhöhten Stellung in der Gesellschaft, nach Macht und Herrschaft über sie und zur Überwindung des Gegensatzes zu ihr, des pessimistischen Dualismus überhaupt, drängt. Das Schuld- und Minderwertigkeitsgefühl wird durch ein von sozialem Ehrgeiz gesteigertes Selbstbewußtsein kompensiert, ja überkompensiert. Es ist gerade der politische Trieb und die ihm verwandte pädagogische Leidenschaft, die in dieser seelischen Atmosphäre besonders gedeihen: aus der eben darum auch das Bedürfnis nach Rechtfertigung und damit das ethische Problem, die Frage nach der Gerechtigkeit, hervorgeht, die die Legitimation der Herrschaft ist. In einer besonderen Spielart zeigt dieser Charaktertypus eine starke Bindung an den Vater und die Brüder, Gleichgültigkeit, ja feindliche Einstellung gegen die Mutter. Mitunter liegt aber gerade in der Beziehung zur Mutter die Wurzel der sexuellen Perversion. Der nichtüberwundene Inzestwunsch läßt den Liebenden in jedem Weibe nur die Mutter lieben und drängt daher überhaupt vom Weibe ab und dem eigenen Geschlechte zu. Moralische Motive erzwingen dann immer wieder einen Verzicht auf Befriedigung des pervertierten Triebes; und diese seelische Situation liefert der melancholisch-depressiven Komponente des Charakters, dem durch das hypertrophisch gesteigerte Selbstbewußtsein nie ganz kompensierten Gefühl der Minderwertigkeit und damit seiner Neigung zu pessimistischer Weltanschauung stets neue Nahrung. Dabei ist häufig ein gewisser Infantilismus zu beobachten. Es ist ein Nichthinauskönnen oder Nichthinauswollen über eine bestimmte Stufe jugendlicher Erotik. Der ›ewige Jüngling‹ ist oft nur ein solcher, der nicht wagt, erwachsen zu sein, der sich den Erwachsenen nicht gewachsen fühlt, und eben darum seinen Wunsch, über Menschen zu herrschen, anderen seinen Willen aufzuzwingen, auf ein Objekt ablenkt, das er aus irgendwelchen Gründen für tauglicher hält. Er will in der Knabensphäre bleiben und, da er herrschen will, Lehrer werden, erziehen. Der pädagogische Trieb ist sehr häufig nur ein in bezug auf das Objekt sich dem Schüler anpassender Wille zur Macht. Knabenliebe und Knabenzucht bleiben der Inhalt solchen Lebens, das sich seine eigene Situation dadurch ideologisch verhüllt, daß es die Welt der Erwachsenen als für zu verdorben erklärt, um überhaupt noch reformiert werden zu können. Erhebt sich aber solche Haltung über den Bereich des bloß Pädagogischen ins allgemein Politische, dann zeigt sie ausgesprochen konservative, ja reaktionäre Tendenz. Die Vergangenheit: das ist für den vom Schuldgefühl Gequälten [. . .] die reine, vom Vater behütete, schuldlose Kindheit. Nur die Erinnerung, das ist die Erinnerung an die eigne Kindheit, ist gut und schön und trostreich. Wieder Kind werden, zurück zur Kindheit, zurück zum Vater oder den Vätern, der väterlichen Sitte, die Wiederaufrichtung der väterlichen Autorität, darauf kommt es auch politisch an. Wie denn auch eine ausgesprochen aristokratisch-konservative, antidemokratische Grundstellung sich aus dieser Art Eros ergibt.« (KEL, 118 f.) In der Tat bezeichnen diese allgemeinen Erörterungen zur platonisch-homoerotischen männlichen Psyche die Grund- und Lebensstimmung Nietzsches sehr genau; sie enthalten wesentliche Elemente jener »seelischen Atmosphäre«, an die auch seine Worte über die Frau gebunden sind – deren bestimmte, souveräne Diktion nie darüber hinwegtäuschen kann, daß es sich um »knabenhaft-infantile« Angst- und Abwehrtexte handelt. Und dies im ständig steigenden Maße, wie die folgenden Nachlaßfragmente zeigen, bis hin zu jenen Passagen aus »Jenseits von Gut und Böse«, in denen Nietzsche seine »Theorie der Frau« endgültig niederlegt. Was inhaltlich zum Ausdruck kommt, ist »Wiederkehr des ewig Gleichen«, ermüdende Variation der Grundthemen, wobei das Niveau der Argumentation bedenklich zu sinken beginnt und in die Nähe geistloser Albernheit und Zotigkeit gerät – gerade auch dann, wenn von der Frauenemanzipation und deren Protagonistinnen gehandelt wird:

[...] – Demokratisch endlich und folglich ebenfalls schauspielerisch ist das Talent der George Sand: sie ist beredt in jener schlimmen Manier, daß ihr Stil, ein bunter, zuchtloser übertreibender Weiber-Stil, jede halbe Seite mit ihrem Gefühle durch geht, – nicht umgekehrt, so sehr sie wünscht, daß man das Umgekehrte glaube. In der That, man hat viel zu sehr an ihr Gefühl geglaubt: während sie reich in jener kalten Geschicklichkeit des Schauspielers war, der seine Nerven zu schonen weiß und das Gegentheil davon alle Welt glauben macht. Man darf ihr zugestehen, daß sie eine große Begabung zum Erzählen hat; aber sie verdarb alles und für immer durch ihre hitzige Weibs-Koketterie, sich in lauter Manns-Rollen zu zeigen, welche gerade ihrem Wuchse nicht zusagten – ihr Geist war kurzbeinig –: so daß ihre Bücher nur eine kleine Zeit ernst genommen wurden und schon heute unter die unfreiwillig komische Litteratur gerathen sind. Und wenn es vielleicht nicht nur Koketterie sondern auch Klugheit war was sie trieb, sich immer mit Manns-Problemen und männlichem Zubehör zu drapieren, eingerechnet Hosen und Cigarren: zuletzt springt das sehr weibliche Problem und Unglück ihres Lebens trotzdem in die Augen, nämlich daß sie zuviel Männer nöthig hatte und daß auch noch in diesen Ansprüchen ihre Sinne und ihr Geist uneins waren. Was konnte sie dafür, daß die Männer, an denen ihr Geist Wohlgefallen fand, jedesmal zu kränklich waren, um ihren Sinnen genug zu thun? Daher das ewige Problem zweier Liebhaber zugleich und eine ewige Nöthigung der weiblichen Scham, über diesen Thatbestand zu täuschen und sich zu geben, wie als ob ganz andere, viel allgemeinere, viel unpersönlichere Probleme bei ihr im Vordergrunde stünden. Zum Beispiel das Problem der Ehe: aber was gieng sie die Ehe an! [252]

Man kann nicht hoch genug von den Frauen denken: aber deshalb braucht man noch nicht falsch von ihnen zu denken. Man soll darin gründlich auf der Hut sein. Daß sie selber imstande wären, über Männer über »das ewig-Weibliche« aufzuklären, ist unwahrscheinlich; sie stehn sich vielleicht zu nahe dazu – und überdies ist alles *Aufklären* selber – bisher wenigstens – Männer-Sache und Männer-Gabe gewesen. Endlich darf man bei alledem, was Weiber über das Weib schreiben, ein gutes Mißtrauen sich vorbehalten: nämlich ob nicht, ganz unwillkürlich, ein Weib, auch wenn es schreibt, zuletzt thun muß, was – bisher wenigstens – ewig-weiblich war: nämlich *»sich putzen«*! Hat man jemals einem Weibskopf schon *Tiefe* zugestanden? Und einem Weibsherzen – Gerechtigkeit? Ohne Tiefe aber und Gerechtigkeit – was nützt es, wenn Weiber »über das Weib« urtheilen? Mit der Liebe und dem Lobe selbst wenn man sich nicht selber liebt und lobt, ist sicherlich die Gefahr nicht vermindert, ungerecht und flach zu sein. Mögen manche Frauen einen guten Grund haben, zu denken, daß ihnen die Männer nicht mit Lob und Liebe entgegenkommen: ganz im Großen gerechnet, dünkt mich, *daß bisher »das Weib« am meisten von den Weibern gering geachtet worden ist* – und durchaus nicht vom Manne! [253]

Die Frauen in Europa, ganz abgesehn von ihrem eigentlichen Geschäfte (»Kinder zu legen«) sind zu vielen guten Dingen nütze. Mit Wienerinnen ist es angenehm zu tanzen. Mit einer Französin kann man causer, mit einer Italiänerin poser, mit einer Deutschen – oser. Unter den Jüdinnen giebt es allerliebste Schwätzel-Weiber: das Muster davon, ganz in Goethesche Spitzen und Selbstgefälligkeiten gewickelt, war die Rahel. Eine Russin hat gewöhnlich etwas erlebt, bisweilen etwas gedacht. Engländerinnen wissen auf die weiblichste und himmlischste Weise zu erröthen, beinahe ohne Grund, gleich den Engeln: – kurz, man kommt nicht zu Ende, wenn man die Nützlichkeit des Weibes – etwas, woran alle Welt *glaubt* – erst noch nach dem V⟨orbilde⟩ der e⟨nglischen⟩ utilitarians steif und standhaft *beweisen* wollte. [254]

Bei der »Emancipation des Weibes« wollen die Weiber, welche nicht zu Gatten und Kindern kommen, die *Gesamtstellung* des Weibes zum Manne wesentlich beeinflussen d. h. die *mißrathenen* Elemente (welche der *Zahl* nach *überall* im Übergewicht sind) wollen die Stellung der Art ändern d. h. zu Gunsten der Zahl soll die Qualität der Art verringert werden: (Man denke über die Eine Consequenz nach: daß nun auch die *häßlichen* Weiber die Befriedigung ihrer Triebe durch die Männer *verlangen* – der unbewußt treibende Grund dieser Bewegung) Oder, bei der G⟨eorge⟩ Sand, die nie Männer genug hatte und die, welche sie hatte, bald satt bekam. [255]

Europa ist zuletzt ein Weib: und die Fabel lehrt, daß so ein Weib sich unter Umständen von gewissen Thieren fortschleppen läßt. Ehemals, zur Zeit der Griechen, war's ein Stier. Heute – der Himmel behüte mich, das Thier zu nennen. [256]

NB. Ein Weib will Mutter sein; und wenn sie das nicht will, ob sie es schon sein könnte, so gehört sie beinahe ins Zuchthaus: so groß ist dann gewöhnlich ihre innewendige Entartung. [257]

NB. Daß ein Weib vieles zu Kleine und Wunderliche beständig im Kopf haben muß und sich neben den Aufgaben der Männer nothwendig als komisch empfindet – die häßlichen Frauen abgerechnet, welchen viele Sorgen erspart sind in Körper Bett und Kinderstube und neuerdings Bücher »legen« wie eine Henne Eier legt –, und daß allen unternehmenden und tiefen Männern es eine Wohlthat ist, Wesen zu begegnen, welche oberflächlich heiter und zu angenehmen Begierden anstellig sind, damit der düstere Anschein des Lebens sich ihnen mildere. Man muß es in aller Tiefe nachempfinden, welche Wohlthat *dies* Weib ist. [258]

Schrecklich zu denken, wenn ich durch meine Gedanken über das Weib irgendeine Schriftstellerin, nachdem sie sich und die Welt schon genugsam mit ihren Büchern gequält hat, zu dem Rachegedanken treiben könnte, zu Kindern zu kommen! [259]

»Wenn ein Weib zu Kindern kommen will, läßt es gewöhnlich nicht die Kindlein zu sich kommen, sondern die Männer!« sagte eine alte Hebamme. [260]

[. . .] – Man sieht den Italiänern der unteren Stände es heute noch an, daß aristokratische Selbstgenügsamkeit und männliche Zucht und Gewißheit ihrer selber zur längsten Geschichte ihrer Stadt gehört und ihnen am besten *vorgemacht* worden ist; ein armer Gondoliere in Venedig ist immer noch eine bessere Figur als ein Berliner wirklicher Geheimrath, und zuletzt gar noch ein besserer Mann: das greift man mit den Fingern. [!?] Man frage darüber bei den Weibern an. [261]

Hat man je schon einem Weibskopfe »Tiefe« zugestanden? Ich habe vor keinem Weibskopfe bisher Respekt gehabt. D'Epinay im Vergleich mit Galiani!
Und Gerechtigkeit, – ist jemals diese – – – [262]

[. . .] Wann war das Weib so gering, wie heute! [. . .] [263]

[. . .] Dieser Instinkt zum Glauben ist auch der eigentlich weibliche Instinkt; und wenn die Weiber Einen unerbittlichen Lehrer finden, der von ihnen Gehorsam und Niederwerfung will, oder auch nur ein Künstler, der das Weib in der Attitüde seiner »Vollkommenheit«, als anbetendes hingebendes hingegebenes Geschöpf, als Opfer zeigt, wie z. B. R⟨ichard⟩ W⟨agner⟩, da sind sie vor Glück »außer sich«: nämlich in ihren letzten Instinkten vor sich selber bestätigt und befriedigt [. . .] [264]

Weib. – Und wo einmal ein Weib zum Bewußtsein über irgend eine Begabung kommt, wie viel lächerliche Selbstbewunderung, wie viel »Gans« ist jedes Mal zugleich damit entfesselt! [265]

Das Weib ist so wenig sich selbst genug, daß es sich lieber noch schlagen läßt als – [266]

Zum Capitel »*Mann und Weib*«
Der *Sieg* des Mannes über das Weib, überall wo die Cultur anhebt.

NB. magister liberalium artium et hilaritatum
NB. ich habe irgend etwas bei den Hörnern gepackt – nur zweifle ich, ob es gerade ein Stier war. [267]

Meine Schriften sind sehr gut vertheidigt: wer zu ihnen greift und sich dabei vergreift als Einer, der kein Recht auf solche Bücher hat – der macht sich sofort lächerlich –, ein kleiner Anfall von Wut treibt ihn, sein Innerstes und Lächerlichstes auszuschütten: und wer wüßte nicht, was da immer herauskommt! Litteratur-Weiberchen, wie sie zu sein pflegen, mit krankhaften Geschlechtsorganen und mit Tintenklexen auf den Fingern – [268]

Wir waren bisher so artig gegen die Frauen. Wehe, es kommt die Zeit, wo man, um mit einer Frau verkehren zu können, ihr vorerst auf den Mund schlagen muß. [269]

Die orgiastische Seele

Ich habe ihn gesehn: seine Augen wenigstens – es sind bald tiefe stille, bald grüne und schlüpfrige Honig-Augen
sein halykonisches Lächeln,
der Himmel sah blutig und grausam zu

die orgiastische Seele des Weibes

ich habe ihn gesehn, sein halykonisches Lächeln, seine Honig-Augen, bald tief und verhüllt, bald grün und schlüpfrig, eine zitternde Oberfläche,

schlüpfrig, schläfrig, zitternd, zaudernd,
quillt die See in seinen Augen [270]

... die Tartüfferie der Deutschen! die alte Frau als Ausfluß ihres Pflichtgefühls darstellen – ich habe es mit eigenen Ohren gehört.
Geschrei und Geschreib der häßlichen Mädchen – der abnehmende Einfluß des Weibes. [271]

Die Leidenschaft für Gott: es giebt bäurische, treuherzige und zudringliche Arten, wie die Luther's, – der ganze Protestantismus entbehrt der südlichen delicatezza. Es giebt ein orientalisches Aussersichsein darin, wie bei einem unverdient begnadeten oder erhobenen Sklaven, zum Beispiel bei Augustin, der auf eine beleidigende Weise aller Vornehmheit der Gebärden und Begierden ermangelt. Es giebt frauenhafte Zärtlichkeit und Begehrlichkeit darin, welche schamhaft und unwissend nach einer unio mystica et physica drängt: wie bei Madame de Guyon. In vielen Fällen erscheint sie wunderlich genug als Verkleidung der Pubertät eines Mädchens oder Jünglings; hier und da selbst als Hysterie einer alten Jungfer, auch als deren letzter Ehrgeiz: – die Kirche hat das Weib schon mehrfach in einem solchen Falle heilig gesprochen. [272]

Das Weib lernt hassen, in dem Maasse, indem es zu bezaubern – verlernt.

Die gleichen Affekte sind bei Mann und Weib doch im Tempo verschieden: deshalb hören Mann und Weib nicht auf, sich misszuverstehen.

Die Weiber selber haben im Hintergrunde aller persönlichen Eitelkeit immer noch ihre unpersönliche Verachtung – für »das Weib«.

Die ungeheure Erwartung in Betreff der Geschlechtsliebe, und die Scham in dieser Erwartung, verdirbt den Frauen von vornherein alle Perspektiven.

Wo nicht Liebe oder Hass mitspielt, spielt das Weib mittelmässig.

Allen rechten Frauen geht Wissenschaft wider die Scham. Es ist ihnen dabei zu Muthe, als ob man damit ihnen unter die Haut, – schlimmer noch! unter Kleid und Putz gucken wolle.

In der Rache und in der Liebe ist das Weib barbarischer, als der Mann.

Wenn ein Weib gelehrte Neigungen hat, so ist gewöhnlich Etwas an ihrer Geschlechtlichkeit nicht in Ordnung. Schon Unfruchtbarkeit disponirt zu einer gewissen Männlichkeit des Geschmacks; der Mann ist nämlich, mit Verlaub, »das unfruchtbare Thier«.

Mann und Weib im Ganzen verglichen, darf man sagen: das Weib hätte nicht das Genie des Putzes, wenn es nicht den Instinkt der *zweiten* Rolle hätte.

Aus alten florentinischen Novellen, überdies – aus dem Leben: buona femmina e mala femmina vuol bastone. Sacchetti Nov. 86 [273]

Die Verschiedenheit der Menschen zeigt sich nicht nur in der Verschiedenheit ihrer Gütertafeln, also darin, dass sie verschiedene Güter für erstrebenswerth halten und auch über das Mehr und Weniger des Werthes, über die Rangordnung der gemeinsam anerkannten Güter mit einander uneins sind: – sie zeigt sich noch mehr in dem, was ihnen als wirkliches *Haben* und *Besitzen* eines Gutes gilt. In Betreff eines Weibes zum Beispiel gilt dem Bescheideneren schon die Verfügung über den Leib und der Geschlechtsgenuss als ausreichendes und genugthuendes Anzeichen des Habens, des Besitzens; ein Anderer, mit seinem argwöhnischeren und anspruchsvolleren Durste nach Besitz, sieht das »Fragezeichen«, das nur Scheinbare eines solchen Habens und will feinere Proben, vor Allem, um zu wissen, ob das Weib nicht nur ihm sich giebt, sondern auch für ihn lässt, was sie hat oder gerne hätte –: *so* erst gilt es ihm als »besessen«. Ein Dritter aber ist auch hier noch nicht am Ende seines Misstrauens und Habenwollens, er fragt sich, ob das Weib, wenn es Alles für ihn lässt, dies nicht etwa für ein Phantom von ihm thut: er will erst gründlich, ja abgründlich gut gekannt sein, um überhaupt geliebt werden zu können, er wagt es, sich errathen zu lassen –. Erst dann fühlt er die Geliebte völlig in seinem Besitze, wenn sie sich nicht mehr über ihn betrügt, wenn sie ihn um seiner Teufelei und versteckten Unersättlichkeit willen eben so sehr liebt, als um seiner Güte, Geduld und Geistigkeit willen. [. . .] [274]

Das Weib will selbständig werden: und dazu fängt es an, die Männer über das »Weib an sich« aufzuklären – *das* gehört zu den schlimmsten Fortschritten der allgemeinen *Verhässlichung* Europa's. Denn was müssen diese plumpen Versuche der weiblichen Wissenschaftlichkeit und Selbst-Entblössung Alles an's Licht bringen! Das Weib hat so viel Grund zur Scham; im Weib ist so viel Pedantisches, Oberflächliches, Schulmeisterliches, Kleinlich-Anmaassliches, Kleinlich-Zügelloses und -Unbescheidenes versteckt – man studire nur seinen Verkehr mit Kindern! –, das im Grunde bisher durch die *Furcht* vor dem Manne am besten zurückgedrängt und gebändigt wurde. Wehe, wenn erst das

»Ewig-Langweilige am Weibe« – es ist reich daran! – sich hervorwagen darf! wenn es seine Klugheit und Kunst, die der Anmuth, des Spielens, Sorgen-Wegscheuchens, Erleichterns und Leicht-Nehmens, wenn es seine feine Anstelligkeit zu angenehmen Begierden gründlich und grundsätzlich zu verlernen beginnt! Es werden schon jetzt weibliche Stimmen laut, welche, beim heiligen Aristophanes! Schrecken machen, es wird mit medizinischer Deutlichkeit gedroht, was zuerst und zuletzt das Weib vom Manne *will*. Ist es nicht vom schlechtesten Geschmacke, wenn das Weib sich dergestalt anschickt, wissenschaftlich zu werden? Bisher war glücklicher Weise das Aufklären Männer-Sache, Männer-Gabe – man blieb damit »unter sich«; und man darf sich zuletzt, bei Allem, was Weiber über »das Weib« schreiben, ein gutes Misstrauen vorbehalten, ob das Weib über sich selbst eigentlich Aufklärung *will* – und wollen *kann* . . . . . Wenn ein Weib damit nicht einen neuen *Putz* für sich sucht – ich denke doch, das Sich-Putzen gehört zum Ewig-Weiblichen? – nun, so will es vor sich Furcht erregen: – es will dann vielleicht Herrschaft. Aber es *will* nicht Wahrheit: was liegt dem Weibe an Wahrheit! Nichts ist von Anbeginn an dem Weibe fremder, widriger, feindlicher als Wahrheit, – seine grosse Kunst ist die Lüge, seine höchste Angelegenheit ist der Schein und die Schönheit. Gestehen wir es, wir Männer: wir ehren und lieben gerade *diese* Kunst und *diesen* Instinkt am Weibe: wir, die wir es schwer haben und uns gerne zu unsrer Erleichterung zu Wesen gesellen, unter deren Händen, Blicken und zarten Thorheiten uns unser Ernst, unsre Schwere und Tiefe beinahe wie eine Thorheit erscheint. Zuletzt stelle ich die Frage: hat jemals ein Weib selber schon einem Weibskopfe Tiefe, einem Weibsherzen Gerechtigkeit zugestanden? Und ist es nicht wahr, dass, im Grossen gerechnet, »das Weib« bisher vom Weibe selbst am meisten missachtet wurde –

und ganz und gar nicht von uns? – Wir Männer wünschen, dass das Weib nicht fortfahre, sich durch Aufklärung zu compromittiren: wie es Manns-Fürsorge und Schonung des Weibes war, als die Kirche dekretirte: mulier taceat in ecclesia! Es geschah zum Nutzen des Weibes, als Napoleon der allzuberedten Madame de Staël zu verstehen gab: mulier taceat in politicis! – und ich denke, dass es ein rechter Weiberfreund ist, der den Frauen heute zuruft: mulier taceat de muliere! [275]

Es verräth Corruption der Instinkte – noch abgesehn davon, dass es schlechten Geschmack verräth –, wenn ein Weib sich gerade auf Madame Roland oder Madame de Staël oder Monsieur George Sand beruft, wie als ob etwas zu *Gunsten* des »Weibes an sich« bewiesen wäre. Unter Männern sind die Genannten die drei *komischen* Weiber an sich – nichts mehr! – und gerade die besten unfreiwilligen *Gegen-Argumente* gegen Emancipation und weibliche Selbstherrlichkeit. [276]

Die Dummheit in der Küche; das Weib als Köchin; die schauerliche Gedankenlosigkeit, mit der die Ernährung der Familie und des Hausherrn besorgt wird! Das Weib versteht nicht, was die Speise *bedeutet*: und will Köchin sein! Wenn das Weib ein denkendes Geschöpf wäre, so hätte es ja, als Köchin seit Jahrtausenden, die grössten physiologischen Thatsachen finden, insgleichen die Heilkunst in seinen Besitz bringen müssen! Durch schlechte Köchinnen – durch den vollkommenen Mangel an Vernunft in der Küche ist die Entwicklung des Menschen am längsten aufgehalten, am schlimmsten beeinträchtigt worden: es steht heute selbst noch wenig besser. Eine Rede an höhere Töchter. [277]

Es giebt Wendungen und Würfe des Geistes, es giebt Sentenzen, eine kleine Handvoll Worte, in denen eine ganze Cultur, eine ganze Gesellschaft sich plötzlich krystallisirt. Dahin gehört jenes gelegentliche Wort der Madame de Lambert an ihren Sohn: mon ami, ne vous permettez jamais que des folies, qui vous feront grand plaisir«: beiläufig das mütterlichste und klügste Wort, das je an einen Sohn gerichtet worden ist. [278]

Das, was Dante und Goethe vom Weibe geglaubt haben – jener, indem er sang »ella guardava suso, ed io in lei«, dieser, indem er es übersetzte »das Ewig-Weibliche zieht uns *hinan*« –: ich zweifle nicht, dass jedes edlere Weib sich gegen diesen Glauben wehren wird, denn es glaubt eben *das* vom Ewig-Männlichen . . . [279]

Sieben Weibs-Sprüchlein

Wie die längste Weile fleucht, kommt ein Mann zu uns gekreucht!

Alter, ach! und Wissenschaft giebt auch schwacher Tugend Kraft.

Schwarz Gewand und Schweigsamkeit kleidet jeglich Weib gescheidt.

Wem im Glück ich dankbar bin? Gott! – und meiner Schneiderin.

Jung: beblümtes Höhlenhaus. Alt: ein Drache fährt heraus.

Edler Name, hübsches Bein, Mann dazu: oh wär' er mein!

Kurze Rede, langer Sinn – Glatteis für die Eselin! [280]

Die Frauen sind von den Männern bisher wie Vögel behandelt worden, die von irgend welcher Höhe sich hinab zu ihnen verirrt haben: als etwas Feineres, Verletzlicheres, Wilderes, Wunderlicheres, Süsseres, Seelenvolleres, – aber als Etwas, das man einsperren muss, damit es nicht davonfliegt. [281]

Sich im Grundprobleme »Mann und Weib« zu vergreifen, hier den abgründlichsten Antagonismus und die Nothwendigkeit einer ewig-feindseligen Spannung zu leugnen, hier vielleicht von gleichen Rechten, gleicher Erziehung, gleichen Ansprüchen und Verpflichtungen zu träumen: das ist ein *typisches* Zeichen von Flachköpfigkeit, und ein Denker, der an dieser gefährlichen Stelle sich flach erwiesen hat – flach im Instinkte! – darf überhaupt als verdächtig, mehr noch, als verrathen, als aufgedeckt gelten: wahrscheinlich wird er für alle Grundfragen des Lebens, auch des zukünftigen Lebens, zu »kurz« sein und in *keine* Tiefe hinunter können. Ein Mann hingegen, der Tiefe hat, in seinem Geiste, wie in seinen Begierden, ja auch jene Tiefe des Wohlwollens, welche der Strenge und Härte fähig ist, und leicht mit ihnen verwechselt wird, kann über das Weib immer nur *orientalisch* denken: er muss das Weib als Besitz, als verschliessbares Eigenthum, als etwas zu Dienstbarkeit Vorbestimmtes und in ihr sich Vollendendes fassen, – er muss sich hierin auf die ungeheure Vernunft Asiens, auf Asiens Instinkt-Überlegenheit stellen: wie dies ehemals die Griechen gethan haben, diese besten Schüler und Erben Asiens, welche, wie bekannt, von Homer bis zu den Zeiten des Perikles, mit *zunehmender* Cultur und Umfänglichkeit an Kraft, Schritt für Schritt auch *strenger* gegen das Weib, kurz orientalischer geworden sind. *Wie* nothwendig, *wie* logisch, *wie* selbst menschlich-wünschbar dies war: möge man darüber bei sich nachdenken! [282]

Das schwache Geschlecht ist in keinem Zeitalter mit solcher Achtung von Seiten der Männer behandelt worden als in unserm Zeitalter – das gehört zum demokratischen Hang und Grundgeschmack, ebenso wie die Unehrerbietigkeit vor dem Alter –: was Wunder dass sofort wieder mit dieser Achtung Missbrauch getrieben wird? Man will mehr, man lernt fordern, man findet zuletzt jenen Achtungszoll beinahe schon kränkend, man würde den Wettbewerb um Rechte, ja ganz eigentlich den Kampf vorziehn: genug, das Weib verliert an Scham. Setzen wir sofort hinzu, dass es auch an Geschmack verliert. Es verlernt den Mann zu *fürchten*: aber das Weib, das »das Fürchten verlernt«, giebt seine weiblichsten Instinkte preis. Dass das Weib sich hervor wagt, wenn das Furcht-Einflössende am Manne, sagen wir bestimmter, wenn der *Mann* im Manne nicht mehr gewollt und grossgezüchtet wird, ist billig genug, auch begreiflich genug; was sich schwerer begreift, ist, dass ebendamit – das Weib entartet. Dies geschieht heute: täuschen wir uns nicht darüber! Wo nur der industrielle Geist über den militärischen und aristokratischen Geist gesiegt hat, strebt jetzt das Weib nach der wirthschaftlichen und rechtlichen Selbständigkeit eines Commis: »das Weib als Commis« steht an der Pforte der sich bildenden modernen Gesellschaft. Indem es sich dergestalt neuer Rechte bemächtigt, »Herr« zu werden trachtet und den »Fortschritt« des Weibes auf seine Fahnen und Fähnchen schreibt, vollzieht sich mit schrecklicher Deutlichkeit das Umgekehrte: *das Weib geht zurück*. Seit der französischen Revolution ist in Europa der Einfluss des Weibes in dem Maasse *geringer* geworden, als es an Rechten und Ansprüchen zugenommen hat; und die »Emancipation des Weibes«, insofern sie von den Frauen selbst (und nicht nur von männlichen Flachköpfen) verlangt und gefördert wird, ergiebt sich dergestalt als ein merkwürdiges Symptom von der zunehmenden Schwächung und Abstumpfung der allerweiblichsten Instinkte. Es ist *Dummheit* in dieser Bewegung, eine beinahe maskulinische Dummheit, deren sich ein wohlgerathenes Weib – das immer ein kluges Weib ist – von Grund aus zu schämen hätte. Die Witterung dafür verlieren, auf welchem Boden man am sichersten zum Siege kommt; die Übung in seiner eigentlichen Waffenkunst vernachlässigen; sich vor dem Manne gehen lassen, vielleicht sogar »bis zum Buche«, wo man sich früher in Zucht und feine listige Demuth nahm; dem Glauben des Mannes an ein im Weibe *verhülltes* grundverschiedenes Ideal, an irgend ein Ewig- und Nothwendig-Weibliches mit tugendhafter Dreistigkeit entgegenarbeiten; dem Manne es nachdrücklich und geschwätzig ausreden, dass das Weib gleich einem zarteren, wunderlich wilden und oft angenehmen Hausthiere erhalten, versorgt, geschützt, geschont werden müsse; das täppische und entrüstete Zusammensuchen all des Sklavenhaften und Leibeigenen, das die Stellung des Weibes in der bisherigen Ordnung der Gesellschaft an sich gehabt hat und noch hat (als ob Sklaverei ein Gegenargument und nicht vielmehr eine Bedingung jeder höheren Cultur, jeder Erhöhung der Cultur sei): – was bedeutet dies alles, wenn nicht eine Anbröckelung der weiblichen Instinkte, eine Entweiblichung? Freilich, es giebt genug blödsinnige Frauen-Freunde und Weibs-Verderber unter den gelehrten Eseln männlichen Geschlechts, die dem Weibe anrathen, sich dergestalt zu entweiblichen und alle die Dummheiten nachzumachen, an denen der »Mann« in Europa, die europäische »Mannhaftigkeit« krankt, – welche das Weib bis zur »allgemeinen Bildung«, wohl gar zum Zeitungslesen und Politisiren herunterbringen möchten. Man will hier und da selbst Freigeister und Litteraten aus den Frauen machen: als ob ein Weib ohne Frömmigkeit für einen tiefen und gottlosen Mann nicht etwas vollkommen Widriges oder Lächerliches wäre –; man verdirbt fast überall ihre Nerven mit der krankhaftesten und gefährlichsten aller Arten Musik (unsrer deutschen neuesten Musik) und macht sie täglich hysterischer und zu ihrem ersten und letzten Berufe, kräftige Kinder zu gebären, unbefähigter. Man will sie überhaupt noch mehr »cultiviren« und, wie man sagt, das »schwache Geschlecht« durch Cultur *stark* machen: als ob nicht die Geschichte so eindringlich wie möglich lehrte, dass »Cultivierung« des Menschen und Schwächung – nämlich Schwächung, Zersplitterung, Ankränkelung der *Willenskraft*, immer miteinander Schritt gegangen sind, und dass die mächtigsten und einflussreichsten Frauen der Welt (zuletzt noch die Mutter Napoleon's) gerade ihrer Willenskraft – und nicht den Schulmeistern! – ihre Macht und ihr Übergewicht über die Männer verdankten. Das, was am Weibe Respekt und oft genug Furcht einflößt, ist seine *Natur*, die »natürlicher« ist als die des Mannes, seine ächte raubthierhafte listige Geschmeidigkeit, seine Tigerkralle unter dem Handschuh, seine Naivetät im Egoismus, seine Unerziehbarkeit und innerliche Wildheit, das Unfassliche, Weite, Schweifende seiner Begierden und Tugenden ...... Was, bei aller Furcht, für diese gefährliche und schöne Katze »Weib« Mitleiden macht, ist, dass es leidender, verletzbarer, liebebedürftiger und zur Enttäuschung verurtheilter erscheint als irgend ein Thier. Furcht und Mitleiden: mit diesen Gefühlen stand bisher der Mann vor dem Weibe, immer mit dem Fusse schon in der Tragödie, welche zerreisst, indem sie entzückt –. Wie? Und damit soll es nun zu Ende sein? Und die *Entzauberung* des Weibes ist im Werke? Die Verlangweiligung des Weibes kommt langsam herauf? Oh Europa! Europa! Man kennt das Thier mit Hörnern, welches für dich immer am anziehendsten war, von dem dir immer wieder Gefahr droht! Deine alte Fabel könnte noch einmal zur »Geschichte« werden, – noch einmal könnte eine ungeheure Dummheit über dich Herr werden und dich davon tragen! Und unter ihr kein Gott versteckt, nein! nur eine »Idee«, eine »moderne Idee«! . . . . . [283]

Das große antifeministische Credo, geboren aus dem Geist der Gegenaufklärung: Frauen-Emanzipation – Zeichen und Symptom des von der »Demokratie« bewirkten kulturellen Verfalls, gerichtet gegen das »eigentliche« Wesen des »Ewig-Weiblichen«, dem der Mann Ehre und Gerechtigkeit nur dann zuteil werden läßt, wenn er sich »orientalisch« gibt und die gefährlich-schöne Bestie »Frau« an seiner Seite kraftvoll bändigt, um so sein wahres Mann-Sein unter Beweis zu stellen. Dieses Modell der Geschlechterbeziehung, das Nietzsche hier mit nostalgisch getrübtem Blick auf frühe Menschheitsepochen zu entwerfen versucht und als »naturhaft«-immergültig dekretiert, steht selbstverständlich im Zusammenhang mit jener alt-neuen Ethik, die er in »Jenseits von Gut und Böse« erstmals deutlich formuliert: Er glaubt, zwei sich gegenseitig ausschließende Grundtypen der Moral entdeckt zu haben – einmal die Herrenmoral, die ursprünglich die einer überlegenen Oberschicht war, dann die Sklavenmoral, deren Ziel die Erniedrigung aller aristokratischen Werte, die Erleichterung des Lebens, die Herstellung einer freiheitlichen Lebensatmosphäre ist und sich auf diese Weise unterteilt in eine Gleichheits-, Nützlichkeits- und Freiheitsmoral. Die vollendete Form der Sklavenmoral erblickt Nietzsche in der christlichen Lehre: dort seien die »natürlich-menschlichen« Instinkte der Macht und Machterhaltung dem »schwächenden«, letztlich zerstörerischen Ideal der Gleichheit aller vor Gott geopfert worden, eine Tendenz, die immer noch, in gleichsam säkularisierter Form, die aufklärerisch-demokratische Gesellschaftsordnung bestimme. Auf dem Hintergrunde dieser Kultur-Diagnose propagiert Nietzsche nun seine »aristokratische« Therapie einer Rekonstituierung der Herrenmoral, die als Recht des Stärkeren unter grundsätzlicher Annahme einer »artbedingten«, anthropologischen Schwäche und Minderwertigkeit der Frau stets auch antifeministisch ausgerichtet ist: »Zum Recht des Stärkeren gehört auch das Recht des Mannes gegenüber der Frau: denn der Mann ist der Stärkere. Darum ist Nietzsche auch energischer Gegner aller sogenannter Frauenemanzipation. Sofern man diese emanzipatorischen Bestrebungen der Frauenwelt als Feminismus bezeichnen kann, so ist Nietzsche der stärkste *Antifeminist*, den man sich denken kann [. . .] Die Frau ist die von Natur Schwächere: also ist sie die zum Dienen bestimmte [. . .] Es ist dies nur eine Konsequenz aus seinem allgemeinen Prinzip, daß die Natur den Starken zur Herrschaft bestimmt habe: in der Frau findet er Schwachheit und alle Untugenden der Schwachheit. In der steigenden ›Frauenemanzipation‹ – Befreiung der Frau aus der naturgewollten Abhängigkeit vom Manne – sieht Nietzsche nur ein Anzeichen der jetzt herrschenden Décadence.« (VAH, 31 f.) Diese Grundposition, die Hans Vahinger hier einfach-einleuchtend verdeutlicht, könnte man heute (nach aller historischen Erfahrung mit autoritär-»aristokratischen«, auf die sogenannte Macht des Stärkeren bezogenen Staatskonstruktionen) durchaus und mit einiger Berechtigung als Ausdruck einer höchst gefährlichen »Flachköpfigkeit« bezeichnen, die Nietzsche selbst gerade den Protagonistinnen der Frauenemanzipation (besonders aber deren männlichen Gehilfen!) meint attestieren zu müssen. Es ist schon sehr bemerkenswert, daß auch ein subtiler, ansonsten auf die gnadenlose Entlarvung von intellektuellen Schwächen und Nachlässigkeiten bedachter Philosoph in jene Gedanken-Falle läuft, die der angeblich sichere und souveräne Männer-Geist sich immer wieder selber stellt, um auf diese Weise Gefangener seiner allerdings bequemen, machterhaltenden Vorurteile zu bleiben: Ein geschichtlich bedingtes, unter männlicher Herrschaft entstandenes, »patriarchalisch« deformiertes Frauenbild (mit der daraus zwangsläufig resultierenden spezifischen Rollenverteilung) wird allem Weiblichen als wesentlich-naturhaft zugeschrieben und damit »verewigt«; die Deformation erscheint als eigentliche Form.

Eine solche »unsaubere« Gedanken-Konstruktion kommt aber, im Sinne Hans Kelsens, Nietzsches eigener psychosexueller Deformiertheit entgegen, die sich besonders auffällig in dem zeigt, was man als reflexionsverhindernde Sexualisierung sozialer Tatbestände und Mechanismen bezeichnen könnte: Weibliche Schriftstellerei als eine Art Ersatzbefriedigung, Emanzipation als der Versuch häßlicher Frauen, doch endlich zum Geschlechtsgenuß zu kommen – solche »Erklärungen« sind in der Tat Anzeichen für eine knabenhaft-pubertäre, »unreife« Fixierung auf die Frau als reines Sexualwesen ohne Person und Intellekt. Und wenn aus dem schwachen, hilflosen Vögelchen Weib plötzlich eine begehrlich-begierige, angsteinflößende Bestie wird, so ist diese merkwürdige Widersprüchlichkeit in Nietzsches phantastischem Frauenbild wohl immer noch Ausdruck und Widerschein jener nichtüberwundenen Irritation, die ihren Ursprung hat in seinen Kindheits- und Jugenderfahrungen mit der Naumburger Welt der Mutter: dort ist ihm das Weibliche ja stets nur entgegengetreten in seiner »mütterlichen« Funktion als pädagogische, »schulmeisterliche« Instanz jenseits aller Geschlechtlichkeit. Um so größer aber mußte bei ihm das Knaben-Erschrecken darüber sein, daß hinter der erotisch sich abwehrend verhaltenden, »kalten« Mutter immer die Frau als Sexualwesen verborgen war – ein Sachverhalt, den man vor ihm verschleiern und verdecken wollte, der aber gerade durch dieses Verschweigen zu Angst, Unsicherheit, Vermeidung und Haß führen mußte.

Es ist ein Signum der männlichen Adoleszenz-Krise, daß die beiden Pole weiblicher Existenz (Mutter versus Geliebte) zunächst problematisiert und dann auf die individuell unterschiedlichste Weise zur Harmonie gebracht werden. Offensichtlich ist, daß in Nietzsches »Sexualgeschichte« eine solche Konfliktlösung nicht stattgefunden hat und er als Mann noch immer »pubertäre« Kämpfe mit dem nichtbewältigten Mutterbild der Frau ausficht: »Es ist eine jugendliche Einstellung, die Nietzsche dem Weib gegenüber einnimmt; und sie ist bei ihm in der Tat in direktem und übertragenem Sinn durch das ihn bestimmende ›Bild der Mutter‹ bedingt.« (VET, 154) Seine Lösungsstrategie ist die einer praktisch-theoretischen »Weibfremdheit«, wie August Vetter formuliert – ein scheinhaft-aussichtsloser Weg, der die schwankende männliche Psyche nicht zu stabilisieren vermag: »Der erotische Urkonflikt des Mannes liegt, wie Nietzsche nur andeutet, in seiner Unterordnung unter das Weib, in der Gebundenheit des Sohnes an die Mutter. Das Umschlagen der verehrenden Haltung in die geringschätzige [. . .] bedeutet keine wirkliche Befreiung und Vermännlichung; denn im einen wie im anderen Fall bleibt die Beziehung eine ungelöste, eine direkt oder indirekt abhängige. Zur Überwindung der Weibfremdheit trägt also auch die scheinmännliche Ablehnung kaum bei; dazu bedarf es vielmehr einer positiven Lösung der Geschlechterspannung.« (VET, 154)

Nietzsche ist sich klar darüber, daß seine Frauentexte in ihrer Radikalität ein Ausdruck dieser nicht gelösten Spannung sind und aus der dunklen, irrationalen Kammer seiner Psyche kommen, als subjektive »Bewältigungsschriften«

demnach kaum objektiven, empirisch nachzuvollziehenden Erkenntniswert haben und auch zur Erklärung sozialer Phänomene und Vorgänge kaum tauglich sind. Die eigene Lebensrealität spricht eine deutliche Gegensprache – sucht er doch immer wieder die Nähe jener (halbwegs) emanzipierten, klugen und auch beschützend-hilfreichen Frauen, die er als unbefriedigte Literaturweiber (theoretisch) verächtlich machen will: Malwida von Meysenbug, Meta von Salis, Helene Druskowitz, Resa von Schirnhofer, Emily Fynn, Helen Zimmern. Im Juni 1885, während der Abfassung von »Jenseits von Gut und Böse«, berichtet er Resa von Schirnhofer über eine weitere dienstbare weibliche Seele:

[...] Einstweilen habe ich die treffliche Frau Röder-Wiederhold im Hause; sie erträgt und duldet »engelhaft« meinen entsetzlichen »Antidemocratismus« – denn ich diktire ihr täglich ein paar Stunden meine Gedanken über die lieben Europäer von heute und – *Morgen*; – aber zuletzt, fürchte ich, fährt sie mir doch noch »aus der Haut« und fort von Sils-Maria, getauft wie sie ist, mit dem Blute von 1848. – Auch steht es ganz schlimm mit meinen Ansichten über das »Weib an sich«. Genug, ich argwöhne, daß es Niemand lange mehr um mich aushält. Obwohl es viele Gründe gäbe, mir »gute Gesellschaft« zu wünschen. Ah, wer *kennt* meine »sieben Einsamkeiten«! – [284]

Stolz darauf, daß seine antifeministischen Provokationen eine erste, wenn auch negative Wirkung zeigen, schreibt er der Schwester:

[...] Alles, was für »Emancipation des Weibes« schwärmt, ist langsam, langsam dahinter gekommen, daß ich das »böse Thier« für sie bin. In Zürich, unter den Studentinnen, große

Wuth gegen mich. *Endlich!* – Und *wie viele* solche »Endlichs« habe ich abzuwarten! – – [285]

Natürlich verschweigt er der Schwester, dieser »tückischen Gans« (KSA 11, 71), daß sich seine Frauenfeindlichkeit besonders gegen sie und die Mutter richtet; bereits auf dem Höhepunkt der »Lou-Affäre« hatte er notiert:

Ich weiß dies längst: Menschen von der Art, wie meine M⟨utter⟩ und S⟨chwester⟩ müssen meine natürlichen Feinde sein – daran ist nichts zu ändern: der Grund liegt im Wesen aller Dinge. Es verdirbt mir die Luft, unter solchen M⟨enschen⟩ zu sein und ich habe viel Selbstüberwindung nöthig. [286]

J. V. Widmann, der erste »Jenseits von Gut und Böse«-Rezensent, ahnt selbstverständlich nichts von diesen tiefsten Motiven, die Nietzsches Antifeminismus bewirken. Aber er vermutet sehr scharfsinnig, daß zwischen den männlichen Machtphantasien und der physisch-psychischen Konstitution ihres Schöpfers ein Zusammenhang bestehen muß, wenn er Nietzsches reale, leidende Existenz etwas perfid gegen die im Werk verkündete brutale Herrenmoral auszuspielen versucht: »Wir wissen es nicht bestimmt, glauben aber, es gehört zu haben, daß Professor Nietzsche ein körperlich schwer leidender Mann ist. Als solcher befindet er sich jedenfalls in der gegenwärtigen rücksichtsvollen Moralwelt besser, als in seiner Zukunftsgewaltwelt. In letzterer ist nur für robuste Naturen Platz. Ein kränklicher Philosoph z. B. würde bei jenen ›starken, bösen, schönen und tiefen‹ Riesen nicht eine wesentlich andere Rolle spielen, als die des verachteten Zwerges, den man Nachmittags zum Spaßmachen auf ein Stündchen aus dem Hundestall heraufkommen läßt.« (Bei JNZ III, 262)

Widmann findet bei Nietzsche zahlreiche originelle Einfälle, um dann aber fortzufahren: »Viele dieser Aphorismen haben mehr einen dichterischen als philosophischen Wert, was so weit wahr ist, daß man an ihnen, d. h. an ihrer lebhaften und schönen Form, noch Wohlgefallen empfindet, wenn man ihren Inhalt auch als grundfalsch erkennt. Was diese grundfalschen Aussprüche anbetrifft, so sind es namentlich Nietzsche's Ausfälle gegen Demokratie, Volksaufklärung und höhere Bildung des Weibes, die an einem so reifen Denker befremden. Wohl ist in allen diesen Ausfällen ein Körnchen berechtigter Polemik, aber noch viel mehr eingeschlossene Studierstubenluft, zu wenig Sonnenschein des wirklichen Taglebens.« (Bei JNZ III, 263) Gustav Krug, der alte Jugendfreund, versucht seinem einstigen Schulkameraden auf ähnliche Weise ins Gewissen zu reden, wenn er im trockenen common sense des preußischen Staatsbeamten zu bedenken gibt: »Deinen philosophischen Schriften bin ich mit Aufmerksamkeit gefolgt, ohne indessen bei meinen mich sehr in Anspruch nehmenden Amtspflichten tiefer in dieselben eindringen zu können. Mit dem, was ich eingehender gelesen habe, kann ich allerdings leider oft nicht übereinstimmen. Das Verständniß wird oft für mich erschwert durch eine für mein Gefühl zu geschmückte, bilderreiche Sprache. Ich wünschte, daß Du Deinen Gedanken die schillernden Gewänder ausziehen und sie nackt herumwandeln ließest [. . .] Was Du endlich von dem Weibe, der gefährlichen und schönen Katze, sagst, mag ja bei vielen zutreffen, immerhin sind das aber nach meinen Erfahrungen Ausnahmen. Die vielen häßlichen Züge, die Du aufzählst [. . .], kann man doch unmöglich als allgemeine Grundzüge aufstellen. Überhaupt scheint es mir höchst bedenklich, aus einzelnen Wahrnehmungen allgemeine Schlüsse zu ziehen.« (KGB/VI, 107 f.) Die hier monierte Abkehr von der Lebenswirklichkeit, die Errichtung »unrealistischer«, künstlicher Feindbilder, die damit verbundene innere und äußere Isolation – das sind die Leitmotive der letzten, bewußten Lebensjahre Nietzsches. Er ist sich der Gefahren einer solchen »radikalen« Existenz nur allzu bewußt:

Eigentlich sollte ich einen Kreis von tiefen und zarten Menschen um mich haben, welche mich etwas vor mir selber schützten und mich auch zu erheitern wüßten: denn für einen, der solche Dinge denkt, wie ich sie denken muß, ist die Gefahr immer ganz in der Nähe, daß er sich selbst zerstört. [287]

Aber gerade hierin liegt die Lebenstragik: Jene einsichtsvollen, klugen, verständigen Menschen wenden sich ob seiner immer verworrener erscheinenden Reflexionen und Ideen teils traurig, teils belustigt von ihm ab, so daß die so entstandene Einsamkeit eine weitere Radikalisierung (und »Inhumanisierung«) des Denkens erzeugt. Dieser Prozeß spiegelt sich auch und gerade in den Frauentexten wider, die zunehmend unverständlicher, konstruierter, »psychopathologischer« wirken und am Ende in ihrer trotzig-inständigen Themen-Repetition nichts weiter ausstrahlen als unerträglich-rabulistischen Tiefsinn:

Diese Pariser Dichter und romanciers von heute, feine neugierige Hunde, welche mit aufgeregtem Auge »dem Weibe« bis in seine übelriechensten Heimlichkeiten nachgehen [288]

. . . Princip des Lebens
Die *Mächte in der Geschichte* sind wohl zu erkennen, bei Abstreifung aller moralischen und religiösen Teleologie. Es müssen die Mächte sein, die auch im ganzen Phänomen des organischen Daseins wirken. Die deutlichsten Aussagen im *Pflanzenreich*.

Die großen Siege über das *Thier*: das Thier als Sklave,
oder als Feind.

– des Mannes über das *Weib*:
das Weib neben den großen Schwankungen z. B. zwischen den Gesunden und den Kranken.
Wohinein die *Würde* des Menschen gesetzt worden ist:
über das Thier im Menschen Herr geworden zu sein
über das Weib im Menschen Herr geworden zu sein
} *Griechisches* Ideal
dagegen die *christliche* Würde:
über den Stolz im Menschen Herr geworden zu sein
über den – – – [289]

Die *Sinnlichkeit* in ihren Verkleidungen

als Idealismus (»Plato«), der Jugend eigen, dieselbe Art von Hohlspiegel-Bild schaffend, wie die Geliebte im Speziellen erscheint, eine Inkrustation Vergrößerung Verklärung, Unendlichkeit um jedes Ding legend

in der Religion der Liebe: »ein schöner junger Mann, ein schönes Weib«, irgendwie göttlich, ein Bräutigam, eine Braut der Seele

in der *Kunst*, als »schmückende« Gewalt: wie der Mann das Weib sieht, indem er ihr gleichsam alles zu Präsent macht, was es von Vorzügen giebt, so legt die Sinnlichkeit des Künstlers in Ein Objekt, was er sonst noch ehrt und hochhält – dergestalt *vollendet* er ein Objekt (»idealisirt« es) Das Weib, unter dem Bewußtsein, was der Mann in Bezug auf das Weib empfindet, *kommt dessen Bemühen nach Idealisierung entgegen,* indem es sich schmückt, schön geht, tanzt, zarte Gedanken äußert: insgleichen *übt sie Scham*, Zurückhaltung, Distanz – mit dem Instinkt dafür, daß damit auch das idealisirende Vermögen des Mannes *wächst*. (– Bei der ungeheuren Feinheit des weiblichen Instinkts bleibt die

Scham keineswegs bewußte Heuchelei: sie erräth, daß gerade die *naive wirkliche Schamhaftigkeit* den Mann am meisten verführt und zur Überschätzung drängt. Darum ist das Weib naiv – aus Feinheit des Instinkts, welcher ihr die Nützlichkeit des Unschuldig-seins anräth. Ein willentliches Die-Augen-über-sich geschlossen-halten . . .
Überall, wo die Verstellung stärker wirkt, wenn sie unbewußt ist, *wird* sie unbewußt. [290]

die Weiblein, die darauf warten, bis der Priester oder der Bürgermeister ihnen die Erlaubniß giebt, ihren Geschlechtstrieb zu befriedigen und dabei das Versprechen abgeben, ihn immer nur an Einem Manne zu befriedigen

daß die Befriedigung des *Geschlechtstriebs* und die Frage der *Nachkommenschaft* grundverschiedene Dinge und Interessen sind und »die Ehe« wie alle Institutionen etwas *Grundverlogenes* . . . [291]

das Weib: ein kleiner Feuer-Herd zwischen viel Rauch und Lüge. [292]

Würde irgend ein Ring in der ganzen Kette von Kunst und Wissenschaft fehlen, wenn das Weib, wenn das *Werk des Weibes* darin fehlte? Geben wir die Ausnahme zu – sie beweist die Regel – das Weib bringt es in allem zur Vollkommenheit, was nicht ein Werk ist, in Brief, in M⟨emoiren⟩ selbst in der delikatesten Handarbeit, die es giebt, kurz in allem, was nicht ein Metier ist, genau deshalb, weil es darin sich selbst vollendet, weil es damit jenem einzigen Kunst-Antrieb gehorcht, den es besitzt, – es will *gefallen* . . . Aber was hat das Weib mit der leidenschaftlichen Indifferenz des ächten Künstlers zu schaffen, der einem Klang, einem Hauch, einem Hopsasa mehr Wichtigkeit zugesteht als sich selbst? der mit allen fünf Fingern nach seinem Geheimsten und Innersten greift? der keinem Dinge einen Werth zugesteht, es sei denn, daß es Form zu werden weiß (– daß es sich preisgiebt, daß es sich öffentlich macht –) Die Kunst, so wie der Künstler sie übt – begreift *ihr's* denn nicht, was sie ist: ein Attentat auf alle pudeurs? . . . Erst mit diesem Jahrhundert hat das Weib jene Schwenkung zur Litteratur gewagt (– vers la canaille plumière écrivassière, mit dem alten Mirabeau zu reden): es schriftstellert, es künstlert, es verliert an Instinkt. *Wozu* doch, wenn man fragen darf. [293]

[. . .] Man erkennt einen Philosophen daran, dass er drei glänzenden und lauten Dingen aus dem Wege geht, dem Ruhme, den Fürsten und den Frauen: womit nicht gesagt ist, dass sie nicht zu ihm kämen. Er scheut allzuhelles Licht: deshalb scheut er seine Zeit und deren »Tag«. Darin ist er wie Schatten: je mehr ihm die Sonne sinkt, um so grösser wird er. Was seine »Demuth« angeht, so verträgt er, wie er das Dunkel verträgt, auch eine gewisse Abhängigkeit und Verdunkelung: mehr noch, er fürchtet sich vor der Störung durch Blitze, erschreckt vor der Ungeschütztheit eines allzu isolirten und preisgegebenen Baums zurück, an dem jedes schleche Wetter seine Laune, jede Laune ihr schlechtes Wetter auslässt. Sein »mütterlicher« Instinkt, die geheime Liebe zu dem, was in ihm wächst, weist ihn auf Lagen hin, wo man es ihm abnimmt, *an sich* zu denken; in gleichem Sinne, wie der Instinkt der *Mutter* im Weibe die abhängige Lage des Weibes überhaupt bisher festgehalten hat [. . .] [294]

[. . .] der asketische Priester wird schwerlich selbst nur den glücklichsten Vertheidiger seines Ideals abgeben, aus dem gleichen Grunde, aus dem es einem Weibe zu misslingen pflegt, wenn es »das Weib an sich« vertheidigen will [. . .] [295]

[. . .] Man sehe sich die Zeiten eines Volkes an, in denen der Gelehrte in den Vordergrund tritt: es sind Zeiten der Ermüdung, oft des Abends, des Niederganges, – die überströmende Kraft, die Lebens-Gewissheit, die *Zukunfts*-Gewissheit sind dahin. Das Übergewicht des Mandarinen bedeutet niemals etwas Gutes: so wenig als die Heraufkunft der Demokratie, der Friedens-Schiedsgerichte an Stelle der Kriege, der Frauen-Gleichberechtigung, der Religion des Mitleids und was es sonst alles für Symptome des absinkenden Lebens giebt. [. . .] [296]

Hinter allem moralischen Geschreibsel dieses ländlichen Weibleins, der G. Eliot höre ich immer die aufgeregte Stimme aller litterarischen Debütantinnen: »je me verrai, je me lirai, je m'extasierai et je dirai: Possible que j'aie eu tant d'esprit? . . .« [297]

George Sand. Ich las die ersten lettres d'un voyageur: wie Alles, was von Rousseau stammt, falsch, von Grund aus, moralistisch verlogen, wie sie selbst, diese »Künstlerin«. Ich halte diesen bunten Tapeten-Stil nicht aus, ebenso wenig diese aufgeregte Pöbel-Ambition nach »vornehmen« Leidenschaften, heroischen Attitüden und Gedanken, die wie Attitüden wirken. Wie *kalt* muß sie dabei gewesen sein – kalt, wie Victor Hugo, wie Balzac, wie alle eigentlichen Romantiker –: und wie selbstgefällig mag sie dabei dagelegen haben, diese breite fruchtbare Kuh, welche etwas Deutsches an sich hatte, gleich Rousseau selber, und jedenfalls am Ende alles französischen Geschmacks und esprit erst *möglich* gewesen ist . . . Aber Ernest Renan verehrt sie . . . [298]

Das Litteraturweib, unbefriedigt, aufgeregt, öde in Herz und Eingeweide, mit schmerzhafter Neugierde jeder Zeit auf den Imperativ hinhorchend, der aus der Tiefe ihrer

Organisation *sein* aut liberi aut libri formulirt: das Litteraturweib, gebildet genug, um die Stimme der Natur zu verstehn, selbst wenn sie Latein redet und andrerseits ehrgeizig genug, um mit sich im Geheimen auch noch französisch zu sprechen: je me verrai, je me lirai, je m'exstasierai et je dirai: Possible que j'aie eu tant d'esprit?« . . .

Das vollkommene Weib begeht Litteratur, wie es eine kleine Sünde begeht, zum Versuch, im Vorübergehn, sich umblickend, ob es jemand bemerkt und *daß* es Jemand bemerkt: es weiß, wie gut dem vollkommenen Weibe ein kleiner Fleck Fäulniß und brauner Verdorbenheit steht, – es weiß noch besser, wie alles Litteraturmachen am Weibe *wirkt*, als Fragezeichen in Hinsicht auf alle *sonstigen* weiblichen pudeurs . . . [299]

Die Bestimmung des Weibes ist, die Familie durch Kinder fortzusetzen, die des Mannes diese zu zeugen: diese doppelte Pflicht, für die Mann und Weib zusammen thätig sind, hat ihre Heiligung durch die Schrift. [. . .] [300]

Die Prostitution schafft man nicht ab; es giebt Gründe selbst zu wünschen, daß man sie nicht abschafft. Folglich – sollte man sie *ennobiliren*: – ich hoffe man versteht dies Folglich? Woran hängt es aber, daß etwas verächtlich wird? Daran, daß es lange verachtet wurde. Man höre damit auf, die Huren zu verachten: dann werden sie keinen Grund mehr haben, sich zu verachten. Zuletzt steht es überall in diesem Punkte bereits besser als bei uns: die Prostitution ist in der ganzen Welt etwas Unschuldiges und Naives. Es giebt Culturen Asiens, wo sie sogar hohe Ehren genießt. Die Infamie liegt durchaus nicht in der Sache, sie ist erst durch die Widernatur des Christenthums hineingelegt jener Religion, welche selbst noch den Geschlechtstrieb beschmutzt hat! . . . La fille canaille ist eine christliche Spezialität: Europa aber ist der Boden, der ihrem Wachstum günstig ist, und die Großstädte Europas die Stätten, wo deren Superlativ gedeiht ... – Problem: welche Bedingungen geben der Hauptstadt des neu-deutschen Reichs eine Überlegenheit in der Kunst, die Dirne zu encanailliren? ... Eine erlaubte Frage: aber man schämt sich, deutsch darauf zu antworten ... [301]

Frauen, stark gerathen, von altem Schrot und Korn, mit dem Temperament einer Kuh, denen selbst Unfälle wenig anhaben: aber sie nennen es ihr »Gottvertrauen«. – Sie merken nichts davon, daß ihr »Gottvertrauen« nur der Ausdruck ihrer starken und sicheren Gesammtverfassung ist – eine Formulierung, keine Ursache ... [302]

Sprüche eines Hyperboreers

[...]

Das Weib, das ewig Weibliche: ein bloß imaginärer Werth, an den allein der Mann glaubt.

Der Mann hat das Weib geschaffen – woraus doch? Aus einer Rippe seines Gottes, seines »Ideals« ...

Man hält das Weib für tief – warum? Weil man nie bei ihr auf den Grund kommt. Aber das Weib hat gar keinen Grund. Es ist das Faß der Danaiden.

Das Weib ist noch nicht einmal flach.

Unter Weibern. – »Die Wahrheit? Oh Sie kennen die Wahrheit nicht! ... Ist sie nicht ein Attentat auf alle unsere pudeurs?«

[...] [303]

Was der Rausch alles vermag, der Liebe heißt und der noch etwas Anderes ist als Liebe! – Doch darüber hat Jedermann seine Wissenschaft: Die Muskelkraft eines Mädchens *wächst*, sobald nur ein Mann in seine Nähe kommt; es giebt Instrumente, dies zu messen: Bei einer noch näheren Beziehung der Geschlechter, wie sie zum Beispiel der Tanz und andre gesellschaftliche Gepflogenheiten mit sich bringen, nimmt diese Kraft dergestalt zu, um zu wirklichen *Kraftstücken* zu befähigen: man traut endlich seinen Augen nicht – und seiner Uhr! Hier ist allerdings einzurechnen, daß der Tanz an sich schon, gleich jeder sehr geschwinden Bewegung eine Art Rausch für das gesamte Gefäß- Nerven- und Muskelsystem mit sich bringt. Man hat in diesem Fall mit den combinirten Wirkungen eines doppelten Rausches zu rechnen. – Und wie weise es mitunter ist, einen kleinen Stich zu haben! ... Es giebt Realitäten, die man sich nie eingestehen darf; dafür ist man Weib, dafür hat man alle weiblichen pudeurs ... Diese jungen Geschöpfe, die dort tanzen, sind ersichtlich jenseits aller Realität: sie tanzen nur mit lauter handgreiflichen Idealen, sie sehen sogar, was mehr ist, noch Ideale um sich sitzen: die Mütter! ... Gelegenheit, Faust zu citiren ... sie sehen unvergleichlich besser aus, wenn sie dergestalt ihren kleinen Stich haben, diese hübschen Creaturen, – oh wie gut sie das auch wissen! sie werden sogar liebenswürdig, *weil* sie das wissen! – Zuletzt inspirirt sie auch noch ihr Putz; ihr Putz ist ihr *dritter* kleiner Rausch: sie glauben an ihren Schneider, wie sie an Gott glauben: – und wer widerriethe ihnen diesen Glauben? dieser Glaube macht selig! Und die Selbstbewunderung ist gesund! – Selbstbewunderung schützt vor Erkältung. Hat sich je ein hübsches Weib erkältet, das sich gut bekleidet wußte? Nie und nimmermehr! Ich setze selbst den Fall, daß sie kaum bekleidet war ... [304]

Wenn das Weib männliche Tugenden hat, so ist es zum Davonlaufen; und wenn es keine männlichen Tugenden hat, so läuft es selbst davon. [305]

Die Wahrheit –
Ein Weib, nichts Besseres:
arglistig in ihrer Scham:
was sie am liebsten möchte,
sie will's nicht wissen,
sie hält die Finger vor . . .
Wem giebt sie nach? Der Gewalt allein! –
So braucht Gewalt,
seid hart, ihr Weisesten!
ihr müßt sie zwingen
die verschämte Wahrheit . . .
zu ihrer Seligkeit
braucht's des Zwanges –
– sie ist ein Weib, nicht⟨s⟩ Besseres . . . [306]

seid ihr Weiber,
daß ihr an dem, was ihr liebt,
leiden wollt? [307]

[. . .] Ganz anders berührt es uns, wenn wir den Begriff »griechisch« prüfen, den Winckelmann und Goethe sich gebildet haben, und ihn unverträglich mit jenem Elemente finden, aus dem die dionysische Kunst wächst, – mit dem Orgiasmus. Ich zweifle in der That nicht daran, dass Goethe etwas Derartiges grundsätzlich aus den Möglichkeiten der griechischen Seele ausgeschlossen hätte. *Folglich verstand Goethe die Griechen nicht*. Denn erst in den dionysischen Mysterien, in der Psychologie des dionysischen Zustands spricht sich die *Grundthatsache* des hellenischen Instinkts aus – sein »Wille zum Leben«. *Was* verbürgte sich der Hellene mit diesen Mysterien? Das *ewige* Leben, die ewige Wiederkehr des Lebens; die Zukunft in der Vergangenheit verheissen und geweiht; das triumphierende Ja zum Leben über Tod und Wandel hinaus; das *wahre* Leben als das Gesammt-Fortleben durch die Zeugung, durch die Mysterien der Geschlechtlichkeit. Den Griechen war deshalb das *geschlechtliche* Symbol das ehrwürdige Symbol an sich, der eigentliche Tiefsinn innerhalb der ganzen antiken Frömmigkeit. Alles Einzelne im Akte der Zeugung, der Schwangerschaft, der Geburt erweckte die höchsten und feierlichsten Gefühle. In der Mysterienlehre ist der *Schmerz* heilig gesprochen: die »Wehen der Gebärerin« heiligen den Schmerz überhaupt, – alles Werden und Wachsen, alles Zukunft-Verbürgende *bedingt* den Schmerz ... Damit es die ewige Lust des Schaffens giebt, damit der Wille zum Leben sich ewig selbst bejaht, *muss* es auch ewig die »Qual der Gebärerin« geben ... Dies Alles bedeutet das Wort Dionysos: ich kenne keine höhere Symbolik als diese *griechische* Symbolik, die der Dionysien. In ihr ist der tiefste Instinkt des Lebens, der zur Zukunft des Lebens, zur Ewigkeit des Lebens, religiös empfunden, – der Weg selbst zum Leben, die *Zeugung*, als der *heilige Weg* ... Erst das Christenthum, mit seinem Ressentiment *gegen* das Leben auf dem Grunde, hat aus der Geschlechtlichkeit etwas Unreines gemacht: es warf *Kot* auf den Anfang, auf die Voraussetzung unsres Lebens ... [308]

Ich nehme ein paar Skeptiker beiseite, den anständigen Typus in der Geschichte der Philosophie: aber der Rest kennt die ersten Forderungen der intellektuellen Rechtschaffenheit nicht. Sie machen es allesamt wie die Weiblein, alle diese grossen Schwärmer und Wunderthiere – sie halten die »schönen Gefühle« bereits für Argumente, den »gehobenen Busen« für einen Blasebalg der Gottheit, die Überzeugung für ein *Kriterium* der Wahrheit. Zuletzt hat noch Kant, in »deutscher« Unschuld, diese Form der Korruption, diesen Mangel an intellektuellem Gewissen unter den Begriff »praktische Vernunft« zu verwissenschaftlichen versucht: er erfand eigens eine Vernunft dafür, in welchem Falle man sich nicht um die Vernunft zu kümmern habe, nämlich wenn die Moral, wenn die erhabne Forderung »du sollst« laut wird. Erwägt man, dass bei fast allen Völkern der Philosoph nur die Weiterentwicklung des priesterlichen Typus ist, so überrascht dieses Erbstück des Priesters, die *Falschmünzerei vor sich selbst*, nicht mehr. Wenn man heilige Aufgaben hat, zum Beispiel die Menschen zu bessern, zu retten, zu erlösen – wenn man die Gottheit im Busen trägt, Mundstück jenseitiger Imperative ist, so steht man mit einer solchen Mission bereits ausserhalb aller bloss verstandesmässigen Werthungen – *selbst* schon geheiligt durch eine solche Aufgabe, selbst schon der Typus einer höheren Ordnung! . . . Was geht einen Priester die *Wissenschaft* an! Er steht zu hoch dafür! – Und der Priester hat bisher *geherrscht!* – *Er bestimmte* den Begriff »wahr« und »unwahr«! . . . [309]

Es ist kennzeichnend für Nietzsches letzte, furios zerquälte Schaffensperiode, daß seine radikale Kritik des Christentums mit den antifeministischen Denkmotiven eng verknüpft ist: Die christliche (Priester-)Lehre der Leibfeindlichkeit und Triebunterdrückung (ein heuchlerisch-verlogenes Herrschafts- und Verdummungsinstrument!) werde gerade von den Frauen willig angenommen und geglaubt:

[. . .] Das Weib liegt heute noch auf den Knien vor einem Irrthum, weil man ihm gesagt hat, dass Jemand dafür am Kreuze starb. *Ist denn das Kreuz ein Argument?* [. . .] [310]

Die Dominanz der Priester, von Frauen gestützt und abgesichert, habe alles Unglück in die Welt gebracht: dadurch, daß auf »inhumane« Weise ein Leib-Geist-Gegensatz konstruiert worden sei, allerdings mit der klaren Tendenz, den Leib stets zum Gefangenen des (»erfundenen«) Geistes zu machen. In diesem christlichen Heuchelsystem spielt nun die Frau eine ganz besondere Rolle – sie ist, wie Nietzsche immer wieder unterstellt, ja wesentlich Geschlechts- und Triebwesen; der Priester gibt ihr aber jene Mittel in die Hand, mit deren Hilfe sie, sich und die Männer täuschend, ihre Sexualbegierde, ihre »wahre« Natur umbiegen, umlügen (sublimieren) kann in eine allgemeine »brünstige« Religiosität, in hingebungsvolle Demut, »christliche« Hilfsbereitschaft, gefühlige Moralität. So ist die Frau, unter der Knute des Christentums, nicht nur dessen sicherste Garantin, sondern Symbol des falschen »entfremdeten« Lebens schlechthin.

Wenn Nietzsche dieserart die Verbindung herstellt zwischen Frau und Priester, so thematisiert er seine eigene Kindheits- und Jugenderfahrung: Das triebunterdrückende Christentum, die verlogene heteronome Welt des »Du sollst« wurde von Frauen repräsentiert und vor allem durch die Gestalt der »frommen« Mutter in die leidvoll erfahrene pädagogische Praxis umgesetzt – jetzt, in der letzten Phase seines bewußten Lebens, muß ihm deutlich werden, daß diese Erziehung in der Aura weiblich-christlicher Liebe als Ausdruck eines menschenunwürdigen Glaubenssystems sein Daseins- und Liebesglück letztlich zerstört hat:

– Diese grossen Dichter zum Beispiel, diese Byron, Musset, Poe, Leopardi, Kleist, Gogol – ich wage es nicht, viel grössere Namen zu nennen, aber ich meine sie – so wie sie nun einmal sind, sein müssen: Menschen des Augenblicks, sinnlich, absurd, fünffach, im Misstrauen und Vertrauen leichtfertig und plötzlich; mit Seelen, an denen gewöhnlich irgend ein Bruch verhehlt werden soll; oft mit ihren Werken Rache nehmend für eine innere Besudelung, oft mit Aufflügen Vergessenheit suchend vor einem allzutreuen Gedächtniss, Idealisten aus der Nähe des *Sumpfes* – welche Marter sind diese grossen Künstler und überhaupt die sogenannten höheren Menschen für den, der sie erst errathen hat ... Wir sind Alle Fürsprecher des Mittelmässigen ... Es ist begreiflich, dass *sie* gerade vom Weibe, das hellseherisch ist in der Welt des Leidens und leider auch weit über seine Kräfte hinaus hülf- und rettungssüchtig, so leicht jene Ausbrüche von unbegrenztem Mitleide erfahren, welche die Menge, vor Allem die *verehrende* Menge mit neugierigen und selbstgefälligen Deutungen überhäuft ... Dies Mitleiden täuscht sich regelmässig über seine Kraft: das Weib möchte glauben, dass Liebe *Alles* vermöge, – es ist sein eigentlicher *Aberglaube*. Ach, der Wissende des Herzens erräth, wie arm, hülflos, anmaasslich, fehlgreifend auch die beste tiefste Liebe ist – wie sie eher noch *zerstört* als rettet. [311]

Die Werke wirklich großer Dichter als Ausdruck einer tiefen inneren Verletzung, eines Lebenstraumas – eines »Bruchs«, der künstlerisch bewältigt werden soll. Die größeren Namen: Denkt Nietzsche dabei heimlich an sich selbst? Auch seine Werke sind, wie er nur allzu gut weiß, Versuche einer (stets erfolglosen) »Selbsttherapie«, eine Rettung vor dem Sumpf der ungelebten Wünsche und Begierden, Zeichen einer Lebenskatastrophe, die auch und gerade durch »weibliche« Zuwendung und Liebe nicht gemildert oder aufgehoben werden kann. Wie sehr die künstlerische Produktion auch Rache sein kann, demonstriert er selbst in seinen letzten Schriften, indem er das einstige Lebensidol, von dem er sich besudelt fühlt, mit Haß und Spott verfolgt: Richard Wagner, diesen »Theseus«, der ihm,

»Dionysos«, die angebetete Cosima-»Ariadne« vorenthalten hat, so daß er die einzig mögliche »göttliche Hochzeit« nicht feiern konnte. Oder war vielleicht gerade Wagner dieser Dionysos, der es vermochte, mit seiner Kunst die Frauen *(und die Jünglinge)* in seinen Bann zu zwingen? Ein schrecklicher Gedanke, der heftigste Abwehr erzeugt:

Man sehe nur unsere *Frauen* an, wenn sie »wagnetisiert« sind: welche «Unfreiheit des Willens«! Welcher Fatalismus im erlöschenden Blicke! Welches Geschehen-Lassen, Übersich-ergehenlassen! Vielleicht ahnen sie sogar, daß sie, in diesem Zustande des »ausgehängten« Willens, einen Zauber und Reiz *mehr* für manche Männer haben? –: welcher Grund *mehr* zur Anbetung ihres Cagliostro und Wundermannes! Bei den eigentlichen »Mänaden« der Wagner-Anbetung darf man unbedenklich sogar auf Hysterie und Krankheit schließen; irgend Etwas ist in ihrer Geschlechtlichkeit nicht in Ordnung: oder es fehlt an Kindern, oder, im erträglichsten Falle, an Männern. [312]

[. . .] Wagners »Weib«: er kennt nur das hysterische Frauenzimmer. Warum gerade hier die *Illusion* immer unmöglicher wird? [. . .] [313]

Wagner hat lauter Krankheitsgeschichten in Musik gesetzt, lauter interessante Fälle, lauter ganz moderne Typen der Degenerescenz, die uns gerade deshalb verständlich sind. Nichts ist von den jetzigen Ärzten und Physiologen besser studirt als der hysterisch-hypnotische Typus der Wagnerschen Heldin: Wagner ist hier Kenner, er ist naturwahr bis zum Widerlichen darin – seine Musik ist vor allem eine psychologisch-physiologische Analyse kranker Zustände – sie dürfte als solche ihren Werth noch behalten, selbst wenn ein Geschmack ganz [– – –] und sie als Musik nicht mehr erschölle. Daß die lieben D⟨eutschen⟩ dabei von Urgefühlen germanischer Tüchtigkeit und Kraft zu schwärmen verstehen, gehört zu den scherzhaften Anzeichen der psychologischen Cultur der Deutschen: – wir Anderen sind bei W⟨agners⟩ Musik im Hospital und, nochmals gesagt, sehr interessirt . . . Die Krankhaftigkeit ist bei Wagner nicht gewollt, nicht Zufall, nicht Ausnahme – sie ist die Essenz seiner Kunst, ihr Instinkt, ihr »Unbewußtes«, sie ist ihre *Unschuld*: die Sensibilität, das tempo des Affekts, Alles hat an ihr Theil, das Reich der [–] ist von ungeheurer Breite

Senta, Elsa, Isolde, Brünnhilde, Kundry: eine artige Galerie von Krankheitsfällen – wie instinktiv Wagner das Weib als krankes Weib versteht, giebt die sonst natürlicher gerathene Eva aus den M⟨eistersingern⟩ zu verstehen: – Wagner kann nicht umhin ihr eine zwanzig Minuten lange Attitüde zu geben, deren wegen wir das artige Geschöpf unfehlbar unter psychiatrische Aufsicht stellen würden. Gegen die Helden Wagners ist zunächst einzuwenden, daß sie allesammt einen krankhaften Geschmack haben – sie lieben lauter Weiber, die ihnen zuwider sein müßten . . . Sie lieben lauter unfruchtbare Weiber – alle diese »Heldinnen« verstehen sich nicht darauf ein Kind zu machen – die Ausnahme ist interessant genug: um Sieglinde zu einem Kinde zu verhelfen, hat Wagner der Sage Gewalt angethan – und vielleicht nicht nur der Sage: nach Wagnerscher Phy⟨si⟩ologie ist nur die Blutschande eine Gewährschaft für Kinder . . . Brünnhilde selbst – – – [314]

Was uns nicht umbringt – das bringen *wir* um, das macht uns stärker. Il faut tuer le Wagnerisme [315]

Was das hysterisch-heroische Weib betrifft, das Richard Wagner erfunden ⟨und⟩ in Musik gesetzt hat, ein Zwittergebilde zweideutigsten Geschmacks:

daß dieser Typus selbst in Deutschland nicht gänzlich degoutirt hat, hat darin seinen Grund wenn auch durchaus noch nicht sein Recht, daß bereits ein unvergleichlich größerer Dichter als Wagner, der edle Heinrich von Kleist, ihm daselbst die Fürsprache des Genies gegeben hatte. Ich bin fern davon, Wagner selbst hier abhängig von Kleist zu denken: Elsa, Senta, Isolde, Brünnhilde, Kundry sind vielmehr Kinder der französischen Romantik und haben ein – – – [316]

Wagner's Stil hat auch seine Jünger angesteckt: das Deutsch der Wagnerianer ist der verblümteste Unsinn, der seit dem Schellingschen geschrieben worden ist. Wagner selbst gehört als Stilist noch in jene Bewegung, gegen die Schopenhauer seinen Zorn ausgelassen hat: – und der Humor kommt auf die Spitze, wenn er sich als »Retter der deutschen Sprache« gegen die Juden aufspielt. – Um den Geschmack dieser Jünger zu zeichnen, gestatte ich mir ein einziges Beispiel. Der König von Bayern, der ein bekannter Päderast war, sagte einmal zu Wagner: also Sie mögen die Weiber auch nicht? sie sind so langweilig ... Nohl (der Verfasser eines in sechs Sprachen übersetzten »Leben Wagners«) findet diese Meinung »jugendlich umfangen« [317]

... Ich war im Stande, Wagnern ernst zu nehmen ... Ah dieser alte Zauberer! was hat er uns alles vorgemacht! Das Erste, was seine Kunst uns anbietet, ist ein Vergrösserungsglas: man sieht hinein, man traut seinen Augen nicht – Alles wird gross, *selbst Wagner wird gross* ... Was für eine kluge Klapperschlange! Das ganze Leben hat sie uns von »Hingebung«, von »Treue«, von »Reinheit« vorgeklappert, mit einem Lobe auf die Keuschheit zog sie sich aus der *verderbten* Welt zurück! – Und wir haben's ihr geglaubt ...

– Aber Sie hören mich nicht? Sie ziehen selbst das *Problem* Wagner's dem Bizet's vor? Auch ich unterschätze es nicht, es hat seinen Zauber. Das Problem der Erlösung ist selbst ein ehrwürdiges Problem. Wagner hat über Nichts so tief wie über die Erlösung nachgedacht: seine Oper ist die Oper der Erlösung. Irgend wer will bei ihm immer erlöst sein: bald ein Männlein, bald ein Fräulein – dies ist *sein* Problem. – Und wie reich er sein Leitmotiv variirt! Welche seltenen, welche tiefsinnigen Ausweichungen! Wer lehrte es uns, wenn nicht Wagner, dass die Unschuld mit Vorliebe interessante Sünder erlöst (der Fall im Tannhäuser) Oder dass selbst der ewige Jude erlöst wird *sesshaft* wird, wenn er sich verheirathet (der Fall im Fliegenden Holländer) Oder dass alte verdorbene Frauenzimmer es vorziehn, von keuschen Jünglingen erlöst zu werden (der Fall Kundry) Oder dass schöne Mädchen am liebsten durch einen Ritter erlöst werden, der Wagnerianer ist (der Fall in den Meistersingern) Oder dass auch verheirathete Frauen gerne durch einen Ritter erlöst werden? (Der Fall Isoldens) Oder dass »der alte Gott«, nachdem er sich moralisch in jedem Betracht compromittirt hat, endlich durch einen Freigeist und Immoralisten erlöst wird? (der Fall im »Ring«) Bewundern Sie in Sonderheit diesen letzten Tiefsinn! Verstehn Sie ihn Ich – hüte mich, ihn zu verstehn . . . Dass man noch andre Lehren aus den genannten Werken ziehen kann, möchte ich eher beweisen als bestreiten. Dass man durch ein Wagnerisches Ballet zur Verzweiflung gebracht werden kann – *und* zur Tugend! (nochmals der Fall Tannhäusers) Dass es von den schlimmsten Folgen sein kann, wenn man nicht zur rechten Zeit zu Bett geht (nochmals der Fall Lohengrins). Dass man nie genau wissen soll, mit wem man sich eigentlich verheirathet (zum dritten Mal der Fall Lohengrins) – Tristan und Isolde verherrlichen den vollkommenen Ehegatten, der, in einem gewissen Falle, nur Eine Frage hat: »aber warum habt ihr mir das nicht eher gesagt? Nichts einfacher als das!« Antwort:

»Das kann ich dir nicht sagen
und was du frägst,
das kannst du nie erfahren.«

Der Lohengrin enthält eine feierliche In-Acht-Erklärung des Forschens und Fragens. Wagner vertritt damit den christlichen Begriff »du sollst und musst *glauben*«. Es ist ein Verbrechen am Höchsten, am Heiligsten, wissenschaftlich zu sein ... Der fliegende Holländer predigt die erhabne Lehre, dass das Weib auch den Unstätesten festmacht, Wagnerisch geredet, »erlöst«. Hier gestatten wir uns eine Frage. Gesetzt nämlich, dies wäre wahr, wäre es damit auch schon wünschenswerth? – Was wird aus dem »ewigen Juden«, den ein Weib anbetet und *festmacht*? Er hört bloss auf, ewig zu sein; er verheirathet sich, er geht uns Nichts mehr an. – In's Wirkliche übersetzt: die Gefahr der Künstler, der Genie's – und das sind ja die »ewigen Juden« – liegt im Weibe: die *anbetenden* Weiber sind ihr Verderb. Fast Keiner hat Charakter genug, um nicht verdorben – »erlöst« zu werden, wenn er sich als Gott behandelt fühlt: – er *condescendirt* alsbald zum Weibe. – Der Mann ist feige vor allem Ewig-Weiblichen: das wissen die Weiblein. – In vielen Fällen der weiblichen Liebe, und vielleicht gerade in den berühmtesten, ist Liebe nur ein feinerer *Parasitismus*, ein Sich-Einnisten in eine fremde Seele, mitunter selbst in ein fremdes Fleisch – ach! wie sehr immer auf »des Wirthes« Unkosten! – –

Man kennt das Schicksal Goethe's im moralinsauren altjungfernhaften Deutschland. Er war den Deutschen immer anstössig, er hat ehrliche Bewunderer nur unter Jüdinnen gehabt. Schiller, der »edle« Schiller, der ihnen mit grossen Worten um die Ohren schlug, – *der* war nach ihrem Herzen. Was warfen sie Goethen vor? Den »Berg der Venus«; und dass er venetianische Epigramme gedichtet habe. Schon Klopstock hielt ihm eine Sittenpredigt; es gab eine Zeit, wo Herder, wenn er von Goethe sprach, mit Vorliebe das Wort

»Priap« gebrauchte. [. . .] Vor allem aber war die höhere Jungfrau empört: alle kleinen Höfe, alle Art »Wartburg« in Deutschland bekreuzigte sich vor Goethe, vor dem »unsauberen Geist« in Goethe. *Diese* Geschichte hat Wagner in Musik gesetzt. Er *erlöst* Goethe, das versteht sich von selbst; aber so, dass er, mit Klugheit, zugleich die Partei der höheren Jungfrau nimmt. Goethe wird gerettet: – ein Gebet rettet ihn, eine höhere Jungfrau *zieht ihn hinan* . . . [. . .]

[318]

Die Anhängerschaft an Wagner zahlt sich theuer. Ich beobachte die Jünglinge, die lange seiner Infektion ausgesetzt waren. Die nächste, relativ unschuldige Wirkung ist die Verderbniss des Geschmacks. Wagner wirkt wie ein fortgesetzter Gebrauch von Alkohol. Er stumpft ab, er verschleimt den Magen. Spezifische Wirkung: Entartung des rhythmischen Gefühls. Der Wagnerianer nennt zuletzt rhythmisch, was ich selbst, mit einem griechischen Sprüchwort, »den Sumpf bewegen« nenne. Schon viel gefährlicher ist die Verderbniss der Begriffe. Der Jüngling wird zum Mondkalb, – zum »Idealisten«. Er ist über die Wissenschaft hinaus; darin steht er auf der Höhe des Meisters. Dagegen macht er den Philosophen; er schreibt Bayreuther Blätter; er löst alle Probleme im Namen des Vaters, des Sohnes und des heiligen Meisters. Am unheimlichsten freilich bleibt die Verderbniss der Nerven. Man gehe Nachts durch eine grössere Stadt: überall hört man, dass mit feierlicher Wuth Instrumente genothzüchtigt werden – ein wildes Geheul mischt sich dazwischen. Was geht da vor? – Die Jünglinge beten Wagner an . . . Bayreuth reimt sich auf Kaltwasserheilanstalt. – Typisches Telegramm aus Bayreuth: *bereits bereut*. – Wagner ist schlimm für die Jünglinge; er ist verhängnisvoll für das Weib. Was ist, ärztlich gefragt, eine Wagnerianerin? – Es scheint mir, dass ein Arzt jungen Frauen nicht ernst genug diese Gewissens-Alternative stellen könnte: Eins *oder* das Andere. – Aber sie haben bereits gewählt. Man kann nicht zween Herrren dienen, wenn der Eine Wagner heisst. Wagner hat das Weib erlöst; das Weib hat ihm dafür Bayreuth gebaut. Ganz Opfer, ganz Hingebung: man hat Nichts, was man ihm nicht geben würde. Das Weib verarmt sich zu Gunsten des Meisters, es wird rührend, es steht nackt vor ihm. – Die Wagnerianerin – die anmuthigste Zweideutigkeit, die es heute giebt: sie *verkörpert* die Sache Wagner's, – in ihrem Zeichen *siegt* seine Sache ... Ah, dieser alte Räuber! Er raubt uns die Jünglinge, er raubt selbst noch unsre Frauen und schleppt sie in seine Höhle ... Ah, dieser alte Minotaurus! Was er uns schon gekostet hat! Alljährlich führt man ihm Züge der schönsten Mädchen und Jünglinge in sein Labyrinth, damit er sie verschlinge, – alljährlich intonirt ganz Europa »auf nach Kreta! auf nach Kreta!« ... [319]

...

Satyrspiel
am Schluß

Einmischen: kurze Gespräche zwischen Theseus Dionysos und Ariadne.
– Theseus wird absurd, sagt Ariadne, Theseus wird tugendhaft – Eifersucht des Theseus auf Ariadne's Traum.
Der Held sich selbst bewundernd, absurd werdend.
Klage der Ariadne
Dionysos ohne Eifersucht: »Was ich an Dir liebe, wie könnte
das ein Theseus lieben?« ...
Letzter Akt. Hochzeit des Dionysos und der Ariadne
»man ist nicht eifersüchtig, wenn man Gott ist, sagte
Dionysos: es sei denn auf Götter.«

»Ariadne, sagte Dionysos, du bist ein Labyrinth: Theseus hat sich in dich verirrt, er hat keinen Faden mehr; was nützt es ihm nun, daß er nicht vom Minotauros gefressen wurde? Was ihn frißt, ist schlimmer als ein Minotauros.« Du schmeichelst mir, antwortete Ariadne, aber ich bin meines Mitleidens müde, an mir sollen alle Helden zu Grunde gehen: das ist meine letzte Liebe zu Theseus: »ich richte ihn zu Grunde« [320]

Frau Cosima Wagner ist das einzige Weib größeren Stils, das ich kennen gelernt habe; aber ich rechne ihr es an, daß sie Wagnern *verdorben* hat. Wie das gekommen ist? Er »verdiente« solch ein Weib nicht: zum Dank dafür *verfiel* er ihr. – Der Parsifal W⟨agners⟩ war zuallererst – und anfänglichst eine Geschmacks-Condeszendenz W⟨agner⟩s zu den katholischen Instinkten seines Weibes, der Tochter Liszt's, eine Art Dankbarkeit und Demuth von Seiten einer schwächeren vielfacheren leidenderen Creatur hinauf zu einer, welche zu schützen und zu ermuthigen verstand, das heißt zu einer stärkeren, bornirteren: – zuletzt selbst ein Akt jener ewigen *Feigheit* des Mannes vor allem »Ewig-Weiblichen«. – Ob nicht alle großen Künstler bisher durch anbetende Weiber *verdorben* worden sind? Wenn diese unsinnig-eitlen und sinnlichen Affen – denn das sind sie fast allesamt – zum ersten Male und in nächster Nähe den *Götzendienst* erleben, den das Weib in solchen Fällen mit allen ihren untersten und obersten Begehrungen zu treiben versteht, dann geht es bald genug zu Ende: der letzte Rest von Kritik, Selbstverachtung, Bescheidenheit und Scham vor dem Größeren ist dahin: – von da an sind sie jeder *Entartung* fähig. – Diese Künstler, die in der herbsten und stärksten Zeit ihrer Entwicklung Gründe genug hatten, ihre Anhängerschaft in Bausch und Bogen zu verachten, diese schweigsam gewordenen Künstler werden unvermeidlich das Opfer jeder ersten *intelligenten* Liebe (– oder vielmehr jedes Weibes, das intelligent genug ist, sich in Hinsicht auf das Persönlichste des Künstlers intelligent *zu geben*, ihn als leidend »zu verstehen«, ihn »zu lieben« ...) [321]

Verehrte Frau,
im Grunde die einzige Frau, die ich verehrt habe ... lassen Sie es sich gefallen, das erste Exemplar dieses Ecce homo entgegenzunehmen. Es wird d⟨a⟩r⟨in⟩ im Grunde alle Welt schlecht behandelt, Richard W⟨agner⟩ ausgenommen – und noch Turin. Auch kommt Malvida als Kundry vor ...

Der Antichrist [322]

An die Prinzeß Ariadne, meine Geliebte.

Es ist ein Vorurtheil, daß ich ein Mensch bin. Aber ich habe schon oft unter den Menschen gelebt und kenne Alles, was Menschen erleben können, vom Niedrigsten bis zum Höchsten. Ich bin unter den Indern Buddha, in Griechenland Dionysos gewesen, – Alexander und Caesar sind meine Inkarnationen, insgleichen der Dichter des Shakespeare Lord Bakon. Zuletzt war ich noch Voltaire und Napoleon, vielleicht auch Richard Wagner ... Dies Mal aber komme ich als der siegreiche Dionysos, der die Erde zu einer Festung machen wird ... Nicht daß ich viel Zeit hätte ... Die Himmel freuen sich, daß ich da bin ... Ich habe auch am Kreuze gehangen ... [323]

Dies breve an die Menschheit sollst *du* herausgeben, von Bayreuth aus, mit der Aufschrift:

Die frohe Botschaft. [324]

Herrn Hans von Bülow ...

In Anbetracht dass Sie angefangen haben und der erste Hanseat gewesen, ich, in aller Bescheidenheit, bloss der

Dritte Veuve Cliquot-Ariadne, darf ich Ihnen schon nicht das Spiel verderben: vielmehr verurtheile ich Sie zum »Löwen von Venedig« – der mag Sie fressen . . .

Dionysos [325]

Die letzten vier Texte gehören zu den traurig-berühmten »Wahnzetteln«, die Nietzsche kurz vor seinem geistigen Zusammenbruch verschickt. Das Ich »zerfließt«, wird gespalten, phantasiert sich in Gestalten, die das Leben bestimmten – nun wird auch etwas sichtbar von dem Geheimnis jener »Doppelliebe« zu Cosima und Richard Wagner, die in keinerlei Gestalt erfüllt, vielmehr brutal geschmäht, verächtlich gemacht wurde und deshalb eine tiefe, nie wieder heilende seelische Wunde hinterließ. Cosima soll nun als erste den »Ecce Homo« lesen, dieses erschütternde Selbstbekenntnis, in dem auch die letzte grausame »eigene« Wahrheit über die Frauen, die mann-weibliche Liebe, das Kampf-Verhältnis der Geschlechter verkündet wird:

[. . .] Die Circe der Menschheit, die Moral, hat alle psychologica in Grund und Boden gefälscht – *vermoralisirt* – bis zu jenem schauderhaften Unsinn, dass die Liebe etwas »Unegoistisches« sein soll . . . Man muss fest auf *sich* sitzen, man muss tapfer auf seinen beiden Beinen stehn, sonst *kann* man gar nicht lieben. Das wissen zuletzt die Weiblein nur zu gut: sie machen sich den Teufel was aus selbstlosen, aus bloss objektiven Männern . . . Darf ich anbei die Vermuthung wagen, dass ich die Weiblein *kenne*? das gehört zu meiner dionysischen Mitgift. Wer weiss? vielleicht bin ich der erste Psycholog des Ewig-Weiblichen. Sie lieben mich Alle – eine alte Geschichte: die *verunglückten* Weiblein abgerechnet, die »Emancipirten«, denen das Zeug zu Kindern abgeht. – Zum Glück bin ich nicht willens mich zerreissen zu lassen: das vollkommene Weib zerreisst, wenn es liebt . . . Ich kenne diese liebenswürdigen Mänaden ... Ah, was für ein gefährliches, schleichendes, unterirdisches kleines Raubthier! Und so angenehm dabei! ... Ein kleines Weib, das seiner Rache nachrennt, würde das Schicksal selbst über den Haufen rennen. – Das Weib ist unsäglich viel böser als der Mann, auch klüger; Güte am Weibe ist schon eine Form der *Entartung* ... Bei allen sogenannten »schönen Seelen« giebt es einen physiologischen Übelstand auf dem Grunde, – ich sage nicht Alles, ich würde sonst medi-cynisch werden. Der Kampf um *gleiche* Rechte ist sogar ein Symptom von Krankheit: jeder Arzt weiss das. – Das Weib, je mehr Weib es ist, wehrt sich mit Händen und Füssen gegen Rechte überhaupt: der Naturzustand, der ewige *Krieg* zwischen den Geschlechtern giebt ihm ja bei weitem den ersten Rang. – Hat man Ohren für meine Definition der Liebe gehabt? es ist die einzige, die eines Philosophen würdig ist. Liebe – in ihren Mitteln der Krieg, in ihrem Grunde der Todhass der Geschlechter. – Hat man meine Antwort auf die Frage gehört, wie man ein Weib *kurirt* – »erlöst«? Man macht ihm ein Kind. Das Weib hat Kinder nöthig, der Mann ist immer nur Mittel: also sprach Zarathustra. – »Emancipation des Weibes« – das ist der Instinkthass des *missrathenen*, das heisst gebäruntüchtigen Weibes gegen das wohlgerathene, – der Kampf gegen den »Mann« ist immer nur Mittel, Vorwand, Taktik. Sie wollen, indem sie *sich* hinaufheben, als »Weib an sich«, als »höheres Weib«, als »Idealistin« von Weib, das allgemeine Rang-Niveau des Weibes *herunter*bringen; kein sichereres Mittel dazu als Gymnasial-Bildung und politische Stimmviehrechte. Im Grunde sind die Emancipirten die *Anarchisten* in der Welt des »Ewig-Weiblichen«, die Schlechtweggekommenen, deren unterster Instinkt Rache ist ... Eine ganze Gattung des bösartigsten »Idealismus« – der übrigens auch bei Männern vorkommt, zum Beispiel bei Henrik Ibsen, dieser typischen alten Jungfrau – hat als

Ziel das gute Gewissen, die Natur in der Geschlechtsliebe zu *vergiften* ... Und damit ich über meine in diesem Betracht ebenso honette als strenge Gesinnung keinen Zweifel lasse, will ich noch einen Satz aus meinem Moral-Codex gegen das *Laster* mittheilen: mit dem Wort Laster bekämpfe ich jede Art Widernatur oder wenn man schöne Worte liebt, Idealismus. Der Satz heisst: »die Predigt der Keuschheit ist eine öffentliche Aufreizung zur Widernatur. Jede Verachtung des geschlechtlichen Lebens, jede Verunreinigung desselben durch den Begriff ›unrein‹ ist das Verbrechen selbst am Leben, – ist die eigentliche Sünde wider den heiligen Geist des Lebens.« – [326]

Der hier in der Pose des Weltenrichters apodiktisch die angebliche letztgültige Erkenntnis über Weib und Liebe formuliert – er ist noch immer gebunden an jene »erste« Frau, durch die das Bild des Weiblichen in sein Bewußtsein getreten ist. Er ist auch in dieser letzten »euphorischen« Phase der ängstlich-gehorsame Sohn, der meint, sich dafür rechtfertigen und entschuldigen zu müssen, daß er ein »Belletrist« geworden ist – auch wenn ihm nun, wie er (wahnhaft) stolz verkündet, Anerkennung, Ruhm und Ehre zuteil werden und er damit das, was diese Mutter stets gefordert hat, glaubt endlich eingelöst zu haben:

[...] Im Grunde ist Dein altes Geschöpf jetzt ein ungeheuer berühmtes Thier: nicht gerade in Deutschland, denn die Deutschen sind zu dumm und zu gemein für die *Höhe* meines Geistes und haben sich immer an mir blamirt, aber sonst überall. Ich habe lauter *ausgesuchte* Naturen zu meinen Verehrern; lauter hochgestellte und einflußreiche Menschen, in St. Petersburg, in Paris, in Stockholm, in Wien, in New-York. Ach wenn Du wüßtest, mit welchen Worten mir die *ersten* Personnagen ihre Ergebenheit ausdrücken, die charmantesten Frauen, eine Madame la princesse Tenicheff, durchaus nicht ausgeschlossen. Ich habe wirkliche Genies unter meinen Verehrern, – es giebt heute keinen Namen, der mit so viel Auszeichnung und Ehrfurcht behandelt wird, als der meine. – Siehst Du, das ist das Kunststück: ohne Name, ohne Rang, ohne Reichthum werde ich hier wie ein kleiner Prinz behandelt, von Jedermann bis zu meiner Hökerin herab, die nicht eher Ruhe hat, als bis sie das Süßeste aus allen ihren Trauben zusammengesucht hat (das Pfund jetzt 28 Pf.)

Zum Glück bin ich jetzt Allem gewachsen, was meine Aufgabe von mir verlangt. Meine Gesundheit ist wirklich ausgezeichnet; die schwersten Aufgaben, zu denen noch nie ein Mensch stark genug war, fallen mir leicht. Turin ist wirklich meine Residenz; ah mit welcher *Dinstinktion* man mich hier behandelt! – Meine alte Mutter, empfange zum Schluß des Jahres meine herzlichsten Wünsche [. . .]

Dein altes Geschöpf [327]

ABGESANG

Am 8. Januar 1889 sieht Franz Overbeck seinen Freund Friedrich Nietzsche in einem kleinen Turiner Zimmer: nackt, in geschlechtlicher Erregung durch den Raum tanzend, schreiend, wild auf dem Piano hämmernd. Der im Wahnsinn wiedererstandene Dionysos steht bereit zur klinischen Begutachtung und zur Separierung von der Menschenwelt – er wird vorläufig eingewiesen in die Basler Nervenheilanstalt Friedmatt; dort läßt man am 14. Januar, nachmittags, die Mutter zu ihm:

Der Besuch der Mutter erfreute Pat. sichtlich, beim Eintritte seiner Mutter ging er auf dieselbe zu, sie herzlich umarmend u. ausrufend: Ach meine liebe, gute Mama, es freut mich sehr, dich zu sehen. –
Er unterhielt sich längere Zeit über Familienangelegenheiten, bis er plötzlich ausrief: »Siehe in mir den Tyrannen von Turin«. Nach diesem Ausrufe fieng er wieder an verworren zu reden, so dass der Besuch beendigt werden musste. [328]

Franziska Nietzsches Therapie-Vorschläge, die sie den Spezialisten unterbreitet, sind allzu naiv: Rückkehr des Kranken nach Naumburg, Spaziergänge, gute häusliche Ernährung. Nur mühsam gelingt es, sie für einen Kompromiß einsichtig zu machen – sie darf den Sohn nach Jena begleiten, in die Binswangersche Irrenanstalt. Auf der Fahrt dorthin muß sie einen gefährlichen Tobsuchtsanfall des Sohnes über sich ergehen lassen:

Ich bin ja von Frankfurt aus gar nicht in demselben Coupée gefahren weil er, als er vom Abort, in deren Raum er noch stand, einen Wutanfall auf mich bekam, nur von einer Minute etwa, aber schrecklich anzusehen und zu hören, so daß ich mich um Unruhe zu vermeiden gar nicht wieder in seine Nähe traute, bis in Frankfurt auf den Bahnhof, wo ich noch einmal seinen lieben Kopf am Kinn in beide Hände nahm und seine Stirn abküßte [...] Doch habe ich im andern Coupée furchtbar gelitten das Herzenskind nicht mehr sehen und pflegen zu können und sogar noch Worte des Widerwillens zu hören, deren Nachklänge schwer zu überwinden sein werden. [329]

Die letzte Revolte – dann beginnt der langsame, unaufhaltbare Prozeß der Regression zum hilflosen, schutzbedürftigen (aber auch: unartigen, »unsauberen«) Kind, dem sich nur manchmal noch, bruchstückhaft, die Leiden seines Manneslebens ins Bewußtsein drängen:

27. III. – »Meine Frau Cosima Wagner hat mich hierher gebracht.«
[...]
1. IV. – Koth geschmiert. »Ich bitte um einen Schlafrock zur gründlichen Erlösung. Nachts sind 24 Huren bei mir gewesen.«
[...]
2. XII. – Behauptet, »in der Nacht ganz verrückte Weibchen gesehen zu haben«. [330]

Eben man muß seine Unterhaltung leiten dann hatte ich, in Form einer Karte, ein Stück Papier mit und sagte ihm, er solle doch darauf ein paar Worte an Lieschen schreiben, da war er auch gleich bereit. Seine Schrift ist aber undeutlich und er beginnt: »Mein liebes Springtierchen, sogenannt Lama Padelchen! Soeben läuten die Reformationsglocken meiner Garnisonskirche vor mir, das Mütterchen hat mich eben mit ›Trübli‹ erquickt«. – [331]

Franziska Nietzsche holt, gegen den Rat der Ärzte, den Sohn bald ganz nach Naumburg zurück. Sie pflegt ihn bis zu ihrem Tod: zärtlich und liebevoll – so, als müsse sie, im unbewußten Eingeständnis einer Lebensschuld, dem Sohn all das mit um so größerer Hingabe schenken, was sie ihm in der Kindheit verweigert hatte:

Der vorgestrige Tag verlief nun leidlich, denn als ich ihn gegen 10 Uhr in die Stadt holte, war er von der einen Straße nicht abzubringen, in dieselbe einzubiegen (ich behielt ihn aber fest am Arm) und sich die Sachen in den Schaufenstern zu betrachten, in einen Bäckerladen hineinzustürmen und sich Semmeln aller Art auszusuchen [. . .] Aus derartigen Vorkomnissen *lernt* man einfach und darum holte ich ihn gestern erst gegen Mittag ab, wo er ganz heiter mit mir nach der Stadtwohnung ging und zwei gestrichene Milchbrödchen mit Zervelatwurst verzehrte. Dann machten wir noch vor Tisch einen kleinen Spaziergang und gingen in den »Stern«, wo wir drüben im Klavierzimmer essen mußten [. . .] Natürlich spielte er sogleich etwas Klavier und sehr hübsch, dann nahmen wir unser Mittagessen ein [. . .] und nachdem machte ich mit ihm allein einen großen Spaziergang vor dem Felsenkeller vorbei, bis nach der Eisenbahnbrücke die Chaussée entlang. Dort ist eine zerbrochne Barriere, wo ich ihm ein Stück von meinem Mantel unterlegte und ruhten uns da allemal etwas. Rückwärts kehrten wir dann, die Hälfte Wegs etwa, in das Wirtshaus an der Chaussée ein und nahmen eine kleine Erfrischung. Dann schlief er zu Hause, aber nur wenig und ich las ihm später etwas vor, neben seinem Sopha, wobei ich ihm die Stirn aufwärts die ganze Zeit strich, auch die Hand sekundenlang darauf ruhen ließ und das schien ihm wohlzutun, ebenso wenn er mit der Hand die Gestikulationen macht und ich sie nahm und beim Vorlesen an meine Backe eine Zeit hielt, war er augenblicklich still und ließ es ruhig geschehen, bis ich die Hand wieder hinlegte. All die kleinen Dinge muß man nach und nach ihm ablernen ... [332]

Das Lebensdrama Nietzsches, aus dem auch seine dunklen, haßerfüllten Frauenbilder stammen, mag heute mit allen Mitteln und Methoden, die der Seelenkunde zur Verfügung stehen, eingehend analysiert und (manchmal allzu) tiefsinnig ausgeleuchtet werden – hier sei am Ende nur einer »kleinen Wahrheit« Raum gegeben, die eher ein männlicher Wunschtraum ist: Mögen jene Frauen, die als Mütter wirken, fähig und befähigt werden, dem Sohn in seinen ersten Jahren Geborgenheit und Wärme zu geben. Mögen sie ihm nicht (aus »weiblicher« Schwäche und Unsicherheit) die eigene Existenz-Last aufbürden, sondern ihn schließlich loslassen, damit er nicht ein Leben lang am Kreuze ihrer Liebe hängt – und dann, in einem Akt der »falschen« Revolte, seine innere Trauer und Wut auf alle Frauen richtet und jene Waffen schmiedet, die tauglich sind im Kampf gegen weibliche Selbstbestimmung. Wenn dieser Teufelskreis, in den auch Nietzsche gebannt war, einmal unterbrochen ist, wird vielleicht, nach langer und mühsamer Aufklärung, die heiter-harmonische, gänzlich undionysische erotische Welt zur Wirklichkeit kommen, von der Pamina und Papageno, dieses ungleiche Paar, so schön und Glück verheißend singen können:

Die Lieb' versüßet jede Plage,
Ihr opfert jede Kreatur.
Sie würzet unsre Lebenstage,
Sie wirkt im Kreise der Natur.
Ihr hoher Zweck zeigt deutlich an,
Nichts Edler's sei,
Als Weib und Mann.

Mann und Weib,
Und Weib und Mann,
Reichen an die Gottheit an.

ANHANG

LITERATUR

Nietzsche-Ausgaben

HKG Friedrich Nietzsche, Werke und Briefe, Historisch-Kritische Gesamtausgabe, herausgegeben von Hans Joachim Mette, München 1933 ff. (abgebrochen)

KSA Friedrich Nietzsche, Sämtliche Werke, Kritische Studienausgabe in 15 Einzelbänden auf der Grundlage der Kritischen Gesamtausgabe (KGW), herausgegeben von Giorgio Colli und Mazzino Montinari, München 1988

KGB Nietzsche, Briefwechsel, Kritische Gesamtausgabe, herausgegeben von Giorgio Colli und Mazzino Montinari, Berlin–New York 1967 ff.

KSB Friedrich Nietzsche, Sämtliche Briefe, Kritische Studienausgabe in 8 Bänden, herausgegeben von Giorgio Colli und Mazzino Montinari, München 1986

Abkürzungen der einzelnen Werke:

GT Die Geburt der Tragödie

MA I Menschliches, Allzumenschliches, Bd. 1

MA II/VM Menschliches, Allzumenschliches, Bd. 2, Vermischte Meinungen und Sprüche

MA II/WS Menschliches, Allzumenschliches, Bd. 2, Der Wanderer und sein Schatten

M Morgenröthe

Z I-IV Also sprach Zarathustra, Vier Teile

J Jenseits von Gut und Böse

GM Zur Genealogie der Moral

W Der Fall Wagner

G Götzen-Dämmerung

A Der Antichrist

NCW Nietzsche contra Wagner

EH Ecce Homo
NF Nachgelassene Fragmente

Im Kommentar zitierte Literatur

BAE Baeumler, Alfred – Nietzsche und der Nationalsozialismus, in: Studien zur deutschen Geistesgeschichte, Berlin 1937, S. 281 ff.

BEN Bengtson, Hermann – Griechische Geschichte, Von den Anfängen bis in die Römische Kaiserzeit, München 1969

BOR Bornemann, Ernest – Das Patriarchat, Ursprung und Zukunft unseres Geellschaftssystems, Frankfurt a. M. 1975

BER Bernoulli, Carl Albrecht – Franz Overbeck und Friedrich Nietzsche, Eine Freundschaft, 2 Bände, Jena 1908

DEU Deussen, Paul – Erinnerungen an Friedrich Nietzsche, Leipzig 1901

DOH Dohm, Hedwig – Nietzsche und die Frauen, in: Die Zukunft (Berlin), Nr. 7, 1898, Vol. 25, S. 534 ff.

FNB I Förster-Nietzsche, Elisabeth – Das Leben Friedrich Nietzsche's, Erster Band, Leipzig 1895

FNB II Förster-Nietzsche, Elisabeth – Das Leben Friedrich Nietzsches, Zweiter Band, Erste Abtheilung Leipzig 1897, Zweite Abtheilung Leipzig 1904

FNJ Förster-Nietzsche, Elisabeth – Der junge Nietzsche, Leipzig 1912

GIL Gilman, Sander L. (Hg.) – Begegnungen mit Nietzsche, Bonn 1987

GOE Goethe, Johann Wolfgang – Faust, München 1958

GOG Goethe, Johann Wolfgang – Gedichte, München 1958

HEI Heine, Heinrich – Sämtliche Schriften, Bd. 1, 1817-1840 (hg. von Klaus Briegleb), München 1976

JNZ Janz, Curt Paul – Friedrich Nietzsche, Drei Bände, München 1981 (Erster Band verfaßt von Richard Blunck)

KEL Kelsen, Hans – Aufsätze zur Ideologiekritik, Neuwied 1964

KER Kerényi, Karl – Werke in Einzelausgaben, Bd. 1, München–Wien 1966

KRE Kreis, Rudolf – Der gekreuzigte Dionysos, Kindheit und Genie Friedrich Nietzsches, Zur Genesis einer Philosophie der Zeitenwende, Würzburg 1986

KOE Koehler, Joachim – Zarathustras Geheimnis, Friedrich Nietzsche und seine verschlüsselte Botschaft, Nördlingen 1989
MON Montinari, Mazzino – Nietzsche lesen, Berlin–New York 1980
MUE Müller, Hartmut – Lord Byron, mit Selbstzeugnissen und Bilddokumenten, Reinbek bei Hamburg 1981
OEH Oehler, Adalbert – Nietzsches Mutter, München 1940
PFE Pfeiffer, Ernst-Friedrich – Nietzsche, Paul Rée, Lou v. Salomé, Die Dokumente ihrer Begegnung, Frankfurt a. M. 1970
POD Podach, Erich F. – Der kranke Nietzsche, Briefe seiner Mutter an Franz Overbeck, Wien 1937
SAF Andreas-Salomé, Lou – In der Schule bei Freud, hg. von Ernst-Friedrich Pfeiffer, Zürich 1958
SAN Andreas-Salomé, Lou – Friedrich Nietzsche in seinen Werken, Frankfurt a. M. 1983
SHP Schopenhauer, Arthur – Die Welt als Wille und Vorstellung, hg. von Heinrich Schmidt, Zwei Bände, Leipzig 1911
STE Stekel, Wilhelm, Nietzsche und Wagner, Eine sexualpathologische Studie zur Psychogenese des Freundschaftsgefühls und des Freundschaftsverrates, Zeitschrift für Sexualwissenschaft, Bd. 4, 1917, S. 22 ff.
THI Thiel, Rudolf – Generation ohne Männer, Berlin 1932
VAH Vahinger, Hans – Nietzsche als Philosoph, Berlin 1905
VER Verrechia, Anacleto – Zarathustras Ende, Die Katastrophe Nietzsches in Turin, Wien–Köln–Graz 1985
VET Vetter, August – Nietzsche, München 1926
VOL Volz, Pia Daniela – Nietzsche im Labyrinth seiner Krankheit, Eine medizin-biographische Untersuchung, Würzburg 1990

ANMERKUNGEN

1 NF (14/182), KSA 13, 366

2 J (Siebentes Hauptstück, Unsere Tugenden, Nr. 231), KSA 5, 170 – Daß Nietzsche *auch* als Freud-Vorläufer begriffen werden kann, macht die Gedankenführung dieses Aphorismus deutlich. Der Begründer der Psychoanalyse war sich dieses Sachverhaltes wohl bewußt, versuchte ihn jedoch zu vergessen, zu »verdrängen«; vgl. KOE, 347 ff.

3 MA I (Siebentes Hauptstück, Weib und Kind, Nr. 380), KSA 2, 265

4 NF (6/14), KSA 9, 196 – Text von Nietzsche durch Anführungsstriche als Zitat gekennzeichnet: Mme de Rémusat, Mémoires I, Paris 1880, 268

5 An Reinhart von Seydlitz in Cairo – Nizza, pension de Genève, 12. Februar 1888; KSB 8, 248 f.

6 HKG III, 66 ff. – Weitere autobiographische Versuche des jungen Nietzsche: HKG I, 1 ff.; HKG I, 33 f.; HKG I, 276 ff. – Allen Lebensbeschreibungen ist die scharfe Kontrastierung gemeinsam: Glückliches Leben in Röcken (Vaterwelt), Beginn des Leidens mit dem Wechsel nach Naumburg (Mutterwelt). Die Sehnsucht nach der »heilen« Kindheit artikuliert auch eine Skizze aus dem Jahre 1858: »Trautes Dörflein! wie oft gedenke ich Dein! Hätte ich Flügel, ich würde mich über Höhen und Thäler schwingen und Dir zueilen.« (HKG I, 441 – Anhang) – Vgl. auch Mazzino Montinaris Aufsatz »Nietzsches Kindheitserinnerungen aus den Jahren 1875-1879«, in: MON, 22 ff.

7 HKG II, 119 ff.

8 HKG I, 338

9 HKG II, 206

10 HKG II, 207 ff.

11 HKG II, 208 ff.

12 HKG II, 211 ff.

13 HKG II, 9 ff. – Vortrag für die literarisch-musikalische Vereinigung »Germania«, die Nietzsche zusammen mit seinen Naumburger Schulfreunden Wilhelm Pinder und Gustav Krug am 25. Juli

1860 gegründet hatte; deren »Statuten« in: HKG II, 438 f. (Nachbericht).

14 HKG II, 70 f. – Der Euphorion-Text ist wahrscheinlich nur dadurch erhalten geblieben, daß er sich außerhalb des von Nietzsches Schwester Elisabeth verwalteten Archivs befand. Raimund Granier, der Briefpartner, hatte ihn bereits vor 1912 veröffentlicht, »ohne jede Explikation und Erlaubnis«, wie Elisabeth Förster-Nietzsche verärgert bemerkt (FNJ, 111). Ihrem Bemühen, den Bruder als »Heiligen« jenseits allen geschlechtlich Guten und Bösen zu stilisieren, mußte der Euphorion-Text entschieden zuwiderlaufen. Aufschlußreich ihre relativierende, verharmlosende »Interpretation«: »Auf seine literarischen Produktionen hatten Shakespeare und Byron, die er mit einem poetisch begabten Mitschüler Granier zusammen las, jedenfalls einen großen Einfluß. Beide erklärten angesichts dieser Lektüre, daß ihre bisherigen literarischen Produkte ›weichlich und sentimental wären‹. Sie beschlossen nun, ›ironisch, stark und realistisch‹ zu dichten und zu schreiben und ihre Versuche gegenseitig auszutauschen. Es war eine ganz kurze Periode und mein Bruder erklärte späterhin mit großer Heiterkeit, daß ihre Produkte durchaus nicht den ebenerwähnten Epitheta entsprochen hätten, sondern nur ›albern, roh und unanständig‹ gewesen wären. Aber wie mein Bruder herzlich lachend hinzusetzte, von jener unschuldigen Unanständigkeit, die nur den kräftigsten Ausdrükken von Shakespeare und Schiller nachgebildet gewesen wäre. Granier scheint darin das Äußerste geleistet zu haben, wenigstens wurden seine Produkte später, als wir alte Papiere ordneten, von meinem Bruder mit lachender Entrüstung in den Ofen gesteckt. Aber auch mein Bruder hat sich Mühe gegeben, das Unmöglichste zu leisten, wie der Anfang einer Novelle [. . .] beweist. Es ist aber nur bei diesem Anfang geblieben, denn Fritz war schnell von dieser mißverstandenen Shakespeare-Nachahmung, die er bald als ›ekelhaft und kindisch‹ bezeichnete, degoutiert.« (FNJ, 110 f.) – Der böse Granier! Der gute Bruder! Wer Elisabeths Methoden der Nachlaßverwaltung ein wenig kennt, wird hier fragen: *Wer* hat den Ofen in Betrieb gesetzt? Und wurde der Raum *nur* mit den Produkten des schlimmen

Granier gemütlich erwärmt? *Wann* soll diese einträchtig-geschwisterliche Aufräum- und Heizaktion stattgefunden haben?

15 HKG II, 80, auch: KSB 1, 217 f.

16 HKG II, 54 ff. – »Fatum und Geschichte«, für die »Germania«

17 HKG II, 62, auch: KSB 1, 201 f. – Begleittext für den »Fatum und Geschichte«-Aufsatz an Krug und Pinder.

18 An Franziska und Elisabeth Nietzsche in Naumburg (Pforta, 10. November 1882) – KSB 1, 225 f.

19 HKG II, 68 f.

20 HKG II, 129 ff.

21 HGK II, 86 – Vgl. auch die »Dornröschen«-Gedichte: HKG I, 95 ff. und HKG I, 227 (gleichlautend).

22 HKG II, 79

23 HKG II, 83 f. – Gleichlautend schon HKG I, 302

24 An Franziska und Elisabeth Nietzsche in Eilenburg (Pforta, 1. März 1863) – KSB 1, 232.

25 HKG II, 138

26 HKG II, 13 ff.

27 An Franziska und Elisabeth Nietzsche in Naumburg (Pforta, 6. September 1863) – KSB 1, 252 ff.

28 An Elisabeth Nietzsche in Naumburg (Pforta, vermutlich 11. September 1863) – KSB 1, 254 f.

29 HKG II, 326 ff.

30 EH, KSA 6, 267 f. – Zu diesem bis 1969 unbekannten Text vgl. MON, S. 120 ff. (vorher NS I, 1972, S. 380 ff.) sowie Montinaris und Hahns Kommentar zur Faksimile-Ausgabe des »Ecce Homo«-Druckmanuskripts, Leipzig 1985.

31 HKG III, 67 f. – Zur Abhandlung über die Ermanarich-Sage: HKG II, 281 ff. – Entwurf für eine Ermanarich-Oper: HKG III, 123 ff.

32 HKG III, 69 – Theognis-Studien: HKG III, 1 ff.; HKG III, 151 ff.

33 HKG III, 74

34 HKG II, 111 – Übersetzung: Sievert Graf von Wedel. Das Andromache-Epigramm bezieht sich auf die Ilias, Ende des 6. Gesangs. Graf von Wedel weist auf einen Fehler des Schülers Nietzsche hin: In der dritten Zeile hätte statt »maestusque« eigentlich »maerorque« (»Freude und zugleich Trauer«) verwendet werden müssen. Im Kassandra-Epigramm spielt Nietzsche (durch die Fußnote)

auf Aeschylos (Agamemnon, Z. 1329) an: »O Menschenschicksal! Hoch im Glück Gepriesenes stürzt leicht ein Schatten. Aber nahet Mißgeschick, so tilget bald ein feuchter Schwamm das Bild hinweg. Weit mehr, als jenes, scheint mir dies beklagenswert.« (Übersetzung: Wilhelm von Humboldt)

35 NF (14/7), KSA 7, 137 – Zusatz: »Hier denken wir an das deutsche Weib, wie es Tacitus schildert« (KSA 7, 138). Nietzsche bezieht sich hier auf das 8. Kapitel der »Germania«: »Von dem hohen Ansehen der Frau«, in dem es heißt: »Ja, die Germanen erblicken in den Frauen etwas wie heilige Wesen mit Sehergabe; daher beachten sie deren Ratschläge und richten sich nach ihren Weissagungen.« (Tacitus, Germania – Die Annalen, München 1964, S. 15)

36 NF (7/31), KSA 7, 145 f.

37 NF (7/35), KSA 7, 147

38 NF (7/38), KSA 7, 147 f.

39 NF (7/39), KSA 7, 148

40 NF (7/43), KSA 7, 149

41 NF (7/122), KSA 7, 170 ff. – Nietzsche ist sich sehr wohl bewußt, daß seine Thesen über die griechische Frau zahlreichen Passagen der platonischen »Politeia« zuwiderlaufen; dort wird den Frauen das Mitwirken *in* der Gesellschaft durchaus zugestanden, vgl. 5. Buch, 455b ff. (Platon, Der Staat, München 1982, 251) Man beachte die raffinierte Argumentation, mit deren Hilfe er dennoch versucht, Plato in sein Konzept »einzubauen«!

42 MA I, Aph. 259, KSA 2, 213 f.

43 HKG III, 76 f.

44 HKG III, 77

45 HKG III, 291 ff. – Austrittsschreiben an die Frankonia: KSB 2, 88 f. – Zur Funktion und Geschichte der Burschenschaften vgl. Nietzsches fünften Vortrag »Über die Zukunft unserer Bildungsanstalten«, KSA 1, 749 ff.

46 An Hedwig Raabe in Leipzig, Entwurf (Leipzig, Juni 1866) – KSB 2, 133 f.

47 An Erwin Rohde in Hamburg (Naumburg, 3. November 1867) – KSB 2, 233 ff.

48 An Erwin Rohde in Hamburg (Leipzig, 10. Januar 1869) – KSB 2, 356 f.

49 An Erwin Rohde in Hamburg (Leipzig, 9. November 1868) – KSB 2, 340 f.
50 An Richard Wagner in Tribschen (Basel, 21. Mai 1870) – KSB 3, 122 f.
51 GT, KSA 1, 23
52 GT, KSA 1, 31 f.
53 GT, KSA 1, 29 f.
54 GT, KSA 1, 131 f.
55 NF (5/26), KSA 7, 98 f.
56 NF (27/79), KSA 8, 500
57 NF (1/204), KSA 12, 57 – Die Leipziger Tagebücher sind nicht erhalten.
58 NF (5/103), KSA 12, 227
59 An Erwin Rohde in Jena (Basel, 18. Juli 1876), KSB 5, 176 f.
60 NF (9/1), KSA 8, 157 f.
61 M, Drittes Buch, Aph. 170, KSA 3, 152
62 NF (8/109), KSA 9, 607
63 NF (8/26), KSA 9, 388
64 M, Erstes Buch, Aph. 76, KSA 3, 73 f.
65 NF (17/313), KSA 8, 298
66 NF (18/36), KSA 8, 324
67 NF (18/37), KSA 8, 325
68 NF (18/38), KSA 8, 325
69 NF (18/39), KSA 8, 325
70 NF (18/43), KSA 8, 326
71 NF (19/42), KSA 8, 340
72 NF (22/63), KSA 8, 340
73 NF (28/58), KSA 8, 512
74 MA I, Aph. 377, KSA 2, 265
75 MA I, Aph. 383, KSA 2, 266
76 MA I, Aph. 390, KSA 2,, 267
77 MA I, Aph. 391, KSA 2, 267
78 MA I, Aph. 398, KSA 2, 269
79 MA I, Aph. 400, KSA 2, 269
80 MA I, Aph. 401, KSA 2, 269
81 MA I, Aph. 403, KSA 2, 270
82 MA I, Aph. 404, KSA 2, 270

83 MA I, Aph. 405, KSA 2, 270 – Erweiterung von KSA 8, 298
84 MA I, Aph. 410, KSA 2, 271 f.
85 MA I, Aph. 411, KSA 2, 272
86 MA I, Aph. 411, KSA 2, 272 f.
87 MA I, Aph. 414, KSA 2, 273
88 MA I, Aph. 415, KSA 2, 274
89 MA I, Aph. 417, KSA 2, 274 f.
90 MA I, Aph. 419, KSA 2, 275 f.
91 MA I, Aph. 420, KSA 2, 276
92 MA I, Aph. 428, KSA 2, 281
93 MA I, Aph. 430, KSA 2, 281
94 MA I, Aph. 431, KSA 2, 281 f.
95 MA I, Aph. 432, KSA 2, 282
96 MA I, Aph. 433, KSA 2, 282
97 MA I, Aph. 435, KSA 2, 283
98 MA I, Aph. 434, KSA 2, 282 f.
99 MA I, Aph. 436, KSA 2, 283 f.
100 MA I, Aph. 437, KSA 2, 284
101 MA II/VM, Aph. 30, KSA 2, 393
102 MA II/VM, Aph. 265, KSA 2, 492
103 MA II/VM, Aph. 272, KSA 2, 494
104 MA II/VM, Aph. 273, KSA 2, 494
105 MA II/VM, Aph. 274, KSA 2, 495
106 MA II/VM, Aph. 276, KSA 2, 495
107 MA II/VM, Aph. 282, KSA 2, 497
108 MA II/VM, Aph. 284, KSA 2, 497
109 MA II/VM, Aph. 286, KSA 2, 498
110 MA II/VM, Aph. 287, KSA 2, 498
111 MA II/VM, Aph. 290, KSA 2, 499
112 MA II/VM, Aph. 291, KSA 2, 499
113 MA II/VM, Aph. 292, KSA 2, 499
114 MA II/WS, Aph. 17, KSA 2, 551 ff.
115 MA II/WS, Aph. 270, KSA 2, 670
116 MA II/WS, Aph. 271, KSA 2, 670
117 MA II/WS, Aph. 272, KSA 2, 670
118 MA II/WS, Aph. 273, KSA 2, 671
119 MA II/WS, Aph. 274, KSA 2, 671

120 M, Aph. 25, KSA 3, 36
121 M, Aph. 75, KSA 3, 72 f.
122 M, Aph. 346, KSA 3, 238
123 M, Aph. 403, KSA 3, 253
124 FW, Scherz, List und Rache Nr. 19, KSA 3, 357
125 FW, Scherz, List und Rache Nr. 22, KSA 3, 357
126 FW, Aph. 60, KSA 3, 424 f.
127 FW, Aph. 63, KSA 3, 425 f.
128 FW, Aph. 64, KSA 3, 426
129 FW, Aph. 65, KSA 3, 426
130 FW, Aph. 66, KSA 3, 426
131 FW, Aph. 67, KSA 3, 426 f.
132 FW, Aph. 68, KSA 3, 427
133 FW, Aph. 69, KSA 3, 427 f.
134 FW, Aph. 70, KSA 3, 428
135 FW, Aph. 71, KSA 3, 428 f.
136 FW, Aph. 74, KSA 3, 430 f.
137 FW, Aph. 75, KSA 3, 431
138 FW, Aph. 119, KSA 3, 476
139 FW, Aph. 339, KSA 3, 568
140 FW, Aph. 363, KSA 3, 610 ff.
141 NF (6/57), KSA 9, 207
142 NF (6/282), KSA 9, 270
143 NF (6/313), KSA 9, 278
144 NF (8/69), KSA 9, 398
145 NF (11/327), KSA 9, 568
146 NF (3/44), KSA 9, 59
147 NF (4/125), KSA 9, 132
148 NF (6/393), KSA 9, 298
149 NF (6/427), KSA 9, 307 f.
150 NF (4/268), KSA 9, 166
151 NF (7/135), KSA 9, 345
152 NF (12/54), KSA 9, 586
153 NF (12/55), KSA 9, 586
154 NF (12/158), KSA 9, 603
155 NF (15/62), KSA 9, 656
156 NF (23/128), KSA 8, 448 f.

157 MA I, Aph. 408, KSA 2, 271
158 MA I, Aph. 409, KSA 2, 271
159 MA I, Aph. 416, KSA 2, 274
160 MA I, Aph. 425, KSA 2, 279
161 FW, Aph. 362, KSA 3, 609 f.
162 NF (8/113), KSA 9, 406
163 NF (8/114), KSA 9, 406
164 NF (11/16), KSA 9, 442
165 NF (23/79), KSA 8, 429 f.
166 NF (17/29), KSA 8, 301
167 NF (23/20), KSA 8, 410 f.
168 NF (23/72), KSA 8, 427
169 MA I, Aph. 378, KSA 2, 265
170 MA I, Aph. 384, KSA 2, 266
171 MA I, Aph. 388, KSA 2, 267 – Auch: KSA 10, 385
172 MA I, Aph. 389, KSA 2, 267
173 MA I, Aph. 393, KSA 2, 268
174 MA I, Aph. 394, KSA 2, 268
175 MA I, Aph. 399, KSA 2, 269
176 MA I, Aph. 402, KSA 2, 269
177 MA I, Aph. 406, KSA 2, 270
178 MA I, Aph. 407, KSA 2, 271
179 MA I, Aph. 418, KSA 2, 275
180 MA I, Aph. 421, KSA 2, 276 f.
181 MA I, Aph. 424, KSA 2, 278 f.
182 NF (4/81), KSA 9, 120
183 NF (4/284), KSA 9, 170
184 NF (5/38), KSA 9, 189 f.
185 NF (11/179), KSA 9, 508 f.
186 NF (11/181), KSA 9, 509
187 NF (6/296), KSA 9, 273
188 MA I, Aph. 385, KSA 2, 266
189 MA I, Aph. 387, KSA 2, 267
190 MA I, Aph. 392, KSA 2, 267
191 MA I, Aph. 422, KSA 2, 277
192 MA I, Aph. 429, KSA 2, 281
193 M, Aph. 562, KSA 3, 327

194 MA I, Aph. 426, KSA 2, 279 f.

195 MA I, Aph. 427, KSA 2, 280

196 NF (7/141), KSA 9, 346

197 NF (19/10), KSA 9, 677 f.

198 NF (22/61), KSA 8, 389

199 An Louise Ott in Paris (Basel, 30. August 1876) – KSB 5, 183 f.

200 An Mathilde Trampedach in Genf (Genf, 11. April 1876) – KSB 5, 147

201 M, Aph. 227, KSA 3, 197

202 NF (14/162), KSA 13, 347 – Mit dem »Schwester-Komplex« Nietzsches beschäftigt sich ausführlich Henry Walter Brann (Nietzsche und die Frauen, Bonn 1978); ausführliche Darstellung: H. F. Peters, Zarathustras Schwester, München 1983. Aus dem Vorwort: »Mutmaßungen über die Beziehungen Nietzsches zu seiner Schwester sind des öfteren gemacht worden, [...] auch von gänzlich Unberufenen. Hier denke ich vor allem an ein englisches Traktat, My Sister and I, das vorgibt, die Übersetzung einer Nietzscheschen Handschrift zu sein, in Wirklichkeit aber eine Fälschung ist. Die in diesem Traktat veröffentlichten sensationellen Enthüllungen über die anfänglich kindlich-erotischen Spiele der Geschwister Nietzsche, die angeblich in Inzest gipfelten, seien hier als warnendes Beispiel dafür genannt, daß es gefährlich ist, auf Grund der Beziehungen anderer Geschwisterpaare – wie zum Beispiel der Byrons zu seiner Halbschwester Augusta – Schlüsse zu ziehen, für die Beweise fehlen« (S. 7). – Zu Inhalt und Geschichte dieser Fälschung vgl. den äußerst instruktiven Beitrag von Pia Daniela Volz: »Der unbekannte Erotiker, Nietzsches fiktive Autobiographie ›My Sister and I‹«, in: Carl Corino (Hg.): »Gefälscht! Betrug in Politik, Literatur, Wissenschaft, Kunst und Musik«, Nördlingen 1988, S. 287 ff.

203 NF (2/14), KSA 10, 46 – Variante: KSA 10, 77

204 NF (3/1), KSA 10, 55

205 NF (1/94), KSA 10, 33

206 NF (1/108), KSA 10, 37 – Zusatz. »Wenn Freund Rée dies läse, würde er mich für toll halten.«

207 NF (1/110), KSA 10, 39

208 NF (1/87), KSA 10, 32 – Variante: KSA 10, 37: «fernen« statt »weiteren«

209 NF (1/91), KSA 10, 32

210 NF (1/80), KSA 10, 30 f.

211 NF (1/47), KSA 10, 23

212 NF (1/50), KSA 10, 24 f. – Elisabeth Förster-Nietzsche behauptet, dieses Fragment sei die erste Notiz zu einem eigenständigen, systematisch-wissenschaftlichen Buch über »das Weib«, welches Nietzsche geplant, aber dann doch nicht ausgeführt habe: »In den siebziger Jahren faßte mein Bruder einmal den Entschluß, er wolle ein Buch über ›das Weib‹ schreiben. Da nun in seinem Leben, wie wir gesehen haben, die Frau und die Liebe eine geringe Rolle gespielt hat, und er immer behauptete, daß die Freundschaft etwas viel Höheres als die Liebe der Geschlechter sei, so war ich sehr verwundert, als mir später Frhr. von Gersdorff erzählte, mein Bruder habe gerade in der Zeit, als er ›Schopenhauer als Erzieher‹ schrieb, öfters bemerkt, er wolle das Frauenproblem wissenschaftlich und mit aller Gewissenhaftigkeit behandeln. Es ist aber doch nichts daraus geworden, denn er fühlte wohl, daß ihm als jungen, unverheirateten Mann in seinem Urteil nicht genügend Kenntnisse zur Seite stünden. So sagte er einmal zu mir: ›Über das Weib sollten nur ältere Männer und jedenfalls nur Ehemänner schreiben.‹ Hierzu bemerkte ein Ehemann schwermütig spöttisch: ›Ach Gott, wie naiv, als ob das Weib nicht ewig für jeden Mann – ob verheiratet oder unverheiratet – ein Rätsel bliebe‹.« (»Friedrich Nietzsche und die Frauen seiner Zeit«, München 1935, S. 155). Elisabeth datiert das Fragment ungenau »auf jene Jahre, als sich mein Bruder mit Heiratsabsichten trug« (S. 156). In der Colli-Montinari-Ausgabe: Juli–August 1882.

213 NF (3/1), KSA 10, 56 ff. (Sentenzenbuch)

214 NF (4/5), KSA 10, 110

215 NF (4/15), KSA 10, 113 – Variante: KSA 10, 200

216 NF (4/16), KSA 10, 113

217 NF (4/18), KSA 10, 113 – Variante: KSA 10, 200

218 NF (4/38), KSA 10, 118 – Auch: KSA 10, 195

219 NF (4/67), KSA 10, 131

220 NF (4/85), (4/86), KSA 10, 139

221 NF (4/92), KSA 10, 141
222 NF (4/164), KSA 10, 160
223 NF (4/277), KSA 10, 185
224 NF (5/1), KSA 10, 189 ff.
225 NF (8/1), KSA 10, 325
226 NF (12/1), KSA 10, 383 ff. »Böse Weisheit«, Sprüche und Sprichwörtliches
227 NF (13/1), KSA 10, 425 ff. »Zarathustra's Heilige Gelächter«
228 NF (16/59), KSA 10, 519 – Variante: KSA 10, 604
229 NF (17/55), KSA 10, 555 – Variante: KSA 10, 616
230 NF (17/78), KSA 10, 562 – Variante: KSA 10, 616
231 NF (22/3), KSA 10, 620
232 NF (22/3), KSA 10, 627
233 NF (22/3), KSA 10, 630
234 NF (8/6), KSA 10, 326 ff. – Quelle des hier Rezipierten nicht erschlossen
235 NF (25/18), KSA 11, 17
236 NF (25/92), KSA 11, 32 – Zitat nicht erschlossen
237 NF (25/124), KSA 11, 46
238 NF (25/170), KSA 11, 59
239 NF (26/361), KSA 11, 245 f.
240 NF (26/362), KSA 11, 246
241 NF (26/422), KSA 11, 264 – Vgl. Prosper Mérimée, Lettres a une inconnue, Paris 1874, I, 167
242 NF (26/162), KSA 11, 192
243 NF (26/214), KSA 11, 205
244 NF (26/337), KSA 11, 239 – Quelle nicht erschlossen
245 NF (25/419), KSA 11, 122
246 NF (28/1), KSA 11, 297
247 NF (28/43), KSA 11, 317
248 NF (28/54), KSA 11, 321
249 Z I, KSA 4, 71 ff.
250 Z I, KSA 4, 84 ff.
251 Z I, KSA 4, 90 ff. – Vgl. auch Z III, Von alten und neuen Tafeln, Nr. 24, KSA 4, 264:

»Euer Eheschliessen: seht zu, dass es nicht ein schlechtes *Schliessen* sei! Ihr schlosset zu schnell: so *folgt* daraus – Ehebrechen!

Und besser noch Ehebrechen als Ehe-Biegen, Ehelügen! – So sprach mir ein Weib: ›wohl brach ich die Ehe, aber zuerst brach die Ehe – mich!‹

Schlimm-Gepaarte fand ich immer als die schlimmsten Rachsüchtigen: sie lassen es aller Welt entgelten, dass sie nicht mehr einzeln laufen.

Desswillen will ich, dass Redliche zu einander reden: ›wir lieben uns: lasst uns *zusehn*, dass wir uns lieb behalten! Oder soll unser Versprechen ein Versehen sein?‹

– ›Gebt uns eine Frist und kleine Ehe, dass wir zusehn, ob wir zu grossen Ehen taugen! Es ist ein grosses Ding, immer zu Zwein sein!‹

Also rathe ich allen Redlichen; und was wäre denn meine Liebe zum Übermenschen und zu Allem, was kommen soll, wenn ich anders riethe und redete!

Nicht nur fort euch zu pflanzen, sondern *hinauf* – dazu, oh meine Brüder, helfe euch der Garten der Ehe!« – Das Kapitel »Unter Töchtern der Wüste« aus Z IV (KSA 4, 379 ff.) wurde *bewußt* nicht in vorliegende Sammlung aufgenommen; es bedürfte einer *eingehenden* Analyse; zu einer möglichen Deutung vgl. KOE 586 ff.

252 NF (38/6), KSA 11, 603 f.
253 NF (37/17), KSA 11, 593
254 NF (36/5), KSA 11, 551
255 NF (35/11), KSA 11, 513
256 NF (35/13), KSA 11, 513
257 NF (34/153), KSA 11, 472
258 NF (34/236), KSA 11, 499
259 NF (34/100), KSA 11, 454
260 NF (34/101), KSA 11, 454
261 NF (34/114), KSA 11, 458
262 NF (34/7), KSA 11, 425
263 NF (34/68), KSA 11, 441
264 NF (34/85), KSA 11, 447
265 NF (39/19), KSA 11, 627
266 NF (2/48), KSA 12, 85
267 NF (2/66), KSA 12, 91
268 NF (2/79), KSA 12, 99

269 NF (1/150), KSA 12, 45
270 NF (1/162), KSA 12, 47 (Gedichtfragment?)
271 NF (1/172), KSA 12, 49
272 J, Nr. 50, KSA 5, 70 f.
273 J, Sprüche und Zwischenspiele, Nr. 84, 85, 86, 114, 115, 127,139, 144, 145, 147 – KSA 5, 88 ff.
274 J, Nr. 194, KSA 5, 115 f.
275 J, Nr. 232, KSA 5, 170 ff.
276 J, Nr. 233, KSA 5, 172
277 J, Nr. 234, KSA 5, 172 f.
278 J, Nr. 235, KSA 5, 173 – Quelle nicht erschlossen
279 J, Nr. 236, KSA 5, 173 – Dante, Divina Commedia, Paradiso II, 22
280 J, Nr. 237, KSA 5, 173 f.
281 J, Nr. 237, KSA 5, 174
282 J, Nr. 238, KSA 5, 175
283 J, Nr. 239, KSA 5, 175 ff.
284 An Resa von Schirnhofer in Paris (Sils-Maria, Juni 1885) – KSA 7, 58 f.
285 An Elisabeth Nietzsche in Naumburg (Venedig, 7. Mai 1885) – KSA 7, 49
286 NF (4/9), KSA 10, 111 – In einem Brief an Franz Overbeck, verfaßt während der »Lou-Afäre«, beschreibt Nietzsche selten deutlich seine »Gefühle« für die Naumburger Frauen: »Lieber Freund die Trennung von Dir warf mich in die tiefste Melancholie zurück, und die ganze Rückreise wurde ich böse schwarze Empfindungen nicht los; darunter war ein wahrer Hass auf meine Schwester, die mich nun ein Jahr lang mit Schweigen zur unrechten Zeit und mit Reden zur unrechten Zeit um den Erfolg meiner besten Selbst-Überwindungen gebracht hat: so daß ich schließlich das Opfer eines schonungslosen Rachegefühls bin, während gerade meine innerste Denkweise allem Sich-Rächen und Strafen abgesagt hat: – *dieser* Conflict in mir nähert mich Schritt für Schritt dem *Irrsinn*, das empfinde ich auf das Furchtbarste – und ich wüßte nicht, inwiefern eine Reise nach Naumburg diese Gefahr verringern könnte. *Umgekehrt:* es könnte zu schauderhaften Augenblicken kommen – und auch jener lange genährte Haß könnte in Wort und

That zum Vorschein kommen: wobei *ich* bei weitem am meisten das Opfer sein würde [. . .].« (KSB 6, 437)

287 NF (1/1), KSA 12, 9

288 NF (5/109), KSA 12, 229

289 NF (7/9), KSA 12, 296 – Vgl. auch KSA 12, 296: »Die *großen Ereignisse*:
Sieg des Mannes über das Weib (kriegerisch, Herrenrecht)
Sieg des Friedens über den Krieg«

290 NF (8/1), KSA 12, 324 f.

291 NF (10/71), KSA 12, 496 – Zur Ehe auch: KSA 12, 507, und KSA 12, 544

292 NF (10/74), KSA 12, 498

293 NF (10/40), KSA 12, 475

294 GM, 3. Abhandlung, Was bedeuten asketische Ideale?, Nr. 8, KSA 5, 354

295 GM, 3. Abhandlung, Was bedeuten asketische Ideale?, Nr. 11, KSA 5, 361 f.

296 GM, 3. Abhandlung, Was bedeuten asketische Ideale?, Nr. 25, KSA 5, 403

297 NF (11/16), KSA 13, 13 – Quelle: Galiani an Mme d'Epinay, 24. Dezember 1772, in: Galiani, Lettres, Paris 1882.

298 NF (11/24), KSA 13, 14 f. – Variiert in G, Streifzüge eines Unzeitgemässen, Nr. 6:
»*George Sand.* – Ich las die ersten *lettres d'un voyageur*: wie alles, was von Rousseau stammt, falsch, gemacht, Blasebalg, übertrieben. Ich halte diesen bunten Tapetenstil nicht aus; ebensowenig als die Pöbel-Ambition nach generösen Gefühlen. Das Schlimmste freilich bleibt die Weibskoketterie mit Männlichkeiten, mit Manieren ungezogner Jungen. – Wie kalt muß sie bei alledem gewesen sein, diese unausstehliche Künstlerin! Sie zog sich auf wie eine Uhr – und schrieb . . . Kalt, wie Hugo, wie Balzac, wie alle Romantiker, sobald sie dichteten! Und wie selbstgefällig sie dabei dagelegen haben mag, diese fruchtbare Schreibe-Kuh, die etwas Deutsches im schlimmen Sinne an sich hatte, gleich Rousseau selbst, ihrem Meister, und jedenfalls erst beim Niedergang des französischen Geschmacks möglich war! – Aber Renan verehrt sie.« (KSA 6, 114 f.) – Auch Nr. 1: ». . . *George Sand:* oder lactea ubertas, auf deutsch: die Milchkuh mit ›schönem Stil‹.« (KSA 6, 111)

299 NF (11/59), KSA 13, 29 – Variiert in G, Streifzüge, Nr. 27: »›Dies Bildniss ist bezaubernd schön!‹ . . . Das Litteratur-Weib, unbefriedigt, aufgeregt, öde in Herz und Eingeweide, mit schmerzhafter Neugierde jederzeit auf den Imperativ hinhorchend, der aus den Tiefen seiner Organisation ›aut liberi aut libri‹ flüstert: das Litteratur-Weib, gebildet genug, die Stimme der Natur zu verstehn, selbst wenn sie Latein redet und andrerseits eitel und Gans genug, um im Geheimen auch noch Französisch mit sich zu sprechen ›je me verrai, je me lirai, je m'exstasierai et je dirai: Possible que j'aie eu tant d'esprit?‹ . . .« (KSA 6, 129) – Dazu auch G, Sprüche und Pfeile, Nr. 20: »Das vollkommene Weib begeht Litteratur, wie es eine kleine Sünde begeht: zum Versuch, im Vorübergehn, sich umblickend, ob es jemand bemerkt und *dass* es jemand bemerkt . . .« (KSA 6, 62)

300 NF (14/212), KSA 13, 389

301 NF (15/4), KSA 13, 402

302 NF (15/83), KSA 13, 457

303 NF (15/118), KSA 13, 477 ff. – Sprüchesammlung, größtenteils in G aufgenommen, dort die Nummern 13, 16, 27: »Der Mann hat das Weib geschaffen – woraus doch? Aus einer Rippe seines Gottes – seines ›Ideals‹ . . .« (KSA 6, 61) – *Unter Frauen.* – ›Die Wahrheit? Oh Sie kennen die Wahrheit nicht! Ist sie nicht ein Attentat auf alle unsre pudeurs?‹ –« (KSA 6, 61) – »Man hält das Weib für tief – warum? weil man nie bei ihm auf den Grund kommt. Das Weib ist noch nicht einmal flach.« (KSA 6, 63)

304 NF (17/5), KSA 13, 526 f. – Schluß auch: G, Sprüche und Pfeile, Nr. 25: »Zufriedenheit schützt selbst vor Erkältung. Hat sich je ein Weib, das sich gut bekleidet wusste, erkältet? – Ich setze den Fall, dass es kaum bekleidet war.« (KSA 6, 63)

305 G, Sprüche und Pfeile, Nr. 28, KSA 6, 63

306 NF (20/48), KSA 13, 557 f. – Vgl. auch J, Vorrede, KSA 5, 11.

307 NF (20/154), KSA 13, 574

308 G, Was ich den Alten verdanke, KSA 6, 159 f.

309 A, Nr. 12, KSA 6, 178 f.

310 A, Nr. 53, KSA 6, 235 – Vgl. auch den merkwürdigen »Schöpfungsbericht«: KSA 6, 226

311 NCW, Nr. 2, KSA 6, 434 f.

312 NF (41/2), KSA 11, 674

313 NF (15/16), KSA 13, 415

314 NF (15/99), KSA 13, 465 f.

315 NF (15/118), Sprüche eines Hyperboreers, KSA 13, 478

316 NF (16/48), KSA 13, 502

317 NF (16/67), KSA 13, 507 f. – Vgl. auch: Brief an H. Köselitz, 20. Juni 1888, KSB 8, 338

318 W, Nr. 3, KSA 6, 16 ff.

319 W, Erste Nachschrift, KSA 6, 44 f.

320 NF (9/115), KSA 12, 401 f.

321 NF (11/27), KSA 13, 16 f.

322 An Cosima Wagner in Bayreuth (Entwurf) (Turin, etwa 25. Dezember 1888) – KSB 8, 551

323 An Cosima Wagner in Bayreuth (Turin, 3. Januar 1889) – KSB 8, 572 f. – An diesem Tag auch an Cosima: »Man erzählt mir, daß ein gewisser göttlicher Hanswurst dieser Tage mit den Dionysos-Ditthyramben fertig geworden ist . . .« (KSB 8, 572)

324 An Cosima Wagner in Bayreuth (Turin, 3. Januar 1889) – KSB 8, 573

325 An Hans von Bülow in Hamburg (Turin, 4. Januar 1889) – KSB 8, 573 f.

326 EH, Warum ich so gute Bücher schreibe, Nr. 5, KSA 6, 305 ff.

327 An Franziska Nietzsche in Naumburg (Turin, 22. Dezember 1888) – KSB 8, 543 f.

328 Basler Krankenjournal, 14. Januar 1889, bei VOL, 383

329 Franziska Nietzsche an Franz Overbeck in Basel (Naumburg, 19. Januar 1889) – bei POD, 3 f.

330 Jenaer Krankenjournal, bei VOL, 392 ff.

331 Franziska Nietzsche an Franz Overbeck in Basel (Naumburg, 1. November 1889) – bei POD, 45

332 Franziska Nietzsche an Franz Overbeck in Basel (Naumburg, 28. Februar 1890) – bei POD, 67 f.

Förster-Nietzsche, Elisabeth: Friedrich Nietzsche und die Frauen seiner Zeit, München 1935

Kaufmann, Walter: Nietzsche, Philosoph – Psychologe – Antichrist, Darmstadt 1982

Kjaer, Jørgen: Friedrich Nietzsche, Die Zerstörung der Humanität durch »Mutterliebe«, Opladen 1990

Miller, Alice: Das ungelebte Leben und das Werk eines Lebensphilosophen (Friedrich Nietzsche), in: Der gemiedene Schlüssel, Frankfurt a. M. 1988

Peters, H. F.: Zarathustras Schwester, Fritz und Lieschen Nietzsche – ein deutsches Trauerspiel, München 1983

Peters, H. F.: Lou Andreas-Salomé, Das Leben einer außergewöhnlichen Frau, München 1983

Pfotenhauer, Helmut: Zu Nietzsches »Physiologie der Kunst«, Jahrbuch der deutschen Schillergesellschaft, Bd. 22, 1978, S. 518 ff.

Ross, Werner: Der ängstliche Adler, Friedrich Nietzsches Leben, München 1984

Schömel, Wolfgang: Apokalyptische Reiter sind in der Luft, Zum Irrationalismus und Pessimismus in Literatur und Philosophie zwischen Nachmärz und Jahrhundertwende, Opladen 1985

Schulte, Günter: Ich impfe euch mit dem Wahnsinn, Nietzsches Philosophie der verdrängten Weiblichkeit des Mannes, Köln 1989

Volz, Pia Daniela: Der unbekannte Erotiker, Nietzsches fiktive Autobiographie »My Sister And I«, in: Corino, Karl (Hg.), Gefälscht! Betrug in Politik, Literatur, Wissenschaft, Kunst und Musik, Nördlingen 1988

INHALT

Philosophie
im insel taschenbuch
Eine Auswahl

Augustinus. Bekenntnisse. it 1002. 1046 Seiten

Augustinus. Liebe und tu, was du willst. Ausgewählt von Michael Treberian. Großdruck. it 2382. 90 Seiten

Ernst Bloch. Ins Gelingen verliebt. Aphorismen und Lebensweisheiten. Ausgewählt vonKarlheinz Weigand. Eingeleitet von Klaus Kufeld. Mit farbigen Illustrationen von F. W. Bernstein. it 2702. 95 Seiten

Boethius. Trost der Philosophie. Zweisprachige Ausgabe. Übersetzt von Ernst Neitzke. Mit einem Vorwort von Ernst Ludwig Grasmück. it 1215. 344 Seiten

Epiktet. Wege zum glücklichen Handeln. Übersetzt von Wilhelm Capelle. it 1458. 221 Seiten

Epikur. Philosophie der Freude. Hauptlehrsätze. Spruchsammlung. Fragmente. Übertragen und mit einem Nachwort versehen von Paul M. Laskowsky. it 1057. 121 Seiten

Denken mit Kant. Ein philosophisches Lesebuch. Herausgegeben von Wilhelm Weischedel. it 2991. 234 Seiten

Kant für Gestreßte. Ausgewählt von Ursula Michels-Wenz. it 2990. 180 Seiten

Kierkegaard für Gestreßte. Ausgewählt von Johan de Mylius. it 2661. 192 Seiten

NF 43/1/2.04

Konfuzius. Die Weisheit des Konfuzius. Übersetzt und eingeleitet von Hans H. O. Stange. Mit einem Nachwort von Ursula Gräfe. it 2999. 112 Seiten

Konfuzius für Gestreßte. Ausgewählt von Ursula Gräfe. it 2754. 128 Seiten

Georg Christoph Lichtenberg
- Aphorismen. In einer Auswahl. Herausgegeben und mit einem Nachwort versehen von Kurt Batt. it 165. 316 Seiten
- Krokodile im Stadtgraben. Sudelsprüche und Schmierbuchnotizen. Ausgewählt und mit Zeichnungen versehen von Robert Gernhardt. it 2595. 321 Seiten
- Lichtenbergs Funkenflug der Vernunft. Herausgegeben von Jörg-Dieter Kogel, Wolfram Schütte und Harro Zimmermann. it 1414. 128 Seiten
- Sudelbücher. Herausgegeben von Franz H. Mautner. Mit einem Nachwort, Anmerkungen zum Text, einer Konkordanz der Aphorismen-Nummern und einer Zeittafel. it 792. 683 Seiten

Niccolò Machiavelli
- Discorsi. Über Staat und Politik. Übersetzt von Friedrich von Oppeln-Bronikowski. Herausgegeben von Horst Günther. it 2551. 513 Seiten
- Der Fürst. Übersetzt von Friedrich von Oppeln-Bronikowski. Mit einem Nachwort von Horst Günther. it 1207. 176 Seiten
- Machiavelli für Manager. Sentenzen. Ausgewählt von Luigi und Elena Spagnol. it 1733. 109 Seiten

NF 43/2/2.04

Marc Aurel. Selbstbetrachtungen. Übersetzt von Otto Kiefer. Mit einem Vorwort von Klaus Sallmann. it 1374. 202 Seiten

Michel de Montaigne. Essais. Herausgegeben und mit einem Nachwort versehen von Ralph-Rainer Wuthenow. Revidierte Fassung der Übertragung von Johann Joachim Bode. it 220. 307 Seiten

Montaigne für Gestreßte. Ausgewählt von Uwe Schulz. it 2845. 112 Seiten

Friedrich Nietzsche
- Also sprach Zarathustra. Ein Buch für Alle und Keinen. Thomas Mann: Die Philosophie Nietzsches im Lichte unserer Erfahrung. it 145. 368 Seiten. it 2676.
- Der Antichrist. Versuch einer Kritik des Christentums. it 947. 126 Seiten
- Briefe. Ausgewählt von Richard Oehler. Mit einem Essay von Ralph-Rainer Wuthenow. it 1546. 412 Seiten
- Ecce homo. Mit einem Vorwort von Raoul Richter und einem Nachwort von Ralph-Rainer Wuthenow. it 2677. 176 Seiten
- Formel meines Glücks. Aus Friedrich Nietzsches Werken und Nachlaß. Herausgegeben von Hans-Joachim Simm. it 2751. 350 Seiten
- Die fröhliche Wissenschaft. Mit einem Nachwort von Ralph-Rainer Wuthenow. it 635. 318 Seiten. it 2678. 320 Seiten
- Die Geburt der Tragödie aus dem Geiste der Musik. Mit einem Nachwort von Peter Sloterdijk. it 2679. 224 Seiten
- Gedichte. Nach den Erstdrucken 1878 bis 1908. Herausgegeben von Ralph Kray und Karl Riha. it 2679. 224 Seiten

NF 43/3/2.04

- Götzen-Dämmerung oder Wie man mit dem Hammer philosophiert. Herausgegeben von Karl Schlechta. it 822. 123 Seiten. it 2680. 128 Seiten
- Jenseits von Gut und Böse. Mit der Streitschrift ›Zur Genealogie der Moral‹ und einem Nachwort von Ralph-Rainer Wuthenow. it 762. 391 Seiten
- Menschliches, Allzumenschliches. Ein Buch für freie Geister. Mit einem Nachwort von Ralph-Rainer Wuthenow. it 2618. 624 Seiten
- Morgenröte. Gedanken über die moralischen Vorurteile Mit einem Nachwort von Ralph-Rainer Wuthenow. it 678. 319 Seiten
- Nietzsche für Gestreßte. Vorgestellt von Ursula Michels-Wenz. it 1928. 106 Seiten
- Über die Frauen. Herausgegeben und mit einem Nachwort versehen von Klaus Goch. it 1335. 320 Seiten
- Unzeitgemäße Betrachtungen. Mit einem Nachwort von Ralph-Rainer Wuthenow. it 509. 387 Seiten
- Von Wille und Macht. Herausgegeben von Stephan Günzel. Mit einem Geleitwort von Gianni Vattimo. it 2984. 256 Seiten
- Wie man wird, was man ist. Ermutigungen zum kritischen Denken. Herausgegeben von Ursula Michels-Wenz. it 1096. 309 Seiten. it 2683. 320 Seiten
- Zur Genealogie der Moral. Eine Streitschrift. it 1308. 157 Seiten

Friedrich Nietzsche. Leben · Schriften · Zeugnisse. Von Ralph-Rainer Wuthenow. Mit zahlreichen Abbildungen. it 2601. 172 Seiten

NF 43/4/2.04

Friedrich Nietzsche in seinen Werken. Von Lou Andreas-Salomé. Mit Anmerkungen von Thomas Pfeiffer. Herausgegeben von Ernst Pfeiffer. it 2592. 361 Seiten

Platon für Gestreßte. Ausgewählt von Michael Schroeder. it 2189. 110 Seiten

Platons Mythen. Ausgewählt und eingeleitet von Bernhard Kytzler. it 1978. 224 Seiten

Platon. Das Trinkgelage oder Über den Eros. Übertragung, Nachwort und Erläuterungen von Ute Schmidt-Berger. Mit einer Wirkungsgeschichte von Jochen Schmidt und griechischen Vasenbildern. it 681. 225 Seiten

Plutarch. Die Kunst zu leben. Ausgewählt und übersetzt von Marion Giebel. it 2603. 195 Seiten

Jean-Jacques Rousseau. Bekenntnisse. Übersetzt von Ernst Hardt. Mit einer Einführung von Werner Krauss. it 823. 917 Seiten

Arthur Schopenhauer
- Aphorismen zur Lebensweisheit. Vollständige Ausgabe mit Erläuterungen und Übersetzung der fremdsprachigen Zitate. Mit einem Nachwort von Hermann von Braunbehrens. it 223. 272 Seiten. it 2959. Gebundene Sonderausgabe. 256 Seiten
- Kleines Schopenhauer-Brevier. Gedanken aus dem handschriftlichen Nachlaß. Auswahl und Nachwort von Rudolf Malter. 285 Seiten. Pappband
- Die Kunst, Recht zu behalten. In achtunddreißig Kunstgriffen dargestellt. Herausgegeben von Franco Volpi. it 1658. 128 Seiten

NF 43/5/2.04

- Schopenhauer für Gestreßte. Ausgewählt von Ursula Michels-Wenz. it 2504 und it 2673. 126 Seiten
- Wege zum Glück. Erkenntnisse zur Lebensbewältigung. Ausgewählt von Ursula Michels-Wenz. it 2171. 382 Seiten
- Die Welt als Wille und Vorstellung. Textkritisch bearbeitet und herausgegeben von Wolfgang Freiherr von Löhneysen. Zwei Bände. it 1873. 1656 Seiten

Arthur Schopenhauer. Leben und Werk in Texten und Bildern. Von Angelika Hübscher. it 1059. 368 Seiten

Seneca
- Seneca für Gestreßte. Ausgewählt von Gerhard Fink. it 1940. 102 Seiten. it 2674. 128 Seiten
- Seneca für Manager. Sentenzen. Ausgewählt und übersetzt von Gerhard Schoeck. it 1656. 120 Seiten
- Vom glücklichen Leben. Übersetzt von Heinz Berthold. it 1457. 205 Seiten
- Von der Seelenruhe. Philosophische Schriften und Briefe. Herausgegeben und übersetzt von Heinz Berthold. it 2954. 430 Seiten

Voltaire. Candide oder der Optimismus. Mit Zeichnungen von Paul Klee. it 11. 192 Seiten

Voltaire. Sämtliche Romane und Erzählungen. Mit einer Einleitung von Victor Klemperer und Stichen von Moreau le Jeune. Übersetzt von Ilse Lehmann. it 209. 489 Seiten

Voltaire. Leben und Werk in Texten und Bildern. Von Horst Günther. it 1652. 129 Seiten

Das Leben des Voltaire. Von Jean Orieux. Übersetzt von Julia Kirchner. Mit einer Zeittafel, einem Personenregister und zeitgenössischen Abbildungen. it 1651. 1024 Seiten

NF 43/6/2.04

Klassische deutsche Literatur
im insel taschenbuch
Eine Auswahl

Der Kanon. Die deutsche Literatur. Herausgegeben von Marcel Reich-Ranicki.
- Erzählungen. 10 Bände und ein Begleitband im Schuber. 5700 Seiten
- Romane. 20 Bände im Schuber. 8112 Seiten
- Dramen. 8 Bände und ein Begleitband im Schuber. 4500 Seiten

Georg Büchner. Sämtliche Werke. Die kommentierte Ausgabe des Deutschen Klassiker Verlages. Zwei Bände in Kassette im insel taschenbuch. Herausgegeben von Henri Poschmann unter Mitarbeit von Rosemarie Poschmann. 2320 Seiten

Wilhelm Busch. Gedichte. Ausgewählt von Theo Schlee. Mit Illustrationen von Wilhelm Busch. it 2531. 195 Seiten

Annette von Droste-Hülshoff
- Der Distel mystische Rose. Gedichte und Prosa. Ausgewählt von Werner Fritsch. it 2193. 170 Seiten
- Die Judenbuche. Ein Sittengemälde aus dem gebirgichten Westfalen. Mit Illustrationen von Max Unold. it 399. 128 Seiten
- Sämtliche Erzählungen. Herausgegeben von Manfred Häckel. it 1521. 234 Seiten
- Sämtliche Gedichte. Nachwort von Ricarda Huch. it 1092. 750 Seiten

Marie von Ebner-Eschenbach. Dorf- und Schloßgeschichten. Ausgewählt und mit einem Nachwort versehen von Joseph Peter Strelka. it 1272. 390 Seiten

NF 26/1/5.04

Joseph Freiherr von Eichendorff

- Aus dem Leben eines Taugenichts. Mit Illustrationen von Adolf Schrödter und einem Nachwort von Ansgar Hillach. it 202. 154 Seiten
- Gedichte. Mit Zeichnungen von Otto Ubbelohde. Herausgegeben von Traude Dienel. it 255. 163 Seiten
- Gedichte. In chronologischer Folge herausgegeben von Hartwig Schultz. it 1060. 268 Seiten
- Liebesgedichte. Herausgegeben vonWilfried Lutz. it 2591. 219 Seiten
- Novellen und Gedichte. Ausgewählt und eingeleitet von Hermann Hesse. it 360. 325 Seiten

Theodor Fontane

- Briefe an Georg Friedlaender. Herausgegeben und mit einem Nachwort von Walter Hettche. Mit einem Essay von Thomas Mann. it 1565. 486 Seiten
- Effi Briest. Mit 21 Lithographien von Max Liebermann. it 138 und it 2811. 354 Seiten
- Ein Leben in Briefen. Ausgewählt und herausgegeben von Otto Drude. it 540. 518 Seiten
- Ein Sommer in London. Mit einem Nachwort von Harald Raykowski. it 1723. 252 Seiten
- Frau Jenny Treibel oder »Wo sich Herz zum Herzen findt«. Roman. Mit einem Nachwort von Richard Brinkmann. it 746 und it 2952. 269 Seiten
- Gedichte. Ausgewählt und mit einem Nachwort von Rüdiger Görner. it 2221. 200 Seiten
- Die Gedichte. Herausgegeben von Otto Drude. it 2684. 751 Seiten
- Grete Minde. Nach einer altmärkischen Chronik. Mit einem Nachwort von Peter Demetz. it 1157. 154 Seiten
- Meine Kinderjahre. Autobiographischer Roman. Mit einem Nachwort von Otto Drude. Mit Illustrationen und Abbildungen. it 705. 276 Seiten

NF 26/2/5.04

- Der Stechlin. Mit einem Nachwort von Walter Müller-Seidel. it 152. 504 Seiten
- Unterm Birnbaum. Erzählung. Mit einem Nachwort von Otto Drude. Großdruck. it 2428. 192 Seiten

Georg Forster. Reise um die Welt. Herausgegeben und mit einem Nachwort von Gerhard Steiner. it 757. 1039 Seiten

Johann Wolfgang Goethe
- Elegie von Marienbad. it 1250. 128 Seiten
- Erotische Gedichte. Gedichte, Skizzen und Fragmente. Herausgegeben von Andreas Ammer. it 1225. 246 Seiten
- Faust. Text und Kommentar. Herausgegeben von Albrecht Schöne. Zwei Bände in Kassette. it 3000. 1976 Seiten
- Gedichte. Sämtliche Gedichte in zeitlicher Folge. Herausgegeben von Heinz Nicolai. it 2281. 1264 Seiten
- Gedichte in zeitlicher Folge. Herausgegeben von Heinz Nicolai. it 1400. 1249 Seiten
- Gedichte in Handschriften. Fünfzig Gedichte Goethes. Ausgewählt und erläutert von Karl Eibl. it 2175. 288 Seiten
- Goethe, unser Zeitgenosse. Über Fremdes und Eigenes. Herausgegeben von Siegfried Unseld. it 1425. 154 Seiten
- Italienische Reise. Mit Zeichnungen des Autors. Herausgegeben und mit einem Nachwort von Christoph Michel. it 175. 808 Seiten
- Das Leben, es ist gut. Hundert Gedichte. Ausgewählt von Siegfried Unseld. it 2000. 204 Seiten
- Die Leiden des jungen Werther. it 2775. 170 Seiten
- Märchen. Der neue Paris. Die neue Melusine. Das Märchen. Herausgegeben von Katharina Mommsen. it 2287. 232 Seiten
- Maximen und Reflexionen. Text der Ausgabe von 1907 mit der Einleitung Max Heckers. Nachwort Isabella Kuhn. it 200. 370 Seiten

NF 26/3/5.04

- Novelle. Herausgegeben von Peter Höfle. it 2625. 80 Seiten
- Novellen. Herausgegeben und mit einem Nachwort von Katharina Mommsen. Mit Zeichnungen von Max Liebermann. it 425. 293 Seiten
- Ob ich dich liebe weiß ich nicht. Liebesgedichte. Herausgegeben von Karl Eibl. Großdruck. it 2396. 175 Seiten
- Tagebuch der Italienischen Reise 1786. Notizen und Briefe aus Italien. Mit Skizzen und Zeichnungen des Autors. Herausgegeben und erläutert von Christoph Michel. it 176. 402 Seiten
- Verweile doch. 111 Gedichte mit Interpretation. Herausgegeben von Marcel Reich-Ranicki. it 1775. 512 Seiten
- Die Wahlverwandtschaften. Ein Roman. it 1. 333 Seiten. it 2950. 314 Seiten
- West-östlicher Divan. Mit Essays zum »Divan« von Hugo von Hofmannsthal, Oskar Loerke und Karl Krolow. Herausgegeben von Hans-J. Weitz. it 75. 400 Seiten

Wilhelm Hauff

- Die Geschichte von dem kleinen Muck. Mit Illustrationen von Fritz Fischer und einem Nachwort von Ludwig Harig. it 2867. 94 Seiten
- Märchen. Herausgegeben von Bernhard Zeller. Mit Illustrationen von Theodor Weber, Theodor Hosemann und Ludwig Burger. it 216. 480 Seiten
- Das Wirtshaus im Spessart. Eine Erzählung. it 2584. 202 Seiten

Heinrich Heine

- Buch der Lieder. Mit zeitgenössischen Illustrationen und einem Nachwort von E. Galley. it 33. 322 Seiten
- Liebesgedichte. Ausgewählt von Thomas Brasch. it 2822. 96 Seiten
- Der Rabbi von Bacherach. Ein Fragment. Mit einem Nachwort von Joseph A. Kruse. Großdruck. it 2426. 120 Seiten

NF 26/4/5.04

- Sämtliche Gedichte in zeitlicher Folge. Herausgegeben von Klaus Briegleb. it 1963. 917 Seiten
- Späte Gedichte und Lyrik aus dem Nachlaß. Herausgegeben von Joseph A. Kruse und Marianne Tilch. it 3036. 320 Seiten

Johann Gottfried Herder. Lieder der Liebe. it 2643. 120 Seiten

E. T. A. Hoffmann
- Die Abenteuer der Silvester-Nacht. Mit farbigen Illustrationen von Monika Wurmdobler. it 798. 81 Seiten
- Die Elixiere des Teufels. Mit Illustrationen von Hugo Steiner-Prag. it 304. 349 Seiten
- Das Fräulein von Scuderi. Erzählung aus dem Zeitalter Ludwigs des Vierzehnten. Mit Illustraionen von Lutz Siebert. it 410. 127 Seiten
- Lebensansichten des Katers Murr, nebst fragmentarischer Biographie des Kapellmeisters Johannes Kreisler in zufälligen Makulaturblättern. Mit Illustrationen von Maximilian Liebenwein. it 168. 506 Seiten
- Der Sandmann. Mit Illustrationen von Hugo Steiner-Prag und einem Nachwort von Jochen Schmidt. it 934. 84 Seiten

Alexander von Humboldt. Über das Universum. Die Kosmos-Vorträge 1827/28 in der Berliner Singakademie. Herausgegeben von Jürgen Hamel und Klaus-Harro Tiemann. it 1540. 235 Seiten

Gottfried Keller
- Der grüne Heinrich. Erste Fassung. Mit Zeichnungen Gottfried Kellers und seiner Freunde. Zwei Bände. it 335. 874 Seiten. it 2944. 960 Seiten
- Die Leute von Seldwyla. Vollständige Ausgabe der Novellensammlung. Mit einem Nachwort von Gerhard Kaiser. it 958. 732 Seiten

NF 26/5/5.04

- Romeo und Julia auf dem Dorfe. Mit einem Nachwort von Klaus Jeziorkowski. it 756. 139 Seiten
- Das Sinngedicht. Novellen. Mit einem Essay von Gerhard Kaiser und ausgewählten Abbildungen. it 2708. 335 Seiten
- Spiegel, das Kätzchen. Ein Märchen. it 2768. 92 Seiten

Heinrich von Kleist
- Michael Kohlhaas. Aus einer alten Chronik. Nachwort von Jochen Schmidt. it 1352. 172 Seiten
- Sämtliche Erzählungen. it 2862. 336 Seiten

Eduard Mörike
- Brautbriefe. Die Briefe an Luise Rau. Herausgegeben von Dietmar Till. it 3039. 304 Seiten
- Eduard Mörikes schönste Erzählungen. Ausgewählt und mit einem Nachwort versehen von Hermann Hesse. Redaktion: Volker Michels. it 1290. 288 Seiten
- Die Historie von der schönen Lau. Mit Illustrationen von Moritz von Schwind und einem Nachwort von Traude Dienel. it 72. 112 Seiten
- Idylle vom Bodensee. Mit zeitgenössischen Illustrationen von Ferdinand Schlotterbeck. Herausgegeben und mit einem Nachwort versehen von Egon Gramer. Mit einem Vorwort von Arnold Stadler. it 3098. 128 Seiten
- Liebesgedichte. Ausgewählt von Wilfried Lutz. it 3040. 160 Seiten
- Maler Nolten. Novelle in zwei Teilen. Erste Fassung. Mit zeitgenössischen Illustrationen und einem Nachwort von Wolfgang Vogelmann. it 404. 482 Seiten
- Mozart auf der Reise nach Prag. Eine Novelle. Mit Illustrationen von Hugo Steiner-Prag und mit einem Nachwort von Traude Dienel. it 376. 122 Seiten
- Die schönsten Gedichte. Herausgegeben von Hermann Hesse. Mit Zeichnungen des Autors. it 2540. 178 Seiten

NF 26/6/5.04

Karl Philipp Moritz
- Anton Reiser. Ein psychologischer Roman. Mit einem Nachwort von Max von Brück. it 2229. 533 Seiten
- Götterlehre. Herausgegeben von Horst Günther. Mit Fotografien. it 2507. 340 Seiten
- Reisen eines Deutschen in England im Jahr 1782. Mit einem Nachwort von Heide Hollmer. it 2641. 200 Seiten

Novalis
- Gedichte. Die Lehrlinge zu Sais – Dialogen und Monolog. Mit einem Nachwort von Jochen Hörisch. it 1010. 179 Seiten
- Heinrich von Ofterdingen. Herausgegeben von Jochen Hörisch. Mit zeitgenössischen Abbildungen. it 596. 244 Seiten
- Liebesgedichte. Ausgewählt von Gerhard Schulz. it 2874. 112 Seiten

Friedrich Nietzsche
- Also sprach Zarathustra. Ein Buch für Alle und Keinen. Thomas Mann: Die Philosophie Nietzsches im Lichte unserer Erfahrung. it 145. 368 Seiten
- Ecce homo. Wie man wird, was man ist. Mit einem Vorwort von Raoul Richter und einem Nachwort von Ralph-Rainer Wuthenow. it 2677. 164 Seiten
- Gedichte. Nach den Erstdrucken 1878 bis 1908. Herausgegeben von Ralph Kray und Karl Riha unter Mitarbeit von Mario Leis. Mit zahlreichen Abbildungen. it 1622. 162 Seiten
- Götzen-Dämmerung oder Wie man mit dem Hammer philosophiert. Herausgegeben von Karl Schlechta. it 822. 123 Seiten

NF 26/7/5.04